Flexi CARB
DAS KOCHBUCH

Flexi CARB
DAS KOCHBUCH

Heike Lemberger
Franca Mangiameli
mit Nicolai Worm

riva

Bibliografische Information der Deutschen Nationalbibliothek
Die Deutsche Nationalbibliothek verzeichnet diese Publikation in der Deutschen Nationalbibliografie. Detaillierte bibliografische Daten sind im Internet über https://dnb.de abrufbar.

Für Fragen und Anregungen
info@m-vg.de

Wichtige Hinweise
Sämtliche Inhalte dieses Buches wurden – auf Basis von Quellen, die die Autoren und der Verlag für vertrauenswürdig erachten – nach bestem Wissen und Gewissen recherchiert und sorgfäl-tig geprüft. Trotzdem stellt dieses Buch keinen Ersatz für eine individuelle Fitnessberatung und medizinische Beratung dar. Wenn Sie medizinischen Rat einholen wollen, konsultieren Sie bitte einen qualifizierten Arzt. Der Verlag und die Autoren haften für keine nachteiligen Auswirkungen, die in einem direkten oder indirekten Zusammenhang mit den Informationen stehen, die in diesem Buch enthalten sind.

Ausschließlich zum Zweck der besseren Lesbarkeit wurde auf eine genderspezifische Schreibweise sowie eine Mehrfachbezeichnung verzichtet. Alle personenbezogenen Bezeichnungen sind somit geschlechtsneutral zu verstehen.

Originalausgabe
5. Auflage 2025

Türkenstraße 89
80799 München
Tel.: 089 651285-0

Redaktion: Maryna Zimdars
Umschlaggestaltung, Layout und Satz: FUCHS_DESIGN,
Sabine Fuchs, München
Umschlagabbildung und Rezeptfotos: Wolfgang Schardt
Abbildungen Innenteil: Alle Abbildungen iStock.com außer: S. 2, 5, 23, 27, 60, 66 (Wolfgang Schardt),
S. 28, 31, 37, 41, 45, 48, 49, 52, 53, 54 (Sandra Eckhardt), S. 26, 29 (Shutterstock.com),
S. 29 (Fotolia.com), Rezeptfotos S. 80–216 (Wolfgang Schardt)

Druck: Florjancic Tisk d. o. o., Slowenien
Printed in the EU

ISBN Print 978-3-86883-632-5
ISBN E-Book (EPUB, Mobi) 978-3-86413-788-4

Inhalt

Vorwort
Nicolai Worm

Fast zwei Drittel der Erwachsenen in Deutschland sind übergewichtig oder fettleibig. Der Aufwärtstrend ist in Europa immer noch nicht gestoppt! Eine aktuelle Analyse von 236 000 Erwachsenen aus zehn europäischen Ländern hat gezeigt, dass wir uns im Durchschnitt Jahr für Jahr knapp ein halbes Kilo mehr Speck auf die Rippen packen. Die Folgen der Übergewichtsepidemie gepaart mit völlig unzureichender Muskelaktivität sind eine Vielzahl krank machender Störungen. Vor allem wer viel Fett in der Körpermitte und im Bauch angesammelt hat und sich kaum bewegt, entwickelt häufig zunächst Bluthochdruck, Fettstoffwechsel- und Zuckerstoffwechselstörungen, oft in Verbindung mit hohen Harnsäurewerten. Man nennt dieses Zusammentreffen das »metabolische Syndrom«. Betroffene haben meist eine Fettleber und entwickeln mit der Zeit oft Typ-2-Diabetes, Herz-Kreislauf- und Nierenerkrankungen. Außerdem sind sie einem hohen Risiko für viele Krebsformen ausgesetzt.

Wo soll das enden? Wie lange noch kann unser Gesundheitssystem dies tragen?

Die Kosten dieser Folgeerkrankungen der Fettleibigkeit sind enorm! Die Behandlung von Übergewicht ist schwierig, oft leidvoll und nennenswerte, dauerhafte Erfolge mit herkömmlichen Methoden sind eher selten. Umso wichtiger ist es, Betroffenen eine Ernährungsform nahezubringen, welche die genannten Stoffwechselstörungen beseitigen oder zumindest deutlich lindern kann – selbst ohne Gewichtsabnahme. Im Jahr 2000 hatte ich auf der Basis der damals vorliegenden wissenschaftlichen Erkenntnislage in einem Buch eine Reihe von Ernährungsempfehlungen formuliert, deren Umsetzung genau dies bewirken konnte. Ich nannte das Konzept die »LOGI-Methode«. Dabei standen eine Reduktion der Kohlenhydratzufuhr und die Beachtung der Kohlenhydratqualität im Mittelpunkt. Mein Konzept unterschied sich damit deutlich von der herkömmlichen Empfehlung einer fettarmen, kohlenhydratbetonten Diät, mit der man günstige Stoffwechseleffekte nur erzielen konnte, wenn man gleichzeitig abnahm.

Anfangs stieß ich damit auf Ablehnung und Anfeindungen aus Kollegenkreisen, widersprachen die Empfehlungen doch deutlich der etablierten Lehre. Nur wenige öffneten sich dem Thema, überprüften die Studien selbst und testeten die Ernährungsumstellung an sich und an geeigneten Patienten, um sich schließlich aus eigener Erfahrung in die Diskussion einbringen zu können. Doch kaum einer hatte den Mut, sich dann auch öffentlich dazu zu bekennen.

Ich war damals den beiden Kolleginnen Heike Lemberger und Franca Mangiameli überaus dankbar, dass sie nach der Auseinandersetzung mit dem Thema bereit waren, das Konzept zu unterstützen. Sie schrieben Koch- und Praxisbücher zur »LOGI-Methode« und konnten darin ihre langjährige

Erfahrung aus der Ernährungsberatung einbringen. Dass die »LOGI-Methode« solch ein Erfolg bei Patienten und Ärzten wurde, ist sicherlich auch ihrem großartigen Input geschuldet.

Besser als eine Therapie ist natürlich eine rechtzeitige Prävention. Die Übergewichtsepidemie mit Diäten umzukehren wird nicht möglich sein. Es müssen Ernährungsstrategien verbreitet werden, mit deren Hilfe die Bevölkerung es endlich wieder schafft, nicht nur gut gesättigt zu sein, sondern auch ein Genusserlebnis zu erfahren und dennoch in der Kalorienzufuhr so niedrig zu liegen, dass einer Fettleibigkeit vorgebeugt wird. Doch Menschen sind unterschiedlich. Ein Kleid für alle – das wird den wenigsten passen. Notwendig ist folglich eine flexible, individuelle Anpassung der Ernährung und insbesondere der Kohlenhydratzufuhr an den jeweiligen Lebensstil. Dabei spielt das Ausmaß der Muskelaktivität eine zentrale Rolle. Viele und kräftig arbeitende Muskeln können auch leicht eine Menge an Stärke und Zucker verkraften. Bei wenigen, kaum geforderten Muskeln machen Kohlenhydrate jedoch Probleme. Genau diese Kombination trifft heute auf immer mehr Menschen zu. Weitere Facetten unseres nicht mehr artgerechten Lebensstils verschärfen diese Kohlenhydratfalle zusätzlich.

Meine Antwort auf diese Aufgabenstellung heißt »Flexi-Carb«! Für mein neues Ernährungskonzept habe ich die wesentlichen aktuellen Erkenntnisse zu präventiven Effekten von Nahrungsmitteln berücksichtigt: Wie muss man essen, um der Überernährung und der Fettleibigkeit vorzubeugen? Welche Nahrungsmittel helfen, den drohenden Zivilisationskrankheiten am besten vorzubeugen? Was zeigen die aktuellsten und besten Studien? Herausgekommen ist eine Nahrungszusammenstellung, die sehr »vollwertig« und mediterran daherkommt – allerdings nicht in traditioneller, sondern in moderner und dem Lebensstil angepasster Form. Auch dieser präventive Ansatz basiert nicht auf Kalorienvorgaben, Nährstoffrelationen oder Nährstoffzufuhr-Empfehlungen. Mit dem Flexi-Carb-Konzept isst man wiederum »ad libitum« – das heißt ohne Kalorienvorgaben bis zur Sättigung, allerdings in Abhängigkeit vom persönlichen Figur- und Gesundheitsziel und unter Abstimmung der Kohlenhydratmengen auf die körperliche Aktivität. Flexi-Carb beruht auf Lebensmittelempfehlungen, die den Rahmen vorgeben, in dem man sich mit niedriger Energie-, aber hoher Nährstoffdichte so clever sättigen kann, dass die Fettleibigkeit nachhaltig bekämpft und ein gesundes langes Leben gefördert wird.

Was lag näher, als meine beiden erfahrenen und geschätzten Kolleginnen zu fragen, ob sie sich wiederum mit einem Koch- und Praxisbuch in das Flexi-Carb-Konzept einbringen wollten? Ich bin sehr froh, dass sie wieder dabei sind, und sie haben einen wunderbaren Ratgeber geschaffen mit zahlreichen Tipps, Anleitungen und leckeren Rezepten, mit dem die Theorie sehr einfach in den Alltag übertragen werden kann. Mit beiden Kolleginnen habe ich überdies eine neue Ernährungspyramide entwickelt, die Flexi-Carb-Pyramide, die dazu dient, durch Gewichtung und Optik die Lebensmittelempfehlungen nachhaltig zu verinnerlichen.

Nicolai Worm

Vorwort
Heike Lemberger

Am Anfang meiner Berufslaufbahn war ich hauptsächlich im Bereich Sporternährung tätig. Ich hatte Glück, an der Universität Hamburg im Fachbereich Bewegungswissenschaft eine Stelle zu bekommen, die es mir ermöglichte, die Bundes- und Nachwuchskaderathleten aus Hamburg zu betreuen. Meine Arbeit mit Sportlern motivierte mich, selbst aktiver zu werden. Heute bin ich eine ambitionierte Marathonläuferin. Mein tägliches Laufprogramm ist für mich so wichtig wie morgens das Zähneputzen. Damals, frisch von der Fachhochschule kommend, war ich ein Kohlenhydrat-Junkie, natürlich bevorzugte ich Vollkornprodukte, wie es sich für eine Ökotrophologin gehörte. Als Ernährungsberaterin empfahl ich nicht nur meinen Leistungssportlern, sondern auch meinen übergewichtigen inaktiven Klienten, reichlich Kohlenhydrate zu essen, so war es mir jahrelang an der Hochschule beigebracht worden.

Nach und nach verdichteten sich jedoch die Hinweise, dass eine so hohe Kohlenhydratzufuhr, wie sie die Deutsche Gesellschaft für Ernährung (DGE) empfiehlt, vor allem für inaktive Menschen eher ungünstig ist und deren Stoffwechsel nur noch mehr belastet. Anfang 2000 stellte ich mein Beratungskonzept für Menschen, die sich wenig bewegen, von High-Carb auf Low-Carb um. Ich arbeitete von nun an mit der LOGI-Methode, die Dr. Nicolai Worm entwickelt hatte, und erlebte damit zunehmend zufriedenere, erfolgreichere und glücklichere Kunden.

»Darf ich kein Brot mehr essen?« Diese Frage begegnet mir immer wieder, wenn ich Menschen auf Low-Carb umstelle. Low-Carb bedeutet nicht den kompletten Verzicht auf Kohlenhydrate, sondern eine Reduktion von Brot, Kartoffeln, Nudeln etc. in der Ernährung.

Je schlechter der Stoffwechsel auf diese Nährstoffe anspricht, desto stärker sollten die Mengen an zucker- und stärkehaltigen Lebensmitteln im Speiseplan reduziert werden. Umgekehrt dürfen, je besser der Stoffwechsel auf Carbs, also Kohlenhydrate, anspricht, desto mehr Nudeln auf dem Teller landen. Das neue Flexi-Carb-Konzept verteufelt nicht die Kohlenhydrate, sondern passt die Kohlenhydratmenge an den jeweiligen Lebensstil an.

Damit Sie die richtige Dosis für sich herausfinden können, haben wir einen Lebensstil-Check entwickelt, mit dem Sie sich einem Carb-Typ zuordnen können.

Es gibt drei Carb-Stufen: Carb100, Carb150 und Carb200. Die Zahlen 100, 150 und 200 beziehen sich auf die von uns empfohlene ungefähre tägliche Kohlenhydratzufuhr in Gramm. Bei Carb100 beispielsweise sollten Sie versuchen, nicht mehr als 100 g Kohlenhydrate pro Tag zu essen. Sie erhalten jeweils Rezepte für Frühstück, Mittag- und Abendessen in allen Carb-Stufen. Durch Veränderung Ihres Bewegungsverhaltens ist es möglich, an den betreffenden Tagen in die nächsthöhere Carb-Stufe zu wechseln, das heißt,

Sie können an Trainingstagen mehr Kohlenhydrate essen. Mit Flexi-Carb möchten wir die Menschen zu mehr Bewegung motivieren, damit sie weiterhin ihre heiß geliebte Pasta essen können. Wie viele Kohlenhydrate man sich auf diesem Weg dazuverdienen kann, hängt von der Trainingsdauer und -intensität ab. Die Formel ist ganz einfach – wer Sport treibt, darf sich an diesem Tag Extrakohlenhydrate erlauben, ohne dass diese den Stoffwechsel belasten. Bei intensivem Kraftausdauertraining darf es sogar noch etwas mehr sein. Sich auspowern bedeutet nicht nur, mehr Kohlenhydrate essen zu können, es gibt Ihnen auch ein noch besseres Körpergefühl und steigert Ihr Wohlbefinden.

Flexi-Carb ist für Übergewichtige geeignet, die abnehmen wollen oder müssen, für Normal- und Übergewichtige, die ihren Stoffwechsel verbessern möchten, für Schlanke, die gesund und fit sind und es bleiben wollen, aber auch für sehr sportliche Menschen, die das Ziel haben, ihre körperliche Leistungsfähigkeit zu optimieren. Mit unseren Rezepten in verschiedenen Carb-Stufen wird Ihnen die Flexi-Carb-Umstellung ganz leicht fallen.

Ich wünsche Ihnen viel Spaß mit dem Flexi-Carb-Konzept.

Heike Lemberger

So isst und lebt der Süden – Erfahrungen von Franca Mangiameli

Der kulinarische »Schock«

Meine Eltern kommen ursprünglich aus Sizilien. Wie so viele Süditaliener sind sie in den 60er-Jahren als Gastarbeiter nach Deutschland ausgewandert. Das war für meine Eltern nicht nur eine sprachliche und kulturelle, sondern auch eine kulinarische Umstellung und Herausforderung. Noch heute erzählt meine Mutter von ihrem »Gemüsetrauma«. Die Auswahl an Salat und Gemüse war in Deutschland mickrig. Es gab Rotkohl, Grünkohl, Karotten, Blumenkohl und geschmacklose Tomaten. Weit und breit waren keine Paprikaschoten, Auberginen, Zucchini oder Brokkoli erhältlich. Nicht einmal Knoblauch. Wenigstens waren die geschälten Tomaten aus der Dose für die Zubereitung von Tomatensoße brauchbar. Aber ohne Knoblauch, Basilikum und getrockneten Oregano schmeckte sie einfach nicht wie zu Hause. Es fehlte zudem an Kichererbsen und dicken Bohnen, Pecorino-Käse und natürlich Olivenöl. Stattdessen gab es Margarine, Bierschinken, Blutwurst und Bratwürste sowie gewürztes rohes Hackfleisch, das die Deutschen sich aufs Brot schmierten. Es war, man kann es nicht anders sagen, ein kulinarischer Schock für meine kleine italienische Mama!

So erlebte ich die mediterrane Ernährung

Als Kind waren die Sommerferien mein Jahreshighlight. Mit unserem vollgepackten Fiat Regatta sind wir, also die Eltern, meine Geschwister und ich, jedes Jahr nach Sizilien gedüst, um Opa, Oma, Tanten, Onkels, Cousins und Cousinen zu besuchen. Das waren für mich nicht nur die sonnigsten Wochen im Jahr, sondern auch jene, die meinen Gaumen prägten. Während das Frühstück eine untergeordnete Rolle spielte und, wenn es überhaupt eines gab, nur aus einer Brioche bestand, war das Mittagessen, das wir täglich stundenlang an einer langen Tafel zelebrierten, der Höhepunkt des Tages. Aufgetischt wurden vorweg eine kleine Portion Pasta, dann folgten frischer Fisch wie Sardellen, Schwertfisch oder Tintenfisch und dünne Rindfleischscheiben vom Grill, natürlich mariniert mit viel Knoblauch und frischen Kräutern. An Gemüse gab es Tomatensalat, gegrillte Auberginen, eingelegte geröstete Paprikaschoten, immer verfeinert mit dem leckersten Olivenöl. Die Lebensmittel wurden täglich auf dem Markt frisch eingekauft oder in unserem Garten geerntet. Gezuckerte Nachtische gab es selten, stattdessen erfreuten wir uns im Hochsommer an leckeren süßen Früchten wie Wasser- und Honigmelonen, Tellerpfirsichen und Feigen. Allerdings waren die Kaktusfeigen mit ihrer stachligen Schale ein gewöhnungsbedürftiger Gaumenschmaus.

Angestoßen haben die Erwachsenen natürlich mit Rotwein aus dem Wasserglas. Abgerundet wurde das stundenlange Mittagessen mit einem schönen starken Espresso. Abends fiel die Mahlzeit nicht mehr ganz so üppig aus. Entweder wurden die Reste vom Mittagessen verputzt oder eine Platte mit Käse wie Pecorino oder Provolone, italienischer Wurst wie Coppa oder Salami, hauchdünn geschnittenem Prosciutto und Oliven serviert. Dazu gab es Weißbrot und immer einen Salat. Zu den Klassikern zählten Orangen-Zwiebel-, Paprika-, Fenchel- oder Zwiebelsalat. Auch das Abendessen wurde mit Obst abgerundet.

Gastfreundschaft auf Italienisch

Anders als ich es aus Deutschland kannte, konnte sich die Speisetafel jederzeit spontan um ein paar Personen erweitern. Freunde und Verwandte kamen unangekündigt vorbei, Einladungen wurden selten ausgesprochen. Wer anwesend war, bekam auch etwas zu essen, und wenn es nicht reichte, wurden schnell eine Portion Pasta nachgekocht und ein Salat zubereitet. Gesprochen wurde immer laut und meist querbeet. Wer auf Ruhe beim Essen hoffte, war hier fehl am Platz.

Ruhe musste sein, aber nur nach dem Essen

Völlig ungewohnt war für mich der Mittagsschlaf der Erwachsenen nach dem Essen. Zwischen 14 und 17 Uhr stellte sich eine für mich fast unangenehme Stille in der ganzen Umgebung ein. Alle ruhten, nur ich nicht. Die Hitze und das Mittagessen schienen doch alle ziemlich müde zu machen. Dafür ging es nach dem Schläfchen umso turbulenter und lauter weiter.

Zurück nach Deutschland mit viel »Süden« im Gepäck

Meine Mutter sorgte dafür, dass wir in Deutschland möglichst lange von den Leckereien des Südens zehren konnten. Auf der Terrasse meiner Oma hat sie jedes Jahr sonnengereifte Tomaten getrocknet, um daraus dann »Chiappareddi«, wie die Sizilianer sie nennen, zu machen. Das sind getrocknete Tomaten, die in Öl eingelegt werden. Mittlerweile sind sie auch hierzulande in jedem Supermarkt erhältlich. Damals gab es diese Spezialität in Deutschland jedoch nicht. Meine deutschen Freunde waren immer ganz heiß auf diese besondere Tomatenspeise. Weiterhin haben meine Eltern Tomatenmark und Tomatensoße während unseres fünfwöchigen Sizilienaufenthalts selbst hergestellt und anschließend mit nach Deutschland genommen. Aber auch leckere Oliven, Olivenöl, italienische Salami, Salsiccia (italienische Wurst) und Wein traten mit uns die Reise in den Norden an. Eine Besonderheit, die ich mir jedes Jahr auf Sizilien schmecken ließ, war Ricotta, den wir immer frisch beim Bauern kauften. Ricotta ist ein Frischkäse, der aus der Molke, die bei der Produktion von Käse anfällt, hergestellt wird. Diese wird dann erneut erwärmt (ital. ricotto = doppelt gekocht) und mit Essig oder Zitronensäure zum Ausflocken gebracht. Diese Köstlichkeit ist nicht vergleichbar mit dem Ricotta, den es hierzulande im Supermarkt gibt. Ricotta aßen wir entweder mit Brot oder bereiteten daraus eine Suppe mit kleinen Muschelnudeln zu.

Für mich bedeutet traditionelle mediterrane Küche mehr als nur das Essen von gesunden, leckeren und frischen Lebensmitteln. Sie ist auch ein stundenlanges gemeinsames Zelebrieren und Genießen und ein Zusammenkommen der ganzen Familie. Eine Tradition, die es für mich zu bewahren gilt.

Buon appetito
Franca Mangiameli

Basta mit Pasta?

In Deutschland sind 67 Prozent der Männer und 53 Prozent der Frauen übergewichtig bzw. fettleibig. Entscheidend ist dabei nicht das absolute Gewicht auf der Waage, sondern der Grad der Verfettung des Körpers, denn damit steigt auch das Risiko für Herz-Kreislauf-Erkrankungen, Diabetes, Krebs, Alzheimer und andere Zivilisationskrankheiten. Dass die Gesellschaft weltweit fetter und kränker wird, verwundert nicht. Wir haben uns schließlich den Traum des Schlaraffenlands erfüllt, in dem Lebensmittel mit hoher Energiedichte sehr günstig und überall erhältlich sind. Hinzu kommt, dass die Essensbeschaffung kaum körperlichen Aufwand erfordert. Es reicht ein Mausklick oder ein Telefonanruf beim Pizzaservice und schon bekommen wir unser Essen bis vor die Haustür geliefert. Neben der falschen Auswahl beim Essen und dem Bewegungsmangel sind auch andere Lebensstilfaktoren wie Stress, Schlafmangel, Gene, Rauchen und eine geringe Muskelmasse schuld an dieser besorgniserregenden Entwicklung.

Die Deutsche Gesellschaft für Ernährung (DGE) bemüht sich schon seit Jahrzehnten, mit ihren Ernährungsempfehlungen die Bevölkerung vor Zivilisationskrankheiten zu schützen. Dabei hält ihre vorbeugende Zauberformel dazu an, weniger Fett und mehr Kohlenhydrate zu essen. Diese Zusammensetzung mag vielleicht für Menschen, die intensiv Sport treiben, sinnvoll sein. Aber kann auch der gestresste Couchpotato von der Ernährung eines Leistungssportlers profitieren? Wohl kaum.

Viele Kohlenhydrate können ein Gesundheitsproblem werden

Genau genommen empfiehlt die DGE, täglich mindestens 50 Prozent der Gesamtenergie in Form von Kohlenhydraten aufzunehmen, was auch den überholten Empfehlungen der traditionellen mediterranen Ernährung entspricht.[1] Da unser Kohlenhydratbedarf über Nahrungsmittel bei null Gramm liegt, ist es verwunderlich, dass wir ausgerechnet von dem Nährstoff, den wir am wenigsten brauchen, am meisten essen sollen.

[1] *Siehe hierzu Worm, N.:* Flexi-Carb. Mediterran genießen – Lebensstil beachten – Kohlenhydrate anpassen – schlank und gesund bleiben. *riva Verlag, München 2015*

Zwar arbeitet unser Gehirn bevorzugt mit Glukose und auch die roten Blutkörperchen und die Zellen des Nierenmarks sind auf den Traubenzucker als Energiequelle angewiesen. Deswegen müssen wir aber nicht 50 Prozent unseres Energiebedarfs mit Kohlenhydraten decken. Die benötigte Menge kann der Körper selbst herstellen, und zwar aus Eiweiß. Aus diesem Grund sind auch Kohlenhydrate aus Lebensmitteln auch nicht lebensnotwendig.

Aber zurück zu den Empfehlungen der DGE: Ein erwachsener Mann im Alter von 40 Jahren, der bei einer Größe von 1,80 Meter 90 Kilo auf die Waage bringt, im Büro arbeitet und sich in der Freizeit kaum sportlich betätigt, dürfte laut DGE 2400 Kilokalorien pro Tag essen. Davon 1200 Kilokalorien in Form von Kohlenhydraten, das sind fast 300 g pro Tag. Ein Schreibtischtäter, der weniger gesundheitsbewusst lebt und nur selten den Kochlöffel schwingt, kommt schnell auf 300 g Kohlenhydrate, wie das folgende Beispiel zeigt:

Beispiel für 300 g Kohlenhydrate am Tag

Frühstück:
2 belegte Brötchen vom Bäcker

Mittagessen:
Kantine – 300 g Spaghetti (gekocht) mit Tomatensoße plus Pudding als Dessert, dazu 1 Flasche (330 ml) Cola

Abends:
3 Scheiben Brot mit Wurst und Käse

Später: ½ Tüte Chips, Salzstangen oder andere Knabbereien

Was macht der Körper mit Pasta & Co.?

Die verzehrten Kohlenhydrate wandern vom Mund in den Magen und dann weiter in den Darm. Dabei werden sie immer weiter zerkleinert, bis am Ende Glukose, also Traubenzucker, übrig bleibt. In dieser Form wandert der viele Zucker ins Blut. Dort darf er aber nicht bleiben, also versucht der Körper, ihn wegzuschaffen. Dafür braucht er Hilfe, die in Form von Insulin herbeigeeilt kommt. Dieses Hormon hat die Aufgabe, den Zucker im Blut in verschiedene Körperzellen zu schleusen, wo er zum Beispiel zur Energiegewinnung verwendet oder aber gespeichert wird.

Die Muskulatur ist der bevorzugte Zielort. Sie hat Platz für 300 g Kohlenhydrate, die in Form von Glykogen gespeichert werden. Menschen, die jeden Tag körperlich aktiv sind und Sport treiben, können ohne Probleme 300 g Kohlenhydrate im Muskel speichern. Mit der nächsten Sporteinheit wird ein Teil davon wieder verbrannt und Platz für neue Kohlenhydrate geschaffen – und das, ohne den Stoffwechsel zu belasten. Was aber, wenn Sie Ihre Muskelspeicher füllen, aber nicht täglich leeren? Wo wandert dann die Pasta hin? Damit der Muskel nicht unter Stress gerät, wird er einfach insulinresistent. Das heißt, er hört nicht mehr auf das Insulinsignal und hält seine Türen verschlossen. Die Pasta muss sich jetzt eine andere Bleibe suchen. Das Insulin klopft nun im Fettgewebe an. Die überschüssigen Kohlenhydrate finden dort eine neue Unterkunft, wo sie als Fett gespeichert werden. Gleichzeitig wird durch das Insulin die Fettverbrennung gestoppt. Wer weiterhin faul auf der Couch liegt und täglich Pastaberge verschlingt, wird seine Fettzellen mit Spaghetti und Co. überfluten. Diese werden daraufhin immer größer und stressanfälliger. Mit zunehmendem Volumen nehmen sie das Insulinsignal immer weniger wahr. Der Körper steuert gegen, indem er immer mehr Insulin zur Verfügung stellt, um das Signal an der Fettzelle zu verstärken. Doch irgendwann ist auch die Fettzelle an ihrem Limit angekommen. Sie wird krank und verliert ihre Fähigkeit, noch mehr Pasta aufzunehmen und in Fett umzuwandeln. Sie wird insulinresistent und verschließt ihre Türen. Die Pasta muss jetzt wieder auf die Suche nach einer neuen Unterkunft gehen. Da der permanente Nudelnachschub den Insulinspiegel immer höher treibt und dies wiederum in der Leber Gene aktiviert, die die Fettbildung aus Kohlenhydraten fördern, werden Spaghetti & Co. in der Leber aufgenommen und in Fett umgewandelt. Die Leber verfettet und der Stoffwechsel entgleist völlig, woraufhin Blutfette, Blutdruck und Blutzucker ansteigen. Die Katastrophe nimmt ihren Lauf. Der Weg für einen Diabetes ist geebnet. Unter solchen Bedingungen sollten Sie den Pastagenuss lieber einschränken.

Lebensstilfaktoren und Insulinresistenz

Insulinresistenz, die auch als Kohlenhydratunverträglichkeit bezeichnet werden kann, beginnt, wie bereits geschildert, in der Muskulatur und breitet sich bei anhaltendem Bewegungsmangel auf andere Zellen aus. Bei Menschen mit Insulinresistenz verursachen alle leicht verdaulichen Kohlenhydrate Probleme im Stoffwechsel. Je mehr davon gegessen wird, desto heftiger sind die gesundheitlichen Probleme. Bei massiv Insulinresistenten findet man nach einer kohlenhydratreichen Mahlzeit Insulinspiegel, die bis zu 15-mal höher sind als der eines schlanken Sportlers. Dennoch speichern sie nach dem Essen weniger Kohlenhydrate im Muskel. Hohe Insulinspiegel begünstigen stattdessen die Fettbildung aus Kohlenhydraten in Leber- und Fettgewebe. Das Risiko, dick und krank zu werden, steigt. Neben körperlicher Faulheit gibt es noch andere Lebensstilfaktoren, die eine Insulinresistenz fördern. Je mehr dieser Faktoren, die in den weiteren Abschnitten näher erläutert werden, zusammenkommen, desto konsequenter sollten Sie den Kohlenhydratverzehr einschränken, um Ihren Stoffwechsel zu entlasten.

Die wichtigsten sechs Lebensstilfaktoren sind im Überblick:

1. **Bewegungsmangel**
2. **Übergewicht und dicker Bauch**
3. **Stress**
4. **Schlaf**
5. **Rauchen**
6. **Alter**

1. Ein Tag Bewegung verbessert sofort die Insulinwirkung

Bewegung ist ein wichtiger Baustein zur Vorbeugung von Übergewicht und Zivilisationskrankheiten. Als Richtwert empfiehlt die Weltgesundheitsorganisation (WHO), 10 000 Schritte pro Tag zu gehen. Das entspricht einer Strecke von fünf bis sechs Kilometern. Im Vergleich: Ein Berufstätiger, der sich morgens ins Auto setzt, zur Arbeit fährt, dort acht Stunden am Schreibtisch sitzt, abends wieder nach Hause fährt und dann auf dem Sofa liegt, schafft es vielleicht auf 1500 Schritte. Wer etwas aktiver ist, kommt schon mal auf 4000 Schritte. In einer spannenden Studie aus England wurden schlanke und übergewichtige fitte Probanden angehalten, ihre körperliche Aktivität sieben Tage lang auf 4000 Schritte zu reduzieren. Die Wissenschaftler wollten überprüfen, wie sich verminderte körperliche Aktivität auf den Kohlenhydratstoffwechsel auswirkt. Nicht nur die fitten Übergewichtigen, sondern auch die fitten Schlanken hatten bereits nach einer Woche höhere Blutzucker- und Insulinspiegel, was auf eine verminderte Kohlenhydratverträglichkeit hindeutet. In einer anderen Studie, an der ebenfalls Schlanke und Übergewichtige teilnahmen, bewirkte bereits ein sitzend verbrachter Tag ohne Anpassung der Kalorienzufuhr an den Energieverbrauch eine verminderte Insulinwirkung von 39 Prozent. Bei ausgeglichener Energiebilanz war die Insulinwirkung immer noch um 18 Prozent vermindert. Langfristig kann Bewegungsmangel also selbst bei fitten, schlanken Menschen eine Insulinresistenz verursachen.

Mehrmals statt einmal am Tag

Eine Stunde am Tag Sport treiben und alles ist gut? Das mag für Menschen stimmen, die auch im Alltag aktiv sind. Personen, die den Tag nur sitzend verbringen, können die negativen Effekte ihrer Sesshaftigkeit auf den Kohlenhydratstoffwechsel selbst durch eine einstündige Sporteinheit nicht vollständig kompensieren. Wer seine Insulinwirkung verbessern möchte, sollte deshalb mehrmals am Tag aufstehen und einige Hundert Meter gehen.

Mehr Muskeln, mehr Pasta

Muskeln sind nicht nur sexy, sie sind ein Garant für Gesundheit. Mehr Muskeln verbessern den Fett- und Zuckerstoffwechsel, verbrennen mehr Energie, erhöhen den Grundumsatz (die Energiemenge, die der Körper pro Tag in Ruhe, bei Raumtemperatur und nüchtern für die Aufrechterhaltung seiner Stoffwechselfunktionen benötigt) und erlauben uns, ohne schlechtes Gewissen Pasta zu essen, vorausgesetzt die Muskeln werden mehrmals pro Woche ordentlich belastet. Aktive Muskeln sind sehr insulinsensitiv, das heißt, wenn das Insulin anklopft, um den Zucker aus dem Essen abzuladen, öffnen sie sofort ihre Tore. Krafttraining ist deshalb nicht nur für Schlanke, die ihren Körper formen möchten, angesagt. Auch Fettleibige und Diabetiker, die ihren Zuckerstoffwechsel verbessern möchten und müssen, sollten Gewichte stemmen als eine gesunde und nebenwirkungsfreie Alternative zu den blutzuckersenkenden Pillen.

2. Je fetter, desto insulinresistenter

Die Mehrheit der dicken Menschen, vor allem solcher mit krankhaftem Übergewicht, haben eine Insulinresistenz. Nur etwa 20 Prozent bis 30 Prozent der Fettleibigen bleiben davon verschont – es fragt sich nur, wie lange. Man bezeichnet sie auch als metabolisch gesunde Übergewichtige. Umgekehrt gibt es auch schlanke Menschen mit Insulinresistenz. Übergewicht wird mithilfe des Body-Mass-Index (BMI) definiert. Er setzt das Körpergewicht in Beziehung zur Körperlänge. Der Nachteil des BMI ist die fehlende Berücksichtigung der Körperzusammensetzung, deshalb ist er nicht für alle Zielgruppen aussagekräftig genug. Muskelprotze wie Bodybuilder würden mit ihrem BMI in die Kategorie »stark übergewichtig« fallen. Genauso landen schlanke Menschen mit sehr hohem Körperfettanteil in der Kategorie »normalgewichtig«, obwohl sie, je nachdem, wo sich das Fett angesammelt hat, ein deutlich höheres Gesundheitsrisiko haben als schwere muskulöse Personen. Viel wichtiger als die Bewertung des Körpergewichts ist die Messung des Gesamtfettanteils, zum Beispiel mithilfe einer Körperfettanalyse, sowie die Erfassung der Fettverteilung, etwa durch Messen des Bauchumfangs. Je dicker der Bauch, desto größer die Wahrscheinlichkeit einer Insulinresistenz. Andere für das bloße Auge nicht erkennbare, aber medizinisch relevante Fettdepots sind die Muskeln, die Leber und die Bauchspeicheldrüse. Hier angesammeltes Fett heißt in der Fachsprache »ektopes Fett«.

Ein optimales, stabiles Gewicht ist daher erstrebenswert. Mit einer Gewichtszunahme verschlechtert sich nämlich der Zuckerstoffwechsel, und das führt zur Insulinresistenz. Das fanden Forscher einer Münchner Universität heraus. Für ihr Experiment suchten sie gesunde, schlanke, männliche Personen, die bereit waren, sich zu mästen. Innerhalb von 4,5 Monaten nahmen die

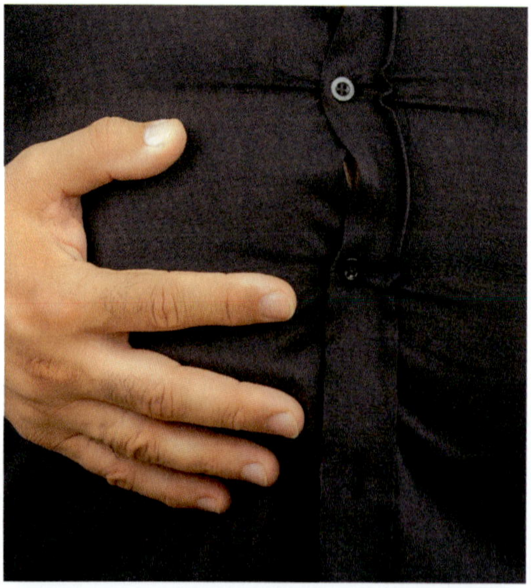

Testpersonen etwa sechs Kilogramm zu. Obwohl ihr BMI am Ende des Experiments immer noch im mittleren Normbereich lag, hatten sie nach einer kohlenhydratreichen Mahlzeit bereits deutlich höhere Insulinspiegel als vor dem Experiment, was auf eine Insulinresistenz hindeutet.

3. Stress macht süßes Blut

Die Hälfte der Deutschen gibt an, sich gestresst zu fühlen. Stress ist die Reaktion auf unseren modernen Lebensstil. Termine, Zeitdruck und permanente Erreichbarkeit belasten uns pausenlos. Zu Urzeiten, als wir beim Jagen hin und wieder größeren Gefahren ausgesetzt waren, war die Stressreaktion überlebenswichtig. Bis heute schütten wir unter Stress Cortisol aus. Das Hormon verschafft uns Energie aus den Muskel- und Fettzellen der unteren Extremitäten, um für den Angriff oder die Flucht gerüstet zu sein. Damit die Energie auch freigesetzt werden kann, müssen Muskel- und Fettzellen insulinresistent werden. Heutzutage, da wir gestresst und überfordert im Büro sitzen, aber weder auf Angriff aus sind noch fliehen wollen oder können, wird die massive Cortisolausschüttung zum Problem. Die im Blut schwimmende Energie wird nicht wie früher für den Kampf verbraucht, sondern nur in Richtung Körpermitte umgeleitet, mit der Folge, dass vermehrt Bauchfett gebildet wird. Ein dicker Bauch erhöht wiederum das Risiko für eine Insulinresistenz.

4. Schlafmangel rächt sich bitter

Schlafmangel macht nicht nur dick, weil wir dadurch mehr Appetit auf fette, kohlenhydratreiche Speisen bekommen und folglich mehr essen. Schlafmangel macht auch insulinresistent, und zwar schon innerhalb kürzester Zeit. Wer weniger als sieben Stunden schläft und sich auch noch mit Kohlenhydraten vollstopft, hat ein erhöhtes Risiko, an Diabetes zu erkranken.

5. Vom Glimmstängel zum Zucker

Etwa 20 Millionen Menschen in Deutschland greifen regelmäßig zur Zigarette und riskieren damit nicht nur, an Lungenkrebs zu erkranken, sondern auch, insulinresistent zu werden. Verantwortlich dafür ist das Nikotin, das zu einer vermehrten Ausschüttung von Cortisol führt. Dieses Stresshormon unterstützt die Bildung von Bauchfett, was wiederum die Insulinresistenz fördert.

6. Das Alter macht nicht nur weiser, sondern auch insulinresistenter

Experten gehen davon aus, dass es mit zunehmenden Lebensjahren zu einer altersbedingten Fettansammlung in den Muskeln kommt. Verfettete Muskeln reagieren immer schlechter auf das Insulinsignal, sodass es zu erhöhten Blutzucker- und Insulinwerten kommt. Eine mögliche Ursache könnte die verminderte Fähigkeit der Muskelzellen sein, Fett zu verbrennen, vermutlich weil im Alter weniger Mitochondrien, das sind die Verbrennungsöfen in den Zellen, gebildet werden. Verstärkt wird die Insulinresistenz durch den altersbedingten natürlichen Muskelabbau.

Neben diesen sechs Lebensstilfaktoren gibt es noch andere Einflüsse, die eine Insulinresistenz fördern. Hierzu zählen zum Beispiel Vitamin-D-Mangel, die Gene und bei Frauen nicht selten die Wechseljahre und die damit verbundene Veränderung der Körperzusammensetzung – bedingt durch Hormonveränderungen.

Low-Carb mediterran – bester Gesundheitsschutz

Je mehr der genannten Faktoren zusammenkommen und je stärker die Insulinresistenz ausgeprägt ist, desto schlechter kann der Körper mit Kohlenhydraten umgehen und desto sparsamer sollten Pasta, Brot, Reis und Kartoffeln verzehrt werden. Eine Low-Carb-Ernährung kombiniert mit den vielen gesunden Zutaten der modernen mediterranen Ernährung, also Flexi-Carb, bietet den besten Schutz vor Übergewicht und Folgeerkrankungen wie Diabetes und Herz-Kreislauf-Erkrankungen. Flexi-Carb liefert alle lebensnotwendigen Nährstoffe. Dafür sorgt der reichliche Anteil von Gemüse und Obst, der jede Mahlzeit dominiert. Beides liefert zudem sekundäre Pflanzenstoffe und Ballaststoffe. Die Energiedichte der Mahlzeiten liegt überwiegend im niedrigen Bereich, sodass ein Energieüberschuss vermieden wird. Milch, Milchprodukte, Käse, Fleisch, Geflügel, Fisch, Meeresfrüchte und Hülsenfrüchte versorgen uns mit Vitaminen und Mineralstoffen und mit hochwertigem Eiweiß. Der hohe Eiweißgehalt der Kost bewirkt eine gute und lang anhaltende Sättigung. Durch die großzügige Verwendung von Fett wie Olivenöl, Butter, Nüssen und Avocados schmeckt die neue Ernährung besonders gut und fördert die Lebensfreude. Die Reduktion blutzuckerwirksamer Kohlenhydrate, also die Senkung der glykämischen Last (GL), bremst Heißhungerattacken aus und schützt die Bauchspeicheldrüse vor Insulinüberproduktion, vor allem bei Menschen, die ein erhöhtes Risiko für Insulinresistenz haben.

Also basta mit Pasta?

Nein, keine Angst. »Basta mit Pasta« gilt nicht für jedermann. Spaghetti bolognese, Penne all'arrabbiata oder Tagliatelle aglio e olio sind aus der italienischen Küche nicht wegzudenken – und auch Sie dürfen weiterhin Pasta genießen. Flexi-Carb bedeutet nicht den kompletten Verzicht auf Kohlenhydrate, sondern nur eine abgestimmte Zufuhr zwischen Low-Carb und Moderat-Carb, abhängig davon, wie viele Kohlenhydrate Sie sich mit Ihrem Lebensstil erlauben können.

Von Very Low-Carb bis High-Carb

Es gibt laut Definition einer internationalen Expertengruppe verschiedene Carb-Stufen:

1. Very Low-Carb/ketogene Diät (VLCKD): 20–50 g Kohlenhydrate/Tag oder < 10 % der täglichen Energie in Form von Kohlenhydraten
2. Low-Carb: ≤ 130 g Kohlenhydrate/Tag oder < 26 % der täglichen Energie in Form von Kohlenhydraten
3. Moderat-Carb: 26–45 % der täglichen Energie in Form von Kohlenhydraten
4. Bei über 45 % der täglichen Energie in Form von Kohlenhydraten spricht man von High-Carb

Durch Veränderung des Lebensstils können Sie Ihre kulinarischen Bedürfnisse befriedigen. Wenn Sie also nicht auf Pasta verzichten möchten, aber gleichwohl nicht wie eine Cannelloni aussehen oder zum Diabetiker werden möchten, dann müssen Sie körperlich aktiv werden, und das heißt: Sport, Sport und nochmals Sport. Mit anderen Worten: Sie müssen sich die Pasta zuerst verdienen. Darüber hinaus können Stressabbau und ein erholsamer Schlaf von sieben bis acht Stunden der Insulinresistenz entgegenwirken und den Pastagenuss ermöglichen.

Mediterrane Ernährung – weltweit als optimal anerkannt

Bei dem Begriff »Mittelmeerküche« denken sicherlich viele erst einmal an Italien, Spanien und Griechenland. Der Mittelmeerraum umfasst aber nicht nur Südeuropa, sondern auch Nordafrika wie Marokko, Tunesien und Ägypten sowie die Länder in Vorderasien, zu denen beispielsweise Syrien, Libanon, Israel, Zypern oder auch der asiatische Teil der Türkei gehören.

Menschen in diesen Ländern haben eines gemeinsam – sie essen viel frisches Gemüse und Obst, Hülsenfrüchte wie Bohnen oder Kichererbsen sowie Fisch und Meeresfrüchte, alles gewürzt mit reichlich landestypischen frischen Kräutern und Gewürzen. Als Hauptfettquelle verwenden sie Olivenöl. Dennoch hat jedes dieser Länder seine eigene kulinarische Note entwickelt. Die traditionelle mediterrane Ernährungsweise ist zudem mit einem bestimmten Lebensstil verbunden, zu dem viel Bewegung, der überwiegende Aufenthalt im Freien, reichlich Sonne, Ruhepausen nach dem Mittagessen und ein ausgeprägtes familiäres Zusammenkommen, vor allem beim Essen, gehören. Auf die Initiative von Italien, Spanien und Marokko hin wurde die Mittelmeerküche mitsamt ihrer Traditionen von der UNESCO 2010 sogar zum immateriellen Kulturerbe der Menschheit gekürt.

Anti-Aging-Effekt: mediterran und gesünder leben

Dass sich so viel Gelassenheit, Lebensfreude und wohlschmeckendes aromatisches Essen auch positiv auf die Gesundheit auswirken, haben die Forschungsergebnisse der letzten 25 Jahre inzwischen bestätigt. Daraus geht hervor, dass Menschen in Mittelmeerländern, die sich von viel Gemüse, Obst, Fisch, Olivenöl ernähren und dazu moderat Wein trinken, ein deutlich geringeres Risiko haben, einen Herz- oder Hirninfarkt zu erleiden oder an Krebs, Diabetes oder Alzheimer zu erkranken. Mit mediterraner Ernährung ist es also möglich, sich ein gutes Gesundheitsprofil anzuessen und damit länger und gesünder zu leben als in Mittel- und Nordeuropa und vielen anderen Ländern der Welt.

Noch geringeres Risiko durch weniger Kohlenhydrate

Eine Ernährung, die reichlich blutzuckerwirksame Kohlenhydrate liefert, erhöht nachweislich das Risiko für Diabetes mellitus und Herz-Kreislauf-Erkrankungen. Zwar senkt die mediterrane Ernährung durch das Zusammenspiel verschiedener Komponenten, ganz unabhängig vom Kohlenhydratgehalt, das Risiko für solche Zivilisationskrankheiten. Die größte europäische Beobachtungsstudie (EPIC) hat aber gezeigt, dass die Risikosenkung noch größer ist, wenn dabei auch der Verzehr stark blutzuckerwirksamer Kohlenhydrate wie Brot, Kartoffeln, Nudeln, gezuckerter Getränke, Süß- und Knabberwaren reduziert wird.

Anti-Aging-Effekt: mediterran und länger leben

In Sizilien gibt es eine Region, in der besonders viele Menschen über 100 Jahre alt sind und sich bester Gesundheit erfreuen. Genau genommen sind es 15 auf 10 000 Einwohner. Forscher vermuten, dass neben der traditionellen Lebensweise die Ernährung in den Mittelmeerländern für die höhere Lebenserwartung verantwortlich ist. Aber was genau bewirkt die mediterrane Ernährung und wie lässt sich dieser lebensverlängernde Effekt erklären?

Werfen wir zunächst einen Blick auf den Alterungsprozess. In den Chromosomen werden unsere Erbinformationen gespeichert. Damit diese geschützt werden, sitzen am Ende der sogenannten Chromosomenfäden Schutzkappen, die in der Fachsprache Telomere heißen. Ihre Länge ist ein Marker für den Alterungsprozess. Je länger die Telomeren-Schutzkappen, desto langsamer altert der Mensch. Mit jeder Zellteilung werden diese allerdings kürzer. Um einen rasenden Alterungsprozess zu verhindern, sorgt ein Enzym namens Telomerase dafür, dass die Chromosomenenden wiederhergestellt werden.

Bestimmte Faktoren wie Übergewicht, Rauchen oder hohe Blutzuckerwerte verkürzen die Telomere und setzen die Aktivität der »verjüngenden« Telomerase herab. Somit hat der Lebensstil einen eindeutigen Einfluss auf den Alterungsprozess und damit auch auf die Lebenserwartung. Forscher aus Italien konnten am Menschen nachweisen, dass auch die Ernährungsform Einfluss auf die Länge der erbgutschützenden Telomere hat. Für ihr Experiment befragten die Wissenschaftler 217 ältere, leicht übergewichtige Testpersonen zu ihrem Lebensstil, ihrer Ernährungsweise und ihrer Krankheitsgeschichte. Nach der Auswertung wurden sie in »gesunde« und »ungesunde« Senioren eingeteilt. Mithilfe eines Bewertungsschemas, des sogenannten Mediterranean Diet Scores (abgekürzt MDS – der in seiner Kategorisierung allerdings kritikwürdig ist), der die Einhaltung der so definierten »traditionellen mediterranen Ernährung« widerspiegelt, wurden die Senioren eingeteilt. Daneben wurden Laborparameter wie Entzündungswerte, Stress-Marker sowie die Telomerenlänge und Telomeraseaktivität bestimmt.

Das Ergebnis: »Gesunde« Senioren waren vor allem in der Gruppe zu finden, deren Ernährungsweise am stärksten traditionell mediterran geprägt war. Sie hatten im Vergleich zu den anderen Gruppen nicht nur die längsten Telomere, sondern auch das aktivste Telomerase-Enzym, und zwar unabhängig vom Alter, Gewicht und ihrem sonstigen Lebensstil. Weiterhin wiesen die mediterran essenden Senioren die niedrigsten Entzündungswerte und die geringsten Schädigungen in den Zellen (oxidativer Stress) auf. Somit konnte die italienische Arbeitsgruppe zeigen, dass eine Ernährung, die aus reichlich Gemüse, Obst, Fisch, Olivenöl und moderaten Mengen Wein besteht, aufgrund ihres antioxidativen (zellschützenden) Potenzials in der Lage ist, entzündungshemmend zu wirken und den oxidativen Stress in den Zellen zu verringern. Dadurch werden die genschützenden Telomere offenbar länger erhalten, was wiederum das Risiko für die Entstehung von lebensstilbedingten Krankheiten wie Bluthochdruck, Diabetes, Herz-Kreislauf-Erkrankungen, Alzheimer sowie Krebs senkt. Wer also ein hohes Alter anstrebt und dabei auch noch gesund und geistig fit bleiben möchte, der kann davon profitieren, sich mediterran zu ernähren und darüber hinaus für ausreichend Bewegung zu sorgen!

In nur zehn Tagen zu mehr Zufriedenheit

Den Menschen in den Mittelmeerregionen wird nachgesagt, dass sie gelassener und zufriedener sind. Neben der Ernährung spielt das warme Klima sicherlich eine wichtige Rolle. Dennoch muss man weder bereits jahrzehntelang mediterran gegessen haben noch im Süden leben, um sich besser zu fühlen. Wenn Sie sich jetzt entscheiden, einen an die heutige Zeit angepassten mediterranen Ernährungsstil anzunehmen, können Sie sich, wie eine Studie belegt, bereits nach zehn Tagen zufriedener, wachsamer und geistig fitter fühlen.

Mediterrane Ernährung – weniger Bauchfett?

Obwohl die mediterrane Ernährung aufgrund des hohen Konsums an Olivenöl, fettem Fisch und Nüssen nicht gerade fettarm ist, haben Menschen, die sich mediterran ernähren, ein deutlich geringeres Risiko, übergewichtig zu werden. In der ATTICA-Studie, bei der 3000 griechische Männer und Frauen untersucht wurden, hatten diejenigen Studienteilnehmer, die strikter der traditionellen mediterranen Ernährung folgten, ein um 51 Prozent gesenktes Risiko, übergewichtig zu werden. Auch der altersbedingte Zuwachs von Hüft- und insbesondere Bauchspeck war bei dieser Ernährungsweise seltener zu finden.

Besser abspecken mit Olivenöl & Co.

Wer bereits ein paar Pfunde zu viel auf den Hüften hat und diese wieder loswerden möchte, kann das mit einer mediterranen Ernährung bestens erreichen. Im Vergleich zu einer kalorienreduzierten und fettarmen Diät lässt sich mit einer energiereduzierten Mittelmeerkost, die mehr Fett in Form von einfach und mehrfach ungesättigten Fettsäuren in Kombination mit vielen wasser- und ballaststoffreichen Nahrungsmitteln enthält, besser und langfristiger abspecken. Den höchsten Gewichtsverlust erzielt man, wenn die mediterrane Ernährung außerdem kohlenhydratarm, also Low-Carb, zusammengestellt wird, wie eine Studie an übergewichtigen Diabetikern zeigte. Low-Carb und mediterran bewirkt neben der besseren Gewichtsabnahme eine zusätzliche Verbesserung der Stoffwechselwerte wie einen Anstieg des guten und gefäßschützenden HDL-Cholesterins oder einen effizienteren Zuckerstoffwechsel. Eine intensive Auseinandersetzung mit der Studienhistorie und der aktuellen Studienlage zur mediterranen Ernährung finden Sie in dem Buch *Flexi-Carb* von Nicolai Worm.

Schutzfaktoren der traditionellen mediterranen Ernährung

Die übliche Definition der »traditionellen« mediterranen Ernährung stammt aus den 50er-Jahren und steht für eine Kostform, die reichlich Gemüse, Salate und Früchte sowie als Hauptfettquelle Olivenöl nutzte, in der Fische und Meeresfrüchte häufig verzehrt wurden, bei der man mit Milchprodukten, Käse und Fleisch, vor allem rotem Fleisch, zurückhaltend war und man bei Getreide in der Vollkornvariante beherzt zugriff. Die Ernährungswissenschaft hat inzwischen herausgefunden, welche Komponenten dieser Ernährung tatsächlich schützend wirken, welche zu Unrecht verteufelt und welche mit Augenmaß gegessen werden sollten.

1. Gemüse und Obst in Hülle und Fülle

Frisches Obst und Gemüse gehören zur traditionellen mediterranen Ernährung wie die Luft zum Atmen. Je bunter die Auswahl, desto besser, denn vor allem die farbgebenden sekundären Pflanzenstoffe wie die Flavonoide oder Carotinoide schützen die Zellen und wirken entzündungshemmend. Die in Obst und Gemüse enthaltenen Ballaststoffe wirken sich zudem positiv auf die Darmgesundheit aus. Das sonnige Klima sorgt dafür, dass aromatisches Gemüse und Obst das ganze Jahr über erhältlich sind.

2. Öfter einen fetten Fisch auf dem Teller

Durch die Küstenlage der Mittelmeerländer ist fangfrischer Fisch immer erhältlich. Fische und Meeresfrüchte gehören mehrmals in der Woche auf den Speiseplan. Vor allem fette Fische wie Thunfisch, Sardellen, Schwertfisch oder Sardinen sind reich an Omega-3-Fettsäuren. Diese Wunderfette verringern das Risiko für Herz-Kreislauf-Erkrankungen, indem sie den Blutdruck und die Herzfrequenz senken, die Blutfette verbessern, den Herzrhythmus stabilisieren, entzündungshemmend und blutverdünnend wirken. Weiterhin wirken sie als Antidepressivum und sorgen für eine schöne Haut. Allerdings können nicht alle Omega-3-Fettsäuren diese Wirkungen entfalten. Es sind vor allem die tierischen Varianten, die fast ausschließlich in fettem Fisch und Fischöl stecken, die in Sachen Herz-Kreislauf-Schutz am effektivsten sind. Ferner unterdrücken sie die Bildung neuer Blutgefäße, die ein Tumor zum Wachstum braucht. Laut der EPIC-Studie schützt regelmäßiger Fischverzehr sogar vor Darmkrebs.

3. Olivenöl – damit läuft es wie geschmiert

Eine Schlüsselrolle in der mediterranen Ernährung spielt zweifelsohne das Olivenöl. Es ist reich an einfach ungesättigten Fettsäuren, Vitamin E und sekundären Pflanzenstoffen. Bereits drei Esslöffel pro Tag wirken positiv auf Körper und Geist. Die günstigen Wirkungen beruhen nach heutigen Erkenntnissen aber wohl weniger auf der einfach ungesättigten Ölsäure als auf den vielen sekundären Pflanzenstoffen. Der Gehalt an Polyphenolen mit ihren antioxidativen (zellschützenden) Fähigkeiten ist bei nativem Olivenöl höher als bei anderen Pflanzenölen. Vor allem der sekundäre Pflanzenstoff Biophenol ist in der Lage, direkt nach dem Essen eine schädliche Veränderung (Oxidation) des bösen Cholesterins (LDL-Cholesterin) zu verhindern, was mit einer Senkung des Risikos für Herz-Kreislauf-Erkrankungen einhergeht. Olivenöl verlangsamt zudem die natürliche Hautalterung und wirkt hautstraffend, indem es die Kollagenbildung stimuliert. Durch seinen hohen Anteil an Ölsäure ist Olivenöl auch in der Lage, den Blutdruck nachhaltig zu senken. Der tägliche Verzehr von

Olivenöl wirkt in den Gefäßen entzündungshemmend, wodurch das Arterioskleroserisiko sinkt. Der Wirkmechanismus ist vergleichbar mit dem eines entzündungshemmenden Medikamentes wie beispielsweise Ibuprofen. Aber das ist noch nicht alles. Olivenöl kann noch mehr. Es verbessert auch die Verwertung von Zucker und wirkt entfettend auf die Leber, was gerade für Diabetiker bedeutsam ist. Weiterhin fördert Olivenöl wie kein anderes Öl das Sättigungsgefühl und hilft damit beim Energiesparen.

4. Kräuter – Medizin mit guten Aromen

Frische Kräuter sind aus der mediterranen Küche nicht wegzudenken. Sie geben den Gerichten erst die typische aromatische Note. Die Wirkung der Kräuter kannte und nutze man schon in der Antike zur Vorbeugung oder Behandlung von chronischen Erkrankungen. Eine Untersuchung der traditionellen griechischen Kost hat ergeben, dass der Einsatz von reichlich Kräutern für die deutlich höhere Aufnahme von Antioxidantien (Zellschutz) in dieser Bevölkerungsgruppe verantwortlich ist. Vor allem Basilikum, Oregano, Thymian, Majoran, Petersilie, Salbei, Estragon, Koriander, Rosmarin und Lorbeer kommen in mediterranen Ländern zum Einsatz.

Studien am Tiermodell und am Menschen haben gezeigt, dass bestimmte Inhaltsstoffe in den Kräutern Enzyme hemmen, die an der Kohlenhydratverdauung beteiligt sind. Das hat den Vorteil, dass nach einer Nudelmahlzeit der Blutzucker nicht so stark ansteigt. Auf diese Weise tragen die Kräuter zu einem gewissen Diabetes-Schutz bei. Weiterhin haben die meisten Kräuter entzündungshemmende Eigenschaften in den Gefäßen, was wiederum das Arterioskleroserisiko vermindert. Einige Kräuter wirken darüber hinaus blutdruck- und cholesterinsenkend.

5. Nüsse – klein und fett, aber oho

In mediterranen Ländern werden relativ viele Nüsse verzehrt. Vor allem als Snack für zwischendurch kommen sie zum Einsatz oder auch als Bestandteil von Salaten. Nüsse sind reich an ungesättigten Fettsäuren. Epidemiologische Studien zeigen, dass der tägliche Verzehr einer Handvoll Nüsse einen vorbeugenden Effekt auf Herz-Kreislauf-Erkrankungen hat. Einige Studien belegen sogar eine therapeutische Wirkung, denn mit Nüssen lässt sich das Profil der Blutfette wesentlich verbessern. Obwohl Nüsse mit durchschnittlich 600 Kilokalorien pro 100 g und 80 Prozent Fettanteil echte Kalorienbomben sind, müssen sich Nuss-Liebhaber nicht vor einer Gewichtszunahme fürchten. Das geht aus vielen Studien hervor. Die Nuss ist ein Paradebeispiel dafür, dass nicht jede aufgenommene Kalorie verwertet wird und auf den Hüften landet. Etwa 10 bis 15 Prozent der aufgenommenen Energie aus Nüssen werden unverdaut wieder ausgeschieden. Es gibt Hinweise darauf, dass Nüsse sogar den Grundumsatz um 10 Prozent erhöhen können. Verantwortlich dafür sind vermutlich das darin enthaltene Eiweiß und die ungesättigten Fettsäuren. Die gute Sättigung wird als weiterer Grund für die figurfreundliche Wirkung von Nüssen gehandelt. Kein Wunder, dass Nuss-Esser durchschnittlich weniger wiegen.

6. Wein ist ein Muss – aber in moderaten Mengen!

Der Genuss von moderaten Mengen an Wein, vor allem Rotwein, ist in den südeuropäischen Mittelmeerländern ein Ritual. Rotwein gehört zu einem italienischen Essen ganz selbstverständlich dazu, selbst zu Fisch wird nicht immer Weißwein getrunken. In moderaten Mengen getrunken, das heißt 200 ml Wein für Frauen und 300 bis 400 ml für Männer pro Tag, hat der Alkohol im Wein positive Effekte auf das Herz-Kreislauf-System, indem er das gute, gefäßschützende HDL-Cholesterin

erhöht und das Blut schön dünnflüssig macht. Neben Alkohol enthält Wein viele Polyphenole, der rote deutlich mehr als der weiße, wovon eines namens Resveratrol besonders berühmt ist. Es ist seit Jahren im Fokus der Forschung, denn es hat eine pharmakologische Wirkung. So verhindert es beispielsweise die schädliche Veränderung (Oxidation) des LDL-Cholesterins und vermindert dessen Ablagerung in der Gefäßwand. Dadurch wird der Entstehung von Arteriosklerose entgegengewirkt. Weiterhin soll Resveratrol ein lebensverlängerndes Gen aktivieren, aber hier steckt die Forschung noch in den Kinderschuhen.

7. Weniger Milchprodukte und (rotes) Fleisch – ist das wirklich gesünder?

Der günstige gesundheitliche Effekt der mediterranen Ernährung wird in der Laien- und Fachpresse immer wieder mit dem geringen Verzehr von Milchprodukten und Fleisch, insbesondere von rotem Fleisch, in Verbindung gebracht. Allerdings ist diese Einschätzung sehr umstritten. Vor allem die negative Bewertung eines hohen Verzehrs an Milchprodukten ist wissenschaftlich unhaltbar. Viele Studien zeigen sogar, dass Menschen, die mehr Milchprodukte zu sich nehmen, ein geringeres Risiko für Herz-Kreislauf-Erkrankungen und Diabetes haben. Und das Thema »rotes Fleisch« ist ein ganz besonderes Problem. Reichlicher Fleischgenuss geht in der Regel mit einem anderweitig ungesunden Lebensstil einher. Hinzu kommt, dass Fleischesser gleichzeitig weniger Gemüse, Früchte, Hülsenfrüchte und Nüsse verzehren. So ist bis heute unklar, ob tatsächlich der hohe Fleischkonsum das eigentliche Risiko darstellt oder ob dieses auf andere ungesunde Faktoren im Lebensstil von Fleischliebhabern zurückgeht[2].

Es ist zwar richtig, dass in den 50er-Jahren die meisten Menschen in den Mittelmeerländern weniger Fleisch und Käse aßen, aber nicht, weil sie beides verschmähten, sondern weil diese Lebensmittel teuer waren. Mit steigendem Wohlstand hat sich dies geändert. Im Laufe der Jahre verzehrten die Griechen, Italiener, Franzosen und Spanier immer mehr Milch, Butter, Sahne, Käse, Fleisch und Fleischwaren. Zwangsläufig ist damit auch die Aufnahme an gesättigten Fettsäuren und Nahrungscholesterin gestiegen. Dennoch sterben sie im Vergleich zu den Mittel- und Osteuropäern immer noch seltener an Herzinfarkten.

8. Reichlich Vollkorngetreide – Schutzfaktor oder Last?

Schaut man sich die gängige Definition der traditionellen mediterranen Ernährung an, so heißt es immer wieder, dass Menschen im Mittelmeerraum viel Getreide, hauptsächlich Vollkorngetreideprodukte, essen, was als günstig für die Gesundheit bewertet wird. Wer in den letzten Jahrzehnten regelmäßig in mediterrane Länder wie Italien, Griechenland oder Spanien gereist ist, wird sich sicherlich ein wenig wundern und darüber nachdenken, wie oft ihm in diesen Ländern Vollkornprodukte im Supermarkt, in den Bäckereien oder

[2] *Für eine detailliertere Diskussion dieser Fragestellungen verweisen wir auf das Buch: Worm, N.:* Flexi-Carb. Mediterran genießen – Lebensstil beachten – Kohlenhydrate anpassen – schlank und gesund bleiben bleiben. *riva Verlag, München 2015*

im Restaurant begegnet sind. Erst seitdem auch in diesen Regionen vermehrt Bioläden eröffnen, ist das eine oder andere Vollkornbrot erhältlich, wobei es mit hiesigem nicht viel gemeinsam hat. Um der Vollkornfrage nachzugehen, haben Nicolai Worm und wir Freunde und Familien befragt, die die Nachkriegszeit in Südeuropa miterlebt haben. Tatsächlich wurde nach dem Zweiten Weltkrieg zu Hause Vollkornbrot gebacken. Das ganze Korn zu verarbeiten war günstiger, als Weißmehl zu kaufen oder sich ein feines Weißbrot vom Bäcker zu leisten. Da Getreide im Gegensatz zu tierischen Lebensmitteln immer noch sehr viel günstiger war, dominierte sein Anteil in Form von Pasta und Brot auf dem Speiseplan. Der hohe Kohlenhydratverzehr war aber für die damalige Bevölkerung gesundheitlich unproblematisch. Zum einen war das gesamte Essensangebot sehr knapp, sodass sie weniger Kalorien verspeisten, zum anderen arbeiteten die Menschen körperlich hart. Die schnelle Energie aus den Kohlenhydraten wurde somit restlos verbraucht.

Pasta ist aus der italienischen Küche bis heute nicht wegzudenken. Doch anders als hierzulande wird diese nicht als üppiges Hauptgericht serviert, sondern als »primo piatto«, sprich eine kleine Portion als Vorspeise. Nudeln werden zudem eher schlicht zubereitet: mit leckerem Olivenöl, Knoblauch und Kräutern oder mit einer frisch gekochten Tomaten-, statt mit einer üppigen Sahnesoße. Und ganz wichtig: Nudeln bleiben bissfest, das hat den Vorteil, dass die darin enthaltenen Kohlenhydrate langsamer ins Blut übergehen und so keine starken hungertreibenden Blutzuckerschwankungen auslösen. Ein reichlicher Verzehr von Pasta, selbst in der Vollkornvariante, muss bei unserem modernen, kalorienschonenden Lebensstil kritisch betrachtet werden – denn eine hohe Zufuhr blutzuckerwirksamer Kohlenhydrate, also die Aufnahme von Lebensmitteln mit hoher glykämischer Last (GL), ist auch bei mediterraner Ernährung als Risikofaktor identifiziert worden. Und Getreideprodukte liefern nun einmal große Mengen an blutzuckerwirksamen Kohlenhydraten. Nachdem sich die mediterrane Ernährung mit niedriger glykämischer Last (GL) in vielen Studien als optimal erwiesen hat, muss man umgekehrt bei Pasta, Brot & Co. zuerst sparen, vor allem, wenn die Kohlenhydratverwertung aufgrund von Bewegungsmangel und/oder Stress ohnehin vermindert ist.[3]

[3] *Für eine detailliertere Diskussion dieser Fragestellungen verweisen wir auf das Buch: Worm, N.:* Flexi-Carb. Mediterran genießen – Lebensstil beachten – Kohlenhydrate anpassen – schlank und gesund bleiben bleiben. *riva Verlag, München 2015*

Glykämischer Index (GI) und glykämische Last (GL)

Der GI oder glykämische Index, vielen auch unter dem Begriff »Glyx« bekannt, gibt an, wie schnell die Kohlenhydrate aus einem Lebensmittel nach dem Essen im Blut landen und den Blutzuckerspiegel erhöhen. Weißbrot hat zum Beispiel einen hohen GI, der Blutzucker steigt nach dem Verzehr rasch an. Bei Vollkornbrot sieht es besser aus. Die darin enthaltenen Ballaststoffe verzögern den Blutzuckeranstieg. Auch die Zubereitungsart hat einen Einfluss auf den GI. Weich gekochte Pasta hat einen höheren GI als bissfest gekochte Nudeln.

Doch der GI allein nützt nichts!
Um die Blutzuckerwirkung vorhersagen zu können, reicht die Betrachtung des GI nicht aus. Dieser sagt nämlich nichts darüber aus, welche Insulinmenge erforderlich ist, um den Blutzucker nach dem Essen wieder zu senken. Um die Blutzucker- und Insulinwirkung beurteilen zu können, muss auch die jeweils verzehrte Kohlenhydratmenge einkalkuliert werden, und das erfolgt über die glykämische Last (GL).

Wenn Sie also fünf statt zwei Scheiben Vollkornbrot essen, dann schaltet die Ampel sofort auf Rot, selbst wenn der GI des Vollkornbrotes im grünen Bereich liegt.

Die »moderne« mediterrane Ernährung und ihre Zutaten

Wie bereits im letzten Kapitel beschrieben, ist es mit einer traditionellen mediterranen Ernährung möglich, Krankheitsrisiken zu senken und ein besseres Gesundheitsprofil zu erreichen. Dennoch muss diese ursprüngliche Mittelmeerkost neu bewertet werden, weil Ergebnisse aus aktuellen Studien nicht für alle genannten »Schutzfaktoren« tatsächlich auf eine protektive (schützende) Wirkung hindeuten.

Aus diesem Grund hat Dr. Nicolai Worm nach genauer Sichtung der wissenschaftlichen Datenlage vorgeschlagen, die traditionelle mediterrane Ernährung an den aktuellen Wissensstand anzupassen, und gemeinsam mit uns eine neue, moderne und modifizierte Mittelmeer-Ernährung entwickelt.

Besonders am Herzen liegt uns, dass in ein modernes und sinnvolles Ernährungskonzept Lebensstilfaktoren wie Bewegung, Rauchen, Schlafqualität und anderes miteinbezogen werden. Das betrifft vor allem die Wirkung der Kohlenhydrate. Dabei geht es nicht um »gut« oder »böse«, sondern um ihre unterschiedlichen Effekte in Abhängigkeit vom Lebensstil wie Ess-, Bewegungs-, Schlafverhalten sowie Nikotinkonsum oder Aufenthalt im Freien. Daraus ergibt sich ein flexibler Umgang mit kohlenhydratreichen Nahrungsmitteln wie Brot, Kartoffeln, Nudeln oder Reis.

Unter Berücksichtigung der körperlichen Aktivität, des Gewichts und des Bauchumfangs dürfen mehr oder weniger Kohlenhydrate auf dem Teller landen (mehr dazu auf Seite 68).

Wir nennen diese neue Form der Mittelmeerkost: Flexi-Carb – die »moderne« mediterrane Ernährung.

DIE *Flexi*-CARB-PYR

Ihre verdie

Gemeinsam mit Dr. Nicolai Worm haben wir eine neue Ernährungspyramide entwickelt, die unsere Empfehlungen und die entsprechende mengenmäßige Gewichtung der Lebensmittel bildlich darstellt. In diesem Kapitel stellen wir Ihnen die Flexi-Carb-Pyramide vor.

Flexi-Carb-Pyramide gewichtet nach Energiedichte, Nährstoffdichte, Kohlenhydrate/GL, Verarbeitungsgrad, nach Worm/Lemberger/Mangiame

MIDE

a-Carbs

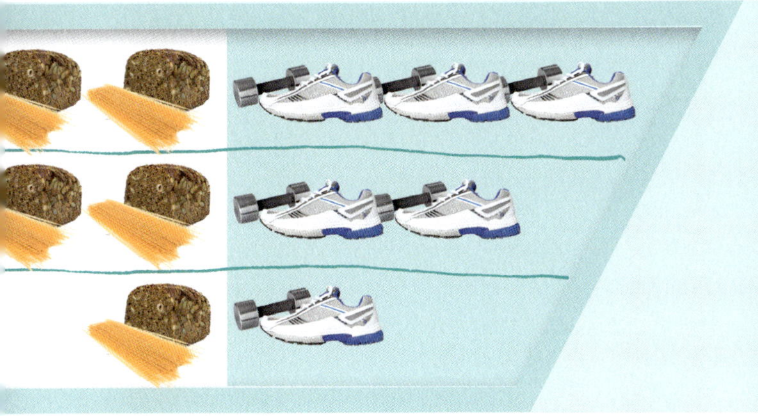

moderater Weinkonsum

ausreichend Schlaf

gute Fette

genügend Sonnenlicht

2015

Säfte, Softdrinks

Lightgetränke, Früchte-Smoothies

Wellnesswasser, Fruchtsaftschorle

Gemüsesäfte

Schwarzer/grüner Tee, Kaffee

Wasser, Früchte- und Kräutertee

Gesünder leben mit den fünf Flexi-Carb-Prinzipien bei der Lebensmittelauswahl

Anstelle von Nährstoffempfehlungen geben wir mit der Flexi-Carb-Pyramide Lebensmittelempfehlungen. Die Pyramide versinnbildlicht die optimale Zusammensetzung unserer Nahrung für die Mehrheit der Bevölkerung, das heißt für Menschen mit mehr oder weniger deutlichem Übergewicht und sitzendem Lebensstil. Die Pyramidenstufen geben entsprechend ihrer Fläche an, wovon viel gegessen werden soll. Das heißt: Von Lebensmitteln auf der Basis darf man viel und von den oben platzierten weniger und seltener essen. Die Einteilung der Nahrungsmittel auf der Pyramide erfolgte auf der Basis der folgenden Kriterien. Je mehr von ihnen sie erfüllen, desto weiter unten auf der Pyramide stehen die Lebensmittel.

1. Niedrige Energiedichte

Die Energiedichte eines Lebensmittels oder einer Mahlzeit wird definiert als die Kalorienmenge (kcal) pro 100 g Nahrung. Liegt diese unter 125 kcal/100 g, spricht man von einer niedrigen Energiedichte. Bei einem Wert zwischen 125–249 kcal/100 g liegt die Energiedichte im mittleren und ab 250 kcal/100 g im hohen Bereich. Je niedriger die Energiedichte, desto weiter unten sind die Lebensmittel auf der Pyramide angesiedelt. Wasserreiche Lebensmittel enthalten in der Regel wenig Kalorien. Sie sollen mengenmäßig den größten Anteil der Mahlzeit ausmachen. Wenn man sie als Sättigungsgrundlage isst, helfen sie, die Energiedichte der Mahlzeit niedrig zu halten. Wasserreiche Nahrungsmittel landen somit bevorzugt an der Basis oder auf der 1. Stufe.

2. Niedriger Kohlenhydratgehalt und glykämische Last (GL)

In die Bewertung fließen der Gesamtkohlenhydratgehalt sowie die damit einhergehende Blutzuckerwirksamkeit (glykämische Last) ein. Lebensmittel mit einem niedrigen Kohlenhydratgehalt von unter 12 g/100 g Lebensmittel stehen auf der untersten Stufe der Pyramide. Liegt der Kohlenhydratgehalt zwischen 12 g/100 g und 18 g/100 g werden die Lebensmittel, abhängig von der glykämischen Last, eher im mittleren Bereich angesiedelt und bei einem Kohlenhydratgehalt von über 18 g/100 g wandern sie je nach glykämischer Last weiter nach oben oder sogar an die Spitze der Pyramide.

3. Hohe Nährstoffdichte mit wenig Zusatzstoffen

Die mediterrane Ernährung ist sehr nährstoffreich – sie liefert viele Vitamine, Mineralstoffe, essenzielle Nährstoffe wie Eiweiß und Fett sowie Ballaststoffe und sekundäre bioaktive Substanzen wie Flavonoide oder Carotinoide. Wasserarme Nahrungsmittel enthalten relativ viel Energie (Kalorien) und haben eine niedrige Nährstoffdichte. Je höher die Nährstoffdichte eines Lebensmittels pro 100 kcal ist, desto mehr sollten Sie davon essen und desto wahrscheinlicher finden Sie es an der Basis oder auf der 1. Stufe der Pyramide. Je mehr Zusatzstoffe ein Lebensmittel enthält und je »leerer« die Kalorien sind, desto höher steht es auf der Pyramide.

4. Niedriger Verarbeitungsgrad

Die Menschen in den Mittelmeerländern setzen auf frische und möglichst wenig verarbeitete Lebensmittel. Je stärker ein Lebensmittel verarbeitet ist, desto weniger sollten Sie davon essen und desto höher auf der Pyramide ist es angesiedelt.

5. Gute wissenschaftliche Datenlage

Im letzten Schritt haben wir in »Zweifelsfällen« die derzeitige Datenlage für das zu bewertende Lebensmittel in Sachen Prävention herangezogen.

So geht's: die Flexi-Carb-Pyramide von unten nach oben

Die Basis – reichlich und zu jeder Mahlzeit!

Die Basis der Flexi-Carb-Pyramide und somit einer optimalen Ernährung sind wasser- und ballaststoffreiche Lebensmittel, die einen niedrigen Kalorien- und Kohlenhydratgehalt, eine geringe Blutzuckerwirkung und glykämische Last (GL) besitzen. Sie haben eine hohe Nährstoffdichte und sollten möglichst frisch und unverarbeitet eingekauft und sofort zubereitet werden.

Auf der Basis finden Sie typische mediterrane Gemüsesorten wie Artischocken, Auberginen, Paprikaschoten, Tomaten, Fenchel, Brokkoli, Spargel, Zwiebeln, grüne Bohnen, Knoblauch sowie Salate wie Rucola, Chicorée oder Lollo rosso. Dazu gesellen sich Pilze wie Champignons oder Steinpilze und zuckerarmes Obst wie Beeren, Zitrusfrüchte, Apfel, Birnen, Melonen, Nektarinen, Aprikosen und Pfirsiche. Gemüsesorten aus anderen Ländern, wie Sauerkraut, Wirsing, Rosenkohl, Kohlrabi, Kopfsalat gehören ebenfalls an die Basis einer optimalen Ernährung, da sie die o. g. Kriterien ebenso erfüllen.

Lebensmittel der Pyramidenbasis, sprich Gemüse und stärkearmes Obst, sind beim Flexi-Carb-Prinzip Bestandteil jeder Mahlzeit. Mit einem Wassergehalt von 80 bis 90 Prozent sorgen Gemüse, Salat, Pilze und Obst für ein sättigendes Volumen im Magen bei gleichzeitig geringstem Kaloriengehalt.
Sie sind zudem reich an Vitaminen, Mineralstoffen, Spurenelementen und sekundären Pflanzenstoffen, die allesamt wichtig für den Erhalt der Gesundheit sind Deshalb sollten sie mengenmäßig mit 40 bis 50 Prozent auf dem Teller dominieren. Das ist die Grundvoraussetzung, um mit wenig Energie satt zu werden. Verstärkt wird die Sättigungswirkung der Basislebensmittel durch ihren hohen Ballaststoffgehalt, der für eine längere Magenverweildauer sorgt.

Zuckergehalt mediterraner Früchte

Frucht	Kohlenhydratgehalt/ 100 g	Portionsgröße (g)	Kohlenhydratgehalt/ Portion
Limette	1,9	20	<1
Beeren, z. B. Brombeeren, Himbeeren, Erdbeeren, Blaubeeren	2,7–8,5	200	5,4–17
Honigmelone	5,3	200	10,6
Wassermelone	8,3	200	16,6
Aprikose	8,5	150	12,8
Pfirsich	8,9	150	13,4
Orange	9,2	150	13,8
Grapefruit, Pomelo	9,4	150	14,1
Mandarine	10,1	150	15,2
Pflaume	10,2	150	15,3
Apfel	11,4	125	14,2
Birne	12,4	125	15,5
Nektarine	12,4	150	18,6
Kaki, Sharon	16	125	20
Granatapfel	16,9	150	25,4
Feige	12,8	150	19,2

Mediterrane Gemüse- und Obstsorten im Porträt

Artischocken – ein Therapeutikum

Artischocken sind eine der ältesten kultivierten Gemüsesorten der Welt. Sie wachsen rund um das Mittelmeer, vor allem in Italien, Spanien und Frankreich. Lange Zeit wurden sie schon wegen ihres königlichen Aussehens als Delikatesse verspeist. Im 16. Jahrhundert war die Artischocke ein nobles Gemüse, das sich nur die Elite leisten konnte. Der hohe Anteil an Cyanarin verleiht der Artischocke einen leicht herben, bitteren Geschmack. Und es sind genau diese Bitterstoffe, die sie seit Jahrhunderten zu einem Therapeutikum machen. Artischocken, vor allem die Extrakte aus

den Blättern, verbessern die Leberfunktion, stimulieren den Gallenfluss sowie die Gallensäurebildung und regen die Verdauung an. Das Wissen um den verdauungsfördernden Effekt der Artischocke haben sich die Italiener zunutze gemacht und daraus den Digestif Cynar, auch Amaro genannt, hergestellt. Weiterhin wirkt die Artischocke cholesterin- und blutzuckersenkend sowie appetitanregend.

Verwendungsmöglichkeiten in der Küche
Artischocken können als Ganzes in Salzwasser mit Zitronensaft gegart werden. Nach 30 bis 40 Minuten sind die Blätter weich, zum Genießen werden sie abgezupft und der untere »fleischige« Teil des Blattes wird mit den Zähnen abgezogen. Traditionell werden die Blätter vor dem Verzehr in eine Vinaigrette oder einen Dip getaucht. Noch lieber als die Blätter werden die fleischig zarten Artischockenherzen gegessen. Nachdem das ungenießbare Heu entfernt wurde, werden die Artischockenherzen gebraten, gedünstet oder frittiert. Sie schmecken hervorragend im Salat, als Gemüsebeilage (siehe Rezept Seite 134) oder im Risotto. Eingelegte Artischockenherzen gibt es auch als Antipasti zu kaufen. Sie schmecken aber nicht annähernd so gut wie die frischen Herzen.

Artischocken richtig lagern
Frische Artischocken am besten in feuchtes Papier einwickeln und im Gemüsefach des Kühlschranks aufbewahren. Da die Blätter schnell austrocknen, ist es jedoch ratsam, das Gemüse noch am Tag des Einkaufs zu verzehren.

Tipp: Frische ganze Artischocken oder Artischockenherzen rasch verarbeiten und in Zitronenwasser legen, da sie sonst braun werden.

Tomaten – die roten Zellschützer

Es gibt wohl kaum ein Gemüse, das in mediterranen Ländern so beliebt ist wie die Tomate. Tomaten schmecken roh am besten, wenn sie frisch und reif geerntet werden und viel Sonne abbekommen haben. Dann sind sie besonders aromatisch. Botanisch betrachtet ist die Tomate eine Beere, von der es vermutlich um die 3000 Arten gibt. Ein besonderer Inhaltsstoff ist das Lykopin, das ihr die rote Farbe verleiht. Es zählt zu den wirksamsten Radikalfängern, das heißt, es ist in der Lage, besonders reaktionsfreudige Moleküle im Körper zu neutralisieren und damit deren Aktivität außer Kraft zu setzen.

Bereits 200 g frische Tomaten am Tag bewirken eine deutliche Blutdrucksenkung. Auch die Blutfette profitieren von Lykopin. So kann durch regelmäßigen Verzehr der roten Früchte das »böse« LDL-Cholesterin gesenkt werden. Am besten für den Körper aufnehmbar ist dieser Wunderstoff in verarbeiteten Tomaten wie Tomatenmark, Tomatensoße oder Tomatensuppe. Steigern lässt sich die Aufnahme in Verbindung mit Fett. Deswegen gehört in jede Tomatensuppe und Tomatensoße ein Schuss Olivenöl.

Tomaten richtig lagern

Damit Tomaten ihr Aroma beibehalten, sollten sie auf keinen Fall im Kühlschrank landen. Am besten bewahren Sie Tomaten trocken und dunkel bei 13 bis 18 °C auf. Da Tomaten ein Reifungshormon ausscheiden, sollten sie nicht neben reifem Obst und Gemüse gelagert werden, sie verderben sonst zu schnell. Sind Tomaten dagegen noch nicht ganz reif, lagert man sie am besten mit Äpfeln zusammen, damit sie schneller nachreifen.

Tomaten vorbereiten

Den Stielansatz und andere grüne Stellen sollten Sie wegschneiden, denn sie enthalten Solanin, das in größeren Mengen verzehrt giftig ist und zu Übelkeit und Erbrechen führen kann.

Paprikaschoten – machen schlank und schön

Paprika, vor allem Spitzpaprika, kommt in Balkanländern und im südeuropäischen Mittelmeerraum sehr häufig zum Einsatz, zum Beispiel gegrillt und als Peperonata zubereitet, gefüllt mit Schafskäse oder im Eintopf. Paprika ist die Vitamin-C-Königin unter den Gemüsesorten, denn bereits mit 75 g Paprika decken Sie Ihren Vitamin-C-Bedarf für den Tag. Vitamin C strafft die Haut und regt die Kollagenbildung an. Zudem ist Vitamin C ein Fatburner. Wer es schärfer mag, sollte zu Peperoni oder Chilischoten greifen. Diese enthalten Capsaicin, das nachweislich die Fettverbrennung und den Energieverbrauch ankurbelt. Gemüse- und Spitzpaprikaschoten sind zwar nicht scharf, aber sehr ballaststoffreich, dadurch fühlen Sie sich nach deren Genuss lange satt, dadurch essen Sie weniger und sparen folglich Kalorien ein.

Farbenlehre: rot, orange, gelb oder grün

Die grüne Paprikaschote ist unreif, sie schmeckt besonders knackig und herb. Die reife rote Paprikaschote ist süßer, enthält mehr Kohlenhydrate und Nährstoffe, beispielsweise Vitamin C. Ihre kleinen Samen in der weißen Scheidewand sind reif und vermehrungsfähig. Je nach Sorte verändert die Paprikaschote ihre Farbe von Grün, Gelb, Orange zu Rot.

Zwiebeln – die Blutverdünner

Auch wenn uns Zwiebeln beim Vorbereiten zum Weinen bringen, sie sind dennoch gut für unsere Gesundheit, insbesondere für die Gefäße. Zwiebeln enthalten schwefelhaltige Substanzen, welche die Blutgerinnung hemmen, sorgen damit für einen gesunden Blutfluss und schützen folglich vor Thrombose und Arteriosklerose. Besonders wirksam sind rohe Zwiebeln. Dabei scheinen rote Zwiebeln, die im Süden häufiger zum Einsatz kommen, besonders reich an gesundheitsfördernden Stoffen zu sein. Um positive Effekte durch Zwiebeln zu erzielen, empfehlen Experten, täglich 40 bis 100 Gramm davon zu essen.

Zwiebeln schneiden ohne Tränen

Damit ab sofort Schluss ist mit dem Weinen beim Zwiebelschneiden, probieren Sie folgende Tricks aus:

1. Verwenden Sie ein scharfes Messer, sodass die Zwiebel weniger gequetscht wird. So werden weniger Reizstoffe freigesetzt.
2. Setzen Sie sich hin! Wer steht und den Kopf nach unten beugt, bekommt den Reizstoff direkt ab. Im Sitzen geht kaum was ins Auge.
3. Wasser hilft! Waschen Sie die enthäutete Zwiebel mit kaltem Wasser ab. Machen Sie zusätzlich das Messer und das Schneidebrettchen nass. Dadurch können die reizenden Gase weniger gut freigesetzt werden.
4. Noch mehr Wasser: Trinken Sie einen Schluck Wasser und behalten Sie diesen im Mund, während Sie die Zwiebel schneiden.
5. Wenn alles nichts hilft, setzen Sie eine Schwimmbrille auf.

Wassermelone – sommerlich frisch

Es gibt wohl kaum ein Obst, das so sehr an Süden und Sommer erinnert wie die Wassermelone. Vor allem an heißen Tagen ist sie aufgrund ihres hohen Wassergehalts von über 90 Prozent der ideale Durstlöscher. Melonen sind nicht nur lecker, sondern auch sehr kalorienarm. Verzehren Sie sie als leichte Alternative zu zucker- und fettreichen Desserts, bringt Sie das Ihrer Bikinifigur etwas näher. Darüber hinaus liefert die Wassermelone den roten Farbstoff Lykopin, der die Haut vor UV-Strahlung schützt. Die Wassermelone verfügt direkt unter der Schale über eine hohe Konzentration an freiem Zitrullin, das im Stoffwechsel in die Aminosäure Arginin umgewandelt wird. Arginin erweitert die Blutgefäße, fördert dadurch die Durchblutung, was wiederum den Blutdruck senkt sowie die Potenz fördert.

Verwendungsmöglichkeiten in der Küche
Wassermelonen sind nicht nur ein idealer Snack für zwischendurch. Sie schmecken auch hervorragend im Salat, zum Beispiel mit Feta und Oliven (siehe Rezept Seite 205).

So erkennen Sie reife Früchte
Klopfen Sie bei Wassermelonen mit dem Finger gegen die Schale: Unreife Früchte klingen kaum, reife Melonen hingegen dumpf, aber satt. Überreife Früchte klingen hohl. Wenn Sie aufgeschnittene Melonen kaufen, erkennen Sie die reife Frucht am kräftig roten Fruchtfleisch.

Wassermelonen richtig lagern
Lagern Sie Melonen nicht länger als ein bis zwei Wochen. Im Kühlschrank sind sie zwar länger haltbar, verlieren aber Aroma und Vitamine. Kühle Kellerräume sind zum Aufbewahren ideal, wenn die Temperatur etwa 8 bis 15 °C beträgt. Wickeln Sie eine aufgeschnittene Melone in Frischhaltefolie ein, so trocknet die Schnittfläche nicht aus. Die angeschnittene Melone sollten Sie innerhalb von ein bis zwei Tagen verbrauchen.

Orangen – gesund von der Schale bis zum Fruchtfleisch

Orangen haben im Winter Saison. Die darin enthaltenen ätherischen Öle entführen uns in die unverwechselbare Duftwelt der Mittelmeerländer. Die kugelrunde Frucht hält von der Schale bis zum Fruchtfleisch einiges für unsere Gesundheit und den Genuss bereit. Schon das Schnuppern an der Schale macht gute Laune. Die darin enthaltenen ätherischen Öle sollen eine stimmungsaufhellende Wirkung haben. Die weiße Haut direkt unter der Schale sollten Sie auf keinen Fall komplett entfernen: In ihr und in der Zwischenhaut befinden sich wertvolle Inhaltsstoffe – die Flavonoide, die den Alterungsprozess verlangsamen, indem sie die Zellen schützen. Außerdem stecken in der weißen Haut verdauungsfördernde Ballaststoffe.

Das Fruchtfleisch ist aufgrund seines hohen Vitamin-C-Gehalts ein echter Immunbooster. Mit 200 g Orangen, das entspricht 1,5 bis 2 Stück pro Tag, decken Sie bereits Ihren Vitamin-C-Bedarf. Im Fruchtfleisch steckt außerdem eine ordentliche Portion Zitronensäure. Diese wirkt im Körper basisch und sorgt für einen ausgeglichenen Säure-Basen-Haushalt. Wer gerne »säurebildende« Lebensmittel wie Fleisch oder Käse isst, sollte dazu immer einen basischen Ausgleich, etwa durch den Verzehr von Orangen, schaffen.

Verwendungsmöglichkeiten in der Küche
Mit Orangen können Sie in der Küche experimentieren, denn diese Frucht schmeckt zu Fleisch, Käse (siehe Rezept Seite 115), Fisch (siehe Rezept Seite 134) und natürlich auch als Nachtisch.

Mit Orangenabrieb können Sie Dressings und Soßen verfeinern. Abgeriebene Orangenschale schmeckt sehr gut zu Fleisch und Fisch, auch in Süßspeisen und Backwaren. Verwenden Sie zum Abreiben der Schale nur Bio-Orangen.

Stufe 1: tierisch gutes Eiweiß

Die Lebensmittel auf dieser Stufe gehören zu den wertvollsten Eiweißlieferanten, weil der Körper daraus besonders effektiv Körpereiweiß wie Muskeln, Antikörper, Bindegewebe bilden kann. Eine ausreichende Zufuhr an Eiweiß ist wichtig, macht satt, kurbelt Ihren Stoffwechsel an, führt zu einer hohen Nährstoffaufnahme wie Eisen, Zink oder Kalzium, beugt aber auch Zivilisationskrankheiten wie Bluthochdruck und Übergewicht vor. Lebensmittel der Stufe 1 haben eine niedrige bis mittlere Energiedichte, wenige bis keine Kohlenhydrate sowie eine hohe Nährstoffdichte und liefern die essenziellen Omega-6- und Omega-3-Fettsäuren. Bevorzugt werden naturbelassene Milch und Milchprodukte, fermentierte Milchprodukte, auch fette und magere Fische, ganze Fische sowie Meeresfrüchte, außerdem Eier, Geflügel mit und ohne Haut sowie Frischfleisch von Rind, Kalb, Lamm und Schwein – möglichst schonend gegart und wenig verarbeitet –, Fleischwaren wie Putenbrust oder Schinken.

Milch und Milchprodukte

Zu den Milchprodukten auf dieser Stufe zählen Frischmilch und Sauermilchprodukte wie Joghurt, Dickmilch, Quark und Hüttenkäse. Joghurt ist insbesondere in den nordarabischen Ländern, in Griechenland und vor allem in der Türkei beliebt. Das Wort Joghurt stammt aus dem Türkischen (»yog˘urt« – »yohurmak«) was so viel wie »verdicken« bedeutet. Joghurt wird in der Türkei zu Suppen verarbeitet, als Dip zu Fleischgerichten gereicht oder mit Wasser und Salz zum beliebten Getränk Ayran verrührt. Die Griechen essen Joghurt am liebsten mit Honig oder als Zaziki. Hüttenkäse ist dagegen ein Grundnahrungsmittel in Israel.

Tipp: Essen Sie drei Portionen Milchprodukte pro Tag. Dadurch decken Sie über die Hälfte Ihres Tagesbedarfs an Kalzium.

Vollfettstufe erwünscht!

Wer zu fettarmen oder sogar entrahmten Milchprodukten greift, um Fett und Kalorien zu sparen, lässt sich ein breites Spektrum an hochwertigen leicht verdaulichen Fettsäuren entgehen. Denn in 100 ml vollfetter Milch stecken über 400 verschiedene Fettsäuren, darunter alle, die für den Körper lebensnotwendig sind. Mengenmäßig dominieren die langen gesättigten Fettsäuren.

Aber auch Fettsäuren, wie sie das gesunde Olivenöl aufweist, sowie kurz- und mittelkettige Fettsäuren sind in nennenswerter Menge in Milchprodukten enthalten. Der kurzkettigen Buttersäure werden krebshemmende Eigenschaften zugesprochen. Die mittelkettigen Fettsäuren versorgen Darm und Leberzellen mit Energie, heben die Werte des guten HDL-Cholesterins an und scheinen einen figurfreundlichen Effekt zu haben. Milchfett verfügt zusätzlich über ein optimales Verhältnis von Omega-6- zu Omega-3-Fettsäuren. Hervorzuheben ist die konjugierte Linolsäure (CLA). Ihr wird eine immunstärkende und entzündungshemmende Wirkung nachgesagt. Milchfett ist eine Bauch-weg-Waffe. In einer Studie wiesen Männer, die reichlich Milchfett in Form von Butter, Vollmilch und Rahm konsumierten, eine um fast 50 Prozent niedrigere Wahrscheinlichkeit auf, einen Bauchfettansatz zu entwickeln. Weiterhin besitzen Menschen, die viel Milchfett zu sich nehmen, ein geringeres Risiko für Herz-Kreislauf-Erkrankungen und Diabetes.

Fisch und Meeresfrüchte

Zu den Köstlichkeiten aus dem Mittelmeer zählen die fettreichen Omega-3-haltigen Fische wie Lachs, Thunfisch, Sardinen, Sardellen oder Schwertfisch sowie magere Fische wie Dorade oder Loup de Mer. Auf keinen Fall dürfen in der Mittelmeerküche Meeresfrüchte wie Calamares, Gambas oder Muscheln fehlen. Mit Fisch und Meeresfrüchten sichern Sie sich eine hohe Aufnahme von Nährstoffen wie z. B. Eiweiß, Vitamin D, Kalium und Jod. Unsere Schilddrüse benötigt das Spurenelement Jod, um alle Stoffwechselprozesse in unserem Körper zu regulieren.

Tipp: Essen Sie dreimal pro Woche Fisch, wobei mindestens eine Portion fetter Fisch sein sollte, um den Bedarf an wertvollen und herzgesunden Omega-3-Fettsäuren zu decken. (Mehr zum Thema Fisch und Omega-3-Fettsäuren auf Seite 21). Der Nährwert des Fisches lässt sich weiter erhöhen, wenn Sie ihn in Olivenöl anbraten.

Eier

Eier gehören nach der traditionellen Definition der mediterranen Ernährung zu den Lebensmitteln, die auf dem Speiseplan eher weniger zum Einsatz kommen sollen. Zwar werden Eier in den Mittelmeerländern nicht wie hierzulande als Rührei zum Frühstück verspeist, doch in Spanien und Italien landen sie zum Beispiel als Frittata oder Tortilla häufig auf dem Teller. In unserer modernen mediterranen Ernährung haben sie ihren festen Platz auf der ersten Stufe der Ernährungspyramide.

Und das hat gute Gründe: Schaut man sich die inneren Werte eines Eis genauer an, versteht man seine Bedeutung als Fruchtbarkeitssymbol. Kein anderes Lebensmittel ist so »vollständig« wie das

Ei. Es liefert gerade mal 100 Kilokalorien, reichlich hochwertiges Eiweiß, gesunde Fette sowie fast alle Vitamine und Mineralstoffe. Eben alles, was es braucht, um daraus Leben entstehen zu lassen. Eier stärken die Nerven, halten die Leber und Augen fit, machen satt und stellen laut einer Vielzahl aktueller Studien keinerlei Risiko für Herz-Kreislauf-Erkrankungen dar.

Fleisch und Geflügel

Auch schonend zubereitetes Fleisch gehört in die moderne mediterrane Ernährung. Nicht nur das magere helle Geflügel, sondern auch das durchwachsene eisen- und zinkreiche rote Fleisch von Rind, Lamm, Kalb und Schwein sind erlaubt.

Kann Lust auf Fleisch eine mediterrane Sünde sein?

Das rote Fleisch steht oft am Pranger, weil es angeblich reichlich gesättigte Fettsäuren enthalten soll, die das Risiko für Herz-Kreislauf-Erkrankungen erhöhen. Zudem soll ein schönes saftiges Steak Darmkrebs fördern – siehe hierzu mehr im nächsten Abschnitt. Dass gesättigte Fettsäuren keinen Einfluss auf das Risiko für Herz- und Hirninfarkt haben, wurde schon mehrfach belegt. Es kommt sogar zu einer Verbesserung des Fettstoffwechsels, wenn der Anteil der gesättigten Fettsäuren höher ist und dafür die Kohlenhydrate reduziert werden.

Hinzu kommt, dass die Annahme, Fleischfett bestehe größtenteils aus gesättigten Fettsäuren, falsch ist. Tatsächlich dominieren im Fleischfett die herzgesunden ungesättigten Fettsäuren. Vor allem die Ölsäure, die auch reichlich in Olivenöl steckt, macht 50 Prozent des Fettes im Schweinefleisch aus. Selbst fette Fleischstücke bestehen überwiegend aus ungesättigten Fettsäuren. Der Anteil an gesättigten Fettsäuren liegt beim Schweinefett gerade mal zwischen 30 und 45 Prozent. Fleisch von Wiederkäuern enthält etwas mehr gesättigte Fettsäuren, dafür aber nennenswerte Mengen der konjugierten Linolsäure (CLA). Bakteriell gebildete CLA-Fettsäuren wirken antientzündlich, arteriosklerosehemmend und krebshemmend. In Bio- und Wildfleisch stecken auch noch höchst erwünschte langkettige Omega-3-Fettsäuren. Insgesamt leistet moderater Genuss von Fleisch, schonend zubereitet, in der modernen mediterranen Küche einen wichtigen Beitrag zur gesunden Ernährung.

Fleisch und Darmkrebs?

Der Genuss von rotem Fleisch wird immer wieder mit der Entstehung von Darmkrebs in Verbindung gebracht. Allerdings sind die Daten hierfür sehr kontrovers. Das liegt vermutlich daran, dass bei der Darmkrebsentstehung noch andere Faktoren wie Rauchen, hoher Alkoholkonsum, Bewegungsmangel, starkes Übergewicht eine Rolle spielen. Weitere Nahrungskomponenten scheinen einen wichtigen Einfluss auszuüben. Für Fleischesser, die regelmäßig viel Fisch und viele Ballaststoffe essen – was der modernen mediterranen Ernährung entspricht –, fand man kein erhöhtes Risiko.

Fleisch richtig und schonend zubereiten

Beim Brutzeln von Fleisch entsteht eine krosse Kruste, die bei vielen Menschen besonders be-liebt ist. Neben Aromastoffen stecken darin auch unerwünschte, krebserregende Substanzen. Es ist zwar nicht klar, ob diese Stoffe beim Menschen auch Darmkrebs verursachen können, wer aber auf Nummer sicher gehen will, sollte folgende Tipps bei der Fleischzubereitung und dem Verzehr befolgen:

1. Marinaden – zart machendes Gegengift

Marinaden aus Rosmarin, Senf, Kurkuma, Bier oder Rotwein machen das Fleisch schön zart und können die Bildung krebserregender Stoffe beim Grillen oder Braten um über 80 Prozent reduzieren.

2. Fleisch schonend garen!

Studien haben gezeigt, dass die Konzentration krebserregender Stoffe in Kurzgebratenem deutlich niedriger ist. Braten Sie das Fleisch bei mittlerer Hitze deshalb medium an und nicht durch und lassen Sie es bei 90 °C im Backofen ziehen. Wer das Fleisch dennoch zu lange angebraten hat, sollte schwarze Stellen abschneiden. Gar keine potenziell krebserregenden Stoffe entstehen beim Kochen von Fleisch oder beim Sautieren oder Dünsten im Gemüsesaft, so wie es am Mittelmeer oft gehandhabt wird.

3. *Immer Gemüse zum Fleisch essen!*

Das richtige Verhältnis von Gemüse und Fleisch (> 1,5 : 1, also anderthalb mal so viel Gemüse wie Fleisch) in einer Mahlzeit hat einen vor Krebs schützenden Effekt. Gemüse enthält biologisch aktive Pflanzenstoffe mit antioxidativer (zellschützender) Wirkung, die krebserregende Stoffe unschädlich machen können.

4. Joghurt zum Fleisch

Machen Sie es wie die Türken oder Griechen und essen Sie zum gegrillten Fleisch Joghurt entweder pur oder als Zaziki. Joghurt kann wie Gemüse das eigene enzymatische Entgiftungssystem aktivieren, um so krebserregende Stoffe unschädlich zu machen.

Flexi-Carb achtet auf hochwertige Produkte! Insbesondere bei eiweißhaltigen Lebensmitteln wie Fleisch, Fisch, Meeresfrüchten und Eiern sollten Sie kontrolliert biologische Produkte wählen oder Sie kaufen bei einem Händler Ihres Vertrauens ein.

Stufe 2: noch mehr Eiweiß, gutes Fett und bioaktive Pflanzenstoffe

Auf der zweiten Pyramidenstufe haben Lebensmittel einen Platz, die eine niedrige bis hohe Energiedichte haben, höchstens moderate Kohlenhydratmengen enthalten und eine geringe bis moderate Blutzuckerwirkung aufweisen, die zudem viele und essenzielle Nährstoffe liefern. Hierzu zählen Käse, Sahne, Mascarpone, Ricotta, Hülsenfrüchte, zuckerreiche Obstsorten, Nüsse, Samen, Kerne, Avocados und Oliven.

Käse

Zu den klassischen Käsesorten in den Mittelmeerländern zählen Roquefort, Camembert, Feta, Parmesan, Pecorino, Gorgonzola, Mozzarella und viele andere. Die Griechen verzeichnen noch vor den Franzosen in Europa den höchsten Käseverbrauch pro Kopf. Die Franzosen bieten jedoch weltweit die größte Käsevielfalt an.

Käse – ein Puzzleteil des französischen Paradoxons

Sicherlich haben Sie schon mal etwas von dem sogenannten französischen Paradoxon gehört. Dieses Phänomen beschreibt die Tatsache, dass Franzosen trotz ihres vermehrten Konsums von tierischem Fett und Cholesterin eine besonders niedrige Herzinfarktrate und eine höhere Lebenserwartung haben. Früher hat man diesen Effekt der gesundheitsfördernden Wirkung von Wein zugesprochen, den die Franzosen sehr gerne und reichlich trinken. Dabei ist nichts Paradoxes am französischen Paradoxon, denn tierische Fette sind kein Herz-Kreislauf-Risiko. Neuere Studien zeigen sogar, dass vollfette Milchprodukte wie Käse, vor allem Schimmelkäse wie Camembert oder Roquefort, das Risiko für Herz-Kreislauf-Erkrankungen senken. Im Reifungsprozess des Käses entstehen Substanzen, die entzündungshemmend in den Gefäßen wirken. Die Schimmelpilzkulturen in Schimmelkäse bilden zudem Stoffwechselprodukte, die die Cholesterinbildung hemmen. Käse ist reich an Kalzium – Spitzenreiter ist der Parmesan. Kalzium hat eine blutdrucksenkende Wirkung und ist darüber hinaus in der Lage, eine gewisse Menge Nahrungsfett zu binden, die dann unverdaut ausgeschieden wird und somit nicht auf den Hüften landet. Machen Sie es wie die Franzosen, genießen Sie Käse mit Obst oder Gemüse als Hauptmahlzeit oder beenden Sie das Essen mit einem Stück Käse. Das ist nicht nur gut für die Zähne, sondern »schließt auch den Magen« und macht Sie lange satt.

Ricotta, Sahne, Mascarpone

Ricotta ist besonders in Süditalien beliebt. Die Italiener mögen ihren Molken-Frischkäse süß (Ricottatorte, Käsekuchen mit Ricotta, Ricottacreme) wie auch pikant (Tortellini gefüllt mit Ricotta, Gnocchi mit Ricotta, Spinat-Ricotta-Lasagne). Sahne wird meistens zum Kochen verwendet und mit Mascarpone lassen sich die leckersten Desserts (siehe Rezept Seite 217) zubereiten.

Hülsenfrüchte

Vor allem rote Linsen, braune und weiße Bohnen sowie Kichererbsen sind im Mittelmeerraum weitverbreitet. Sie werden zu Suppen oder Dips verarbeitet, als Beilage zu Fleisch oder in Salaten verwendet. Hülsenfrüchte sind insbesondere für Vegetarier und Veganer eine hervorragende Eiweißquelle. Sie sind ballaststoffreich und haben eine niedrigere Energiedichte. Ihr Kohlenhydratgehalt liegt im niedrigeren bis mittleren Bereich. Die durch Hülsenfrüchte verursachte Blutzuckerwirkung ist jedoch aufgrund des hohen Ballaststoff- und Eiweißanteils schwach.

Tipp: Beachten Sie, dass der Kohlenhydratgehalt von Hülsenfrüchten (getrocknet und aus der Dose) je nach Hersteller sehr stark schwanken kann. Um Kohlenhydrate einzusparen, lohnt der Blick auf die Nährwertangaben auf der Verpackung.

Zuckerreichere Obstsorten

Mediterrane Länder haben so einiges an Früchten zu bieten, darunter fallen auch besonders süße und leckere Obstsorten wie Weintrauben, Feigen, Kakis, Bananen oder Ananas. Sie haben alle einen höheren Zuckergehalt, erhöhen den Blutzucker also stärker und schneller als die zuckerarmen Sorten auf der Pyramidenbasis.

Weintrauben

Die süßen Beeren sowie daraus erzeugte Produkte wie Traubensaft, Wein, Rosinen oder Extrakte strotzen nur so vor gesundheitsfördernden Polyphenolen – das sind sekundäre Pflanzenstoffe, die vor allem in den Kernen und in der Beerenhaut stecken. Wer reichlich von diesen Pflanzenstoffen aufnehmen möchte, isst die Kerne einfach immer mit. Kernlose Trauben enthalten deutlich weniger Polyphenole. Rote Weintrauben haben eine stark antioxidative Wirkung, wodurch sie unsere Zellen schützen und somit Herz-Kreislauf-Erkrankungen oder Alzheimer vorbeugen.
Auch unsere Haut profitiert von den Anti-Aging-Wirkstoffen der leckeren Beeren. Sie schützen die

Zellen vor der durch UV-Licht bedingten Hautalterung. Kein Wunder, dass Traubenextrakte zu den beliebtesten Wirkstoffen in der Kosmetikindustrie gehören.
Das Polyphenol Procyanidin, das ebenfalls reichlich im Traubenkern vorkommt, hemmt Entzündungen und stärkt das Immunsystem. Doch Trauben enthalten auch deutlich mehr Kalorien als andere Früchte und viel mehr Kohlenhydrate in Form von Fruchtzucker. Wer Abspecken möchte oder unter Fruchtzuckermalabsorption leidet, sollte deshalb nicht ungebremst zugreifen.

Avocados

Die nussig bis neutral schmeckende Avocado ist mit 217 kcal/100 g und einem Fettgehalt von 23 g nicht gerade ein kalorienarmes Früchtchen und landet deshalb auf Stufe 2 der Flexi-Carb-Pyramide. Studien zeigen jedoch, dass die Avocado trotz ihres hohen Fettgehalts beim Gewichtsmanagement ein nützlicher Helfer ist. Durch ihren hohen Fett- und Ballaststoffgehalt sorgt sie nämlich für eine hervorragende Sättigung.

Außerdem liefert sie kaum Zucker. Ihre Fettqualität ist ausgezeichnet. Mit einem Gehalt von 70 Prozent einfach ungesättigten Fettsäuren wirkt die grüne Frucht wie ein Herz-Schützer, vorausgesetzt, sie wird täglich gegessen. Daten aus einer großen Studie zeigen, dass Avocadoesser höhere HDL-Werte (gutes Cholesterin) haben, ein geringeres Risiko für das metabolische Syndrom aufweisen und weniger wiegen.

Verwendungsmöglichkeiten in der Küche
Die Avocado kann aufgrund ihres unaufdringlichen Geschmacks vielseitig verwendet und mit anderen Zutaten kombiniert werden. Sie schmeckt hervorragend als Dip oder Brotaufstrich, im Salat, auch gefüllt mit Krabben, gegrillt oder gebraten.

Einkaufs- und Lagerungstipps
1. Kaufen Sie keine überreifen Avocados. Greifen Sie lieber zu festeren Früchten und lassen Sie diese bei Raumtemperatur am besten in einer Papiertüte zusammen mit einem Apfel nachreifen. In den Kühlschrank gehören nur reife Früchte und sollten dort maximal drei Tage aufbewahrt werden.
2. Hat das Fruchtfleisch schwarze Stellen, ist dies ein Zeichen für Überreife.
3. Wenn Sie nur eine Avocadohälfte essen, entfernen Sie nicht den Stein oder beträufeln Sie die übrig gebliebene Hälfte mit Zitronensaft. Dadurch verhindern Sie, dass das Fruchtfleisch braun wird.
4. Beachten Sie, dass einmal aufgeschnittene Avocados nicht mehr nachreifen.
5. Avocados haben einen optimalen Reifungsgrad, wenn man sie leicht eindrücken kann. Sollte die Avocado doch zu fest sein, dann grillen oder braten Sie die Frucht (siehe Rezept Seite 119).

Nüsse, Kerne, Samen

Nüsse, Samen und Kerne haben eine hohe Energiedichte. Die kalorienreichen Kraftpakete strotzen nur so vor hochwertigen einfach und mehrfach ungesättigten Fettsäuren. Die Walnuss liefert sogar als einzige Nuss eine wesentliche Menge an Omega-3-Fettsäuren. Zudem enthalten Nüsse und Kerne Eiweiß, Ballaststoffe, Vitamine (vor allem Vitamin E) und Mineralstoffe. Sie sind ideal als Snack für zwischendurch, geröstet passen sie zum Salat oder Müsli. Mit klein gehackten Nüssen und Kernen sowie mit Sesamsamen lassen sich Fleisch oder Fisch panieren oder eine leckere Kruste herstellen.

Die Bewohner der Mittelmeerländer bevorzugen Mandeln, Haselnüsse, Walnüsse, Pistazien-, Pinien-, Sonnenblumen- oder Kürbiskerne. Ihr Kohlenhydratgehalt liegt überwiegend im niedrigen Bereich.

Tipp: Der Kohlenhydratgehalt von Nüssen, Kernen und Samen variiert je nach Hersteller stark. Beispielsweise kann der Kohlenhydratgehalt von Pinienkernen zwischen 4 und 23 g pro 100 g liegen und der von Haselnüssen zwischen 5 und 17 g pro 100 g. Also Augen auf, vergleichen lohnt sich! Wir empfehlen: Genießen Sie täglich eine Handvoll (25 bis 30 g) Nüsse, Samen oder Kerne.

Oliven

Oliven sind von zahlreichen Studien als gesundheitsförderlich gewertet worden, sodass in Spanien der Verzehr von sieben Oliven am Tag sogar von staatlicher Seite empfohlen und unterstützt wird, um dem Trend zu der westlich-industrialisierten Ernährung etwas entgegenzusetzen. Oliven sind reich an Ölsäure. Der Kaloriengehalt reicht von 130 kcal bis 350 kcal pro 100 g, wobei die grünen kalorienärmer sind. Oliven enthalten Kalzium, Eisen sowie die Vitamine A und E. Sie sind zudem kohlenhydratarm und ballaststoffreich und reich an vielen besonders wertvollen sekundären Pflanzenstoffen (Polyphenole).

Die Bitterstoffe in grünen Oliven wirken verdauungsanregend und die vielen Polyphenole stark antioxidativ (zellschützend) und entzündungshemmend. Der Unterschied zwischen grünen und schwarzen Oliven liegt im Reifegrad. Grüne Oliven sind unreif geerntete Früchte. Verweilen sie länger am Olivenbaum, dann machen sie nicht nur eine optische Verwandlung über Violett bis Schwarz durch, auch der Fett- und Kaloriengehalt nimmt zu. Der Geschmack wird intensiver und aromatischer. Da die kleinen Steinfrüchte frisch vom Baum kaum genießbar sind, werden sie in der Regel in eine Salzlake eingelegt.
Ob als Tapenade, zum griechischen Salat, in der Tomatensoße, eingelegt in Knoblauchöl oder als Olivenkruste auf Fisch oder Fleisch – Oliven sind eine unwiderstehliche Köstlichkeit, die dem Körper guttut.

Achtung Schwarzmalerei!

Viele Hersteller färben grüne Oliven mit Eisengluconat oder Eisenlactat schwarz ein. Allerdings muss dies auf der Zutatenliste deklariert werden.

Stufe 3: kohlenhydrathaltige Lebensmittel mit hohem Ballaststoffgehalt

Lebensmittel dieser Stufe haben einen mittleren bis hohen Kohlenhydratgehalt. Ihre Blutzuckerwirkung (glykämische Last = GL) ist, abhängig von der verzehrten Menge, moderat bis stark. Die meisten von ihnen haben einen hohen Ballaststoffgehalt. Verarbeitungsgrad und die Energiedichte sind bei einigen Lebensmitteln wie Kartoffeln oder Mais gering, bei anderen wie bei Vollkornbrot hoch. Die Backwaren haben im Ofen viel Wasser abgegeben, wodurch sich die Energiedichte erhöht. Sie liefern jedoch eine nennenswerte Menge an essenziellen Nährstoffen. Es sollte aber nicht unerwähnt bleiben, dass viele Mineralstoffe und Spurenelemente bei der heute üblichen industriellen Teigführung von der Darmschleimhaut nicht gut aufgenommen werden, weil eine Substanz im Getreide namens Phytinsäure ihre Verfügbarkeit herabsetzt.

Nahrungsmittel dieser Stufe sind Kartoffeln, Süßkartoffeln, Mais, Haferflocken, Hirse, Trockenfrüchte, Vollkornbrot aus sehr grobem Schrot und Natursauerteigbrote sowie Vollkornnudeln und Vollkornreis. Die empfohlene Verzehrmenge dieser kohlenhydrathaltigen Lebensmittel ist abhängig von Ihrem Lebensstil, insbesondere von Ihrer körperlichen Aktivität. Mehr dazu auf Seite 68. Die Blutzuckerwirkung einiger der genannten Lebensmittel kann verbessert werden, indem Sie beispielsweise die Pasta al dente garen, dadurch sinkt der glykämische Index (GI). Bei Kartoffeln hängt der glykämische Index (GI) stark von der Sorte ab. Festkochende Kartoffeln sind besser als mehligkochende. Weiterhin empfehlen wir, Nudeln, Kartoffeln und Reis nach dem Abkochen abkühlen zu lassen und zu Nudel- oder Kartoffelsalat zu verarbeiten oder die Kartoffeln anzubraten. Beim Abkühlen wird ein kleiner Teil der »bösen« blutzuckerwirksamen Stärke in »bessere« resistente Stärke umgewandelt. Diese Stärke ist dann unverdaulich, sättigt besser, erhöht die Fettverbrennung und reduziert auch noch die Fettspeicherung im Fettgewebe. Altbackenes Brot enthält im Übrigen etwas mehr resistente Stärke als frisches. Der Gehalt kann erhöht werden, wenn Sie Brot vorher einfrieren, bei Bedarf auftauen und dann genießen.

Vollkornbrot

Die Deutschen sind Brotliebhaber, dadurch ist es nicht verwunderlich, dass die meiste Energie hierzulande über Brot aufgenommen wird. Die Deutsche Gesellschaft für Ernährung (DGE) empfiehlt, fünf bis sechs Scheiben pro Tag zu essen, unabhängig davon, ob Sie sportlich aktiv sind oder nicht. Aber es soll nicht irgendein Brot sein, sondern Vollkornbrot. Denn dieses liefere schließlich »gute Kohlenhydrate« – doch das ist ein irreführender Begriff. Die Kohlenhydrate im Vollkornbrot unterscheiden sich nämlich nicht von den Kohlenhydraten im Weißbrot. Beide enthalten Stärke und damit eine Verkettung von Traubenzucker.

Das Gute an Vollkornbrot ist nicht das Gute darin, sondern das Drumherum – die Randschichten des vollen Korns. Sie enthalten reichlich ballaststoffreiche Kleie, B-Vitamine, Vitamin E und Magnesium. Dieser äußeren Schicht hat das Vollkornbrot den guten Ruf zu verdanken, denn ein höherer Verzehr von Vollkorn geht mit einer geringeren Herz-Kreislauf- und Gesamtsterblichkeit einher.

Vollkornbrot ist nicht gleich Vollkornbrot

Nicht jedes dunkle Brot ist auch ein Vollkornbrot. Hersteller verwenden Zutaten wie Zuckerkulör oder Malzsirup, um dem Brot eine dunkle Farbe zu geben. Dann streuen sie noch ein paar Körner darauf und verkaufen es als Mehrkornbrot. Ein echtes Vollkornbrot sollte zu 90 Prozent aus Vollkornmehl bestehen, aber auch hier gibt es Unterschiede – fein gemahlenes Vollkornmehl hat eine stärkere Blutzuckerwirkung als grob geschrotetes Mehl. Die geringste Blutzuckerwirkung hat das Brot, wenn dafür grobes Schrot verbacken und es in klassischer, aufwendiger Sauerteigführung hergestellt wird. Genauso haben es im Übrigen die Griechen auf Korfu und Kreta und die Italiener in den 50er- und 60er-Jahren gebacken.

Vollkornbrot mit Augenmaß genießen

»Echtes« Vollkornbrot hat zwar aufgrund der klassischen Sauerteigführung und des hohen Ballaststoffgehalts einen glykämischen Index (GI), der im grünen Bereich liegt, wer sich jedoch an die Empfehlung von fünf bis sechs Scheiben Brot pro Tag hält, nimmt sehr viel Stärke auf.

Die glykämische Last (GL) ist dann trotz des niedrigen GI hoch. Das bedeutet, dass eine hohe Insulinausschüttung erfolgt, um den Zucker aus dem Blut abzutransportieren. Zudem hat Brot aufgrund seines geringen Wassergehalts eine hohe Energiedichte von 200 kcal/100 g. Bei sechs Scheiben pro Tag käme man auf 600 kcal. Dann kommt noch der Belag wie Butter, Käse und Wurst dazu. Mit drei belegten Vollkornbroten zum Frühstück und drei zum Abendessen würde man sein Energiekonto mit ganzen 1700 kcal belasten – ohne Getränke und Mittagessen. Für bewegungsarm lebende Menschen kann auf diese Weise das so gesunde Vollkornbrot zu einem gesundheitlichen Problem werden.

Haferflocken senken den Cholesterinspiegel

Hafer nimmt aufgrund seiner einzigartigen Zusammensetzung eine besondere Stellung in der Getreidelandschaft ein. Haferflocken sind reich an B-Vitaminen und Mineralstoffen wie Magnesium, Kalzium, Eisen und Zink und liefern auch noch wertvolle Fette. Hafer enthält zudem als einziges Lebensmittel Avenanthramide, die zu den Polyphenolen gehören. Besonders ins Auge sticht der hohe Eiweißgehalt von 13 bis 14 Prozent.

Die gesunden Flocken sind zudem reich an wasserlöslichen Ballaststoffen. Ihr bekanntester und am besten erforschter Vertreter ist das Beta-Glukan. Zusammen mit Eiweiß sorgt es für eine hervorragende Sättigung. Darmbakterien lieben diesen Ballaststoff. Sie machen daraus kurzkettige Fettsäuren, die die Darmgesundheit fördern.
Weiterhin bewirkt das Beta-Glukan, dass Haferflocken trotz des hohen Kohlenhydratgehalts von ca. 60 g/100 g eine geringe Blutzuckerwirkung haben. Der bekannteste Effekt dieses Ballaststoffs ist jedoch seine Fähigkeit, den Cholesterinspiegel zu senken. Die Europäische Behörde für Lebensmittelsicherheit (EFSA) empfiehlt deshalb eine tägliche Zufuhr von 3 g Hafer-Beta-Glukan zur Senkung des »bösen« LDL-Cholesterins. Diese Menge steckt in 60 bis 70 g kernigen Haferflocken. Für Sportler sind die gesunden Flocken, zum Beispiel in einen Shake eingerührt, erstklassige Energielieferanten.

Hirse – pflanzliche Eisenpower

Hirse ist wie Hafer ein sehr mineralstoffreiches Getreide, das zum Beispiel in Marokko vielseitig zubereitet wird. Veganer und Vegetarier profitieren von dem sehr hohen Eisengehalt, der dreimal höher ist als in Rindfleisch.

Allerdings kann der Körper diesen Mineralstoff nur zusammen mit Vitamin C effektiv aufnehmen, weshalb Sie Hirse immer mit einem Vitamin-C-reichen Gemüse oder Obst essen sollten. Die kleinen goldenen Körner halten zudem für schöne Haut, Haare und Nägel jede Menge Silizium bereit. Zugleich ist Hirse zwar sehr eiweißreich, die Qualität des Proteins ist jedoch weniger gut.

Tipp: Hirse ist glutenfrei. Wer das Klebereiweiß Gluten nicht verträgt, ist mit Hirse als Alternative zu Couscous oder Bulgur bestens bedient.

Stufe 4: industriell hergestellte Lebensmittel ohne gesundheitlichen Zusatznutzen

Lebensmittel dieser Stufe sollten nur selten auf dem Speiseplan stehen, denn sie liefern kaum essenzielle Nährstoffe und sind überwiegend kalorienreich. Ihre sättigende Wirkung ist gering, dafür regen sie aufgrund ihres hohen Kohlenhydrat- und niedrigen Ballaststoffgehalts relativ schnell wieder den Appetit an. Zudem sind sie stark verarbeitet. Manche enthalten viele unerwünschte Zusatzstoffe. Dazu zählen Fertigpizza, Pommes frites, Weißbrot, weißer Reis, Nudeln (vor allem weich gekochte), Frühstückszerealien wie Cornflakes, Backwaren wie Croissants, Süßwaren wie Schokolade, Bonbons oder Torte, Chips, Salzstangen, Popcorn sowie Wurstwaren wie Salami, Mortadella oder Aufschnitt. Wer dennoch gerne nascht oder sich mal eine Pizza gönnen möchte, sollte sich diese »Sünden« durch intensive körperliche Aktivität erst einmal verdienen (mehr dazu auf Seite 59).

Ist Ihnen Ihre Gesundheit wurst?

Auf dieser Stufe stechen die Wurstwaren im Vergleich zu den anderen genannten Lebensmitteln aufgrund ihrer Zusammensetzung hervor.

Sie liefern nämlich keine Kohlenhydrate. Das Gute an der Wurst ist der hohe Eiweiß-, Eisen- und Zinkgehalt. Allerdings enthält die Wurst je nach Sorte eine hohe Energiedichte und wird zudem je nach Hersteller relativ stark verarbeitet und nicht selten vollgestopft mit Zusatzstoffen.

Gesundheitliche Vorteile des Wurstverzehrs sind nicht bekannt, aber die Datenlage zu etwaigen gesundheitlichen Nachteilen hat sich in den letzten Jahren deutlich verdichtet, weshalb wir die Wurst im oberen Bereich der Pyramide neben den »bösen« Kohlenhydraten ansiedeln mussten.

Die Ursachen der nachteiligen Effekte sind dabei nicht klar und so besteht auch die Möglichkeit, dass Menschen, die gerne viel Wurst essen, sich durch verschiedene andere ungesunde Verhaltensweisen von Menschen unterscheiden, die auf Wurst verzichten – und das erhöhte Risiko für Herz-Kreislauf-Erkrankungen und Krebs daher stammt.

Spitze: Süßungsmittel

Zucker, Honig und Sirup gehören an die Spitze der Pyramide. Zum einen, weil sie nicht in Massen konsumiert werden sollten, zum anderen, weil sie ungesund sind. Für sie passt der Begriff »leere Kalorien« perfekt. Zucker ist wie eine Droge. Je mehr Sie davon essen, desto mehr Verlangen haben Sie danach. Selbst Honig, der häufig als alternative »gesunde« Süße zu Zucker genannt wird, kann hier nicht punkten. Deswegen sollte es das Ziel einer gesunden mediterranen Ernährung sein, den Genuss von Zucker & Co. stark einzuschränken.

In geringen Mengen, also zum Verfeinern von Salatdressings oder zum Süßen von Quarkspeisen, sind Süßungsmittel unproblematisch. Zucker sollte jedoch nicht in jeder Tasse Kaffee landen, Honig muss nicht dick aufs Brot aufgetragen und Wasser nicht mit Sirup aufgepeppt werden. Wer weitgehend auf Süßungsmittel verzichtet, sensibilisiert sich für die Geschmacksrichtung »süß« und schon nach wenigen Wochen schmeckt selbst ohne Zucker alles süßer und intensiver.

Die Getränke-Gruppierung

Auch für die Getränke haben wir eine Pyramide entwickelt, bei der die empfehlenswerten unten und die möglichst selten zu konsumierenden oben platziert sind. Getränke landen auf der Flexi-Carb-Pyramide umso weiter unten, je mehr der folgenden Kriterien sie erfüllen:

1. Kalorien- und Zuckergehalt – je weniger, desto besser

Erfrischende Durstlöscher und warme Getränke wie Kaffee und Tee sollten möglichst kalorien- und zuckerfrei sein. Es ist inzwischen erwiesen, dass gezuckerte Getränke das Risiko für Übergewicht, Fettleber und Diabetes erhöhen. Überschüssige Kalorien durch Getränke scheint der Körper nicht mit »weniger essen« bei einer späteren Mahlzeit zu verrechnen. Getränke haben eine sehr geringe Verweildauer im Magen und führen auch nicht zu einer nachhaltigen Dehnung des Magens. Dadurch fällt der Sättigungseffekt gering aus. Experimentelle Studien haben gezeigt, dass die mangelnde Sättigung der Flüssigkeit die Energieaufnahme in darauffolgenden Mahlzeiten sogar erhöht. Gezuckerte Getränke regen den Appetit an und verursachen über den Tag verteilt Blutzuckerspitzen. Vor allem fruchtzuckerhaltige Getränke wie Säfte können in der Leber und in anderen Organen die Fettbildung fördern. Zu den flüssigen Kalorien kommen dann noch die Kalorien aus den festen Mahlzeiten dazu, wodurch am Ende des Tages mit einem Energieüberschuss zu rechnen ist.

Einteilung des Zuckergehalts in Getränken

zuckerfrei bzw. zuckerarm	0 bis < 3 g Zucker pro 100 ml	Wasser, Kaffee, Tee, Gemüsesäfte
mittlerer Zuckergehalt	3 bis < 6 g Zucker pro 100 ml	Saftschorlen, Wellnessgetränke
zuckerreich	ab 6 g Zucker pro 100 ml	Säfte, Softdrinks

Zucker- und Kaloriengehalt von Getränken

Getränk	Portion (ml)	kcal/Portion	Zuckergehalt (g/Portion)	Würfelzucker
Alkoholfreies Bier	330	85	18	6
Eistee	300	30–90	9–27	3–9
Fruchtsäfte (ohne Zuckerzusatz)	250	112	22	7
Fruchtsaftgetränke	250	118	28	9
Fruchtnektar	250	158	36	12
Joghurtdrinks (gezuckert)	250	110–200	16–33	5–11
Kaffee mit Zucker	150	20	5	2
Kaffeegetränk (aus dem Kühlregal)	200	130	20	7
Kaffeegetränk aus Pulver (Cappuccino)	200	60	9	3
Limonade, Cola	300	153	31	10
Limonade, fermentiert (z. B. Bionade)	300	63	14	5
Malzbier	330	182	36	12
Milchkaffee mit Zucker	200	23	5	2
Saftschorlen	300	75	17	6
Smoothie (Obst)	250	125–188	28–40	9–13
Smoothies, grün	250	130–150	29–32	10–11
Sportgetränke	500	130	30–35	10–12
Teegetränke aus Pulver	200	60–80	14–18	5–6
Wellnesswasser	1000	100–180	20–50	7–16

2. Natürlichkeit, Aroma- und Farbstoffe

Das Prinzip der mediterranen Ernährung heißt Lebensmittel möglichst natürlich genießen. Das betrifft nicht nur die Wahl der Speisen, sondern auch die der Getränke. Traditionell trinkt man am Mittelmeer zum Essen nur Wasser und Wein, häufig beides gemischt. Die Farbstoffe in den modernen »Erfrischungsgetränken« bringen insbesondere Kinderaugen zum Leuchten. Und wenn dann beim Öffnen der Flasche fruchtige Kunstaromawolken in die Nase steigen, läuft so manchen das Wasser im Munde zusammen.

Gleichzeitig besteht nun die Gefahr, zu viel von diesen künstlichen und gleichzeitig weniger von den gesunden Getränken zu trinken, da ihr Geschmack weniger intensiv ist und sie vielleicht auch nicht so verlockend oder **»perfekt«** aussehen.

3. Süßstoffe

Light-Getränke haben den Vorteil, dass sie kalorien- und zuckerfrei sind, weshalb sie an der Basis oder auf der ersten Stufe der Flexi-Carb-Getränkepyramide landen müssten. Seit geraumer Zeit verdichten sich jedoch die Hinweise darauf, dass Süßstoffkonsum keineswegs harmlos ist. Offenbar verändern künstliche Süßstoffe schon in verzehrsüblichen Mengen die Beschaffenheit der Darmflora. Nicht nur an Mäusen, sondern auch an gesunden Menschen konnten Forscher zeigen, dass der Genuss von Light-Getränken zu einer Zunahme von Bakterien führte, die im Darm vermehrt Kohlenhydrate verwerten, die dann als Traubenzucker im Blut landen, den Blutzuckerspiegel erhöhen und über diesen Weg eine Glukoseintoleranz auslösen. Langfristig kann diese Stoffwechselsituation zu Diabetes führen.

Basis – kalorienfreie Durstlöscher
An der Basis der Flexi-Carb-Getränkepyramide befinden sich kalorien- und zuckerfreie Getränke ohne künstliche Zusätze wie Wasser, Kräuter- und Früchtetees. Sie sollten den Flüssigkeitsbedarf decken.

Empfehlung: 1,5 bis 2 Liter pro Tag. Bei Hitze oder sportlicher Betätigung darf es auch mehr sein.

Tipp für Wassermuffel – Wasser mit Geschmack selbst herstellen

Füllen Sie Wasser in eine Karaffe und geben Sie gefrorene Beeren oder Obst- oder Gurkenscheiben dazu. Für den »Frischekick« noch ein paar Eiswürfel und etwas frische Minze hinzufügen und das Wasser eine Stunde ziehen lassen, fertig.

Stufe 1 – kalorienfreier Genuss
Zur Freude aller Koffeinfans folgen auf Stufe 1 schwarzer Kaffee und Tee, natürlich ohne Zucker. Ob Espresso, Mokka, Café crème oder ein Americano – Kaffee liegt voll im Trend, nicht nur im Mittelmeerraum. Viele Jahre galt Kaffee als Flüssigkeitsräuber, weshalb er nicht zu den Getränken gezählt wurde. Gleiches galt für andere koffeinhaltige Getränke wie schwarzen Tee. Diese Ansicht hat sich mittlerweile geändert. Regelmäßiger Kaffeekonsum entzieht dem Körper keine Flüssigkeit, der Kaffee darf sogar zu den Getränken addiert werden. Obendrein hat Kaffee einiges für die Gesundheit zu bieten: Er senkt zum Beispiel das Diabetesrisiko, schützt die Leber, hält das Gehirn fit und kann zudem unterstützend beim Abnehmen wirken. Wer gerne Kaffee trinkt, darf auch in Zukunft ohne schlechtes Gewissen vier bis sechs Tassen am Tag genießen.

Stufe 2 – Gemüsesäfte

Gemüsesäfte liefern maximal 15 bis 40 kcal und 2,5 bis 6 g Kohlenhydrate pro 100 ml. Bevorzugen Sie ungezuckerte Sorten, die frei von Zusatzstoffen sind. Gemüsesäfte haben eine hohe Nährstoffdichte. Vor allem in roten Säften wie Tomaten- oder Karottensaft stecken reichlich zellschützende Carotinoide. Allerdings sind Gemüsesäfte aufgrund ihres Energiegehalts als Durstlöscher ungeeignet, weshalb der Genuss auf ein bis zwei Gläser pro Tag beschränkt werden sollte.

Stufe 3 – erfrischend lecker und zuckerreich

Inzwischen gibt es kaum eine Wassermarke, die nicht auch ein Wellnesswasser oder Wasser mit Geschmack im Sortiment hat. Vorsicht!
In 100 ml stecken 20 bis 25 kcal und 5 bis 6 g Zucker sowie zusätzliche Aromastoffe.
Fruchtsaftschorlen schneiden nicht besser ab. 100 ml Apfelsaftschorle liefern 6 bis 8 g Zucker. Wer mit solchen Getränken über den Tag hinweg seinen Durst löschen möchte, nimmt mit 1,5 Liter Flüssigkeit 300 bis 375 kcal in Form von Kohlenhydraten auf – und die sind auch in 30 Stück Würfelzucker enthalten.
Wir empfehlen: Trinken Sie nicht mehr als ein Glas Fruchtsaftschorle oder Wellnesswasser pro Tag. Saftschorlen sollten Sie am besten selbst im Verhältnis 1 : 4 (1 Teil Saft und 4 Teile Wasser) mischen. Bei intensiver sportlicher Betätigung dagegen ist eine Apfelsaftschorle unproblematisch.

Stufe 4 – klingt nur figurfreundlich und gesund, ist es aber nicht
Light-Getränke sind zwar kalorien- und zuckerfrei, enthalten jedoch Süßstoffe, weshalb sie auf Stufe 4 landen.

Wir empfehlen: Reduzieren Sie Ihren Konsum von Light-Getränken auf maximal ein Glas pro Tag.

Stufe 5 – viele Kalorien und Zucker
Fruchtsäfte und Smoothies genießen nach Wasser den besten Ruf. Was soll an der ausgepressten Frucht auch ungesund sein? Sicherlich enthalten sie Vitamine, Mineral- und Faserstoffe, aber eben auch viele Kalorien und reichlich Fruchtzucker. Der wirkt nicht nur appetitanregend, sondern hat auch eine stärker fettbildende Wirkung als Haushalts- oder Traubenzucker.

Softgetränke wie Limonade oder Cola haben noch weniger Gesundes zu bieten. Sie stecken voller Zucker und Zusatzstoffe. Wer täglich Getränke aus dieser Stufe konsumiert, hat ein größeres Risiko, seinen Körperumfang zu vergrößern.

Wer stattdessen mehr Wasser (Basis) und Kaffee (Stufe 1) trinkt, kann der Gewichtszunahme entgegenwirken. Dieses Ergebnis erbrachten drei separate große US-Langzeitstudien mit einer Beobachtungszeit von 16 bis 20 Jahren. In einem 4-Jahres-Rhythmus wurden hierfür über 120.000 Männer und Frauen, die zu Studienbeginn normalgewichtig und gesund waren, gewogen und zu ihrem Trinkverhalten befragt.

Der tägliche Mehrkonsum von einem Glas Limonade, Cola oder Fruchtsaft ging innerhalb von vier Jahren mit einer deutlichen Gewichtszunahme einher. Wer dagegen täglich einmal mehr zu Wasser oder Kaffee griff, reduzierte die Wahrscheinlichkeit, Hüftspeck aufzubauen.

Green Smoothies besser als fruchtige Smoothies?

Im Gegensatz zu den Fruchtsmoothies bestehen die grünen Smoothies nur zu 50 Prozent aus Früchten. Die andere Hälfte bilden grünes Blattgemüse, Kräuter sowie Wildpflanzen. Green Smoothies sind somit, abhängig von den dazugemixten Früchten, zuckerärmer. Dennoch empfehlen wir, Smoothies egal welcher Art nicht als Durstlöscher, sondern als Zwischenmahlzeit zu genießen.

Außerhalb der Pyramide

Fette – nicht nur für den Geschmack

Außerhalb der Pyramide befinden sich die Streichfette wie Butter, die Pflanzenöle wie Olivenöl, Walnussöl oder Rapsöl und fettreiche Aufstriche wie Aioli. Die zentrale Rolle in der Fettkategorie übernimmt ganz klar das Olivenöl. Die mediterrane Ernährung ist fettbetont. Das ist sicherlich ein Grund, warum die Mittelmeerkost ausgesprochen lecker ist.

Olivenöl

Olivenöl wird auch als das flüssige Gold des Mittelmeers bezeichnet. 70 Prozent der Olivenbäume weltweit befinden sich in diesem Gebiet. Die Griechen sind Spitzenreiter im Olivenölverbrauch, es folgen die Spanier und die Italiener. Olivenöl ist reich an einfach ungesättigten Fettsäuren (Ölsäure) und antioxidativen Polyphenolen und ist sowohl im präventiven als auch im therapeutischen Bereich nützlich für die Gesundheit (siehe auch Seite 21).

Woran erkennt man ein gutes Olivenöl?

1. Was das Etikett verrät

Es gibt verschiedene Güteklassen, wobei Olivenöl mit der Bezeichnung »natives Olivenöl extra« der ersten Güteklasse entspricht und folglich einwandfrei im Geschmack und Geruch sein muss. Der Anteil der unerwünschten freien Fettsäuren darf nicht über 0,8 Prozent liegen. Je niedriger der Säuregrad des Olivenöls, desto besser seine Qualität. Der Säuregrad ist übrigens höher, je reifer die verwendeten Früchte waren.

Olivenöle der ersten Güteklasse sind immer kalt gepresst, das heißt, sie werden direkt aus Oliven ausschließlich mit mechanischen Verfahren gewonnen und sind somit ein echtes Naturprodukt. Sie werden zudem aus der ersten Pressung gewonnen. Dadurch enthalten sie auch noch Vitamine, Mineralien und zahlreiche sekundäre Pflanzenstoffe wie Terpene, Sterole und Polyphenole. Verwendet werden nur unbeschädigte Früchte in einem optimalen Reifezustand. Dabei darf die Olivenmasse nicht über 33 °C erwärmt werden, da andernfalls die wertvollen Inhaltsstoffe zerstört würden. Wurde die Olivenmasse bei der Verarbeitung nachweislich nicht über 27 °C erhitzt, darf das Olivenöl die Zusatzbezeichnung »erste Kaltpressung« tragen. Natives Olivenöl extra darf nur aus Oliven des Ursprungslandes, das auf der Flasche ausgewiesen werden muss, hergestellt werden.

Weitere Güteklassen sind »Natives Olivenöl« und »Olivenöl«. Natives Olivenöl wird auch kalt gepresst, allerdings kann das Öl auch aus der zweiten oder dritten Pressung stammen. Das Öl kann leichte sensorische Fehler enthalten, vor allem wenn nicht ganz so hochwertige, beschädigte Früchte verwendet wurden. Der Säuregehalt muss unter 2 Prozent liegen. Steht nur »Olivenöl« auf der Flasche, handelt es sich um eine Mischung aus nativem und raffiniertem Öl.

2. Geschmack und Geruch
Am allerbesten erkennen Sie ein gutes Olivenöl am Geruch und am Geschmack. Der Geruch sollte frisch und fruchtig sein und keine Note von Heu haben. Je nach verwendeter Olivensorte und Reifegrad der Frucht ergeben sich Olivenöle mit mild-, mittel- und intensiv-fruchtigem Geschmack. Milde Öle haben wenig Schärfe und Bitterkeit. Beide Geschmacksnoten nehmen mit steigender Intensität des Aromas zu.

3. Je frischer, desto besser
Ein weiteres Qualitätskriterium ist das Alter des Öls. Je frischer ein Öl, desto besser ist es im Geschmack. Allerdings steht das Erntedatum der Oliven selten auf dem Etikett.

Braten mit Olivenöl?
Natives Olivenöl und natives Olivenöl extra gehören zu den wenigen Pflanzenölen, die Sie bedenkenlos bis 180 °C erhitzen dürfen. Sie können also damit einen Fisch anbraten. Das liegt am hohen Anteil der einfach ungesättigten Fettsäuren, die relativ hitzestabil sind. Das Öl sollte jedoch nicht rauchen, da sonst die wertvollen Inhaltsstoffe zerstört werden. Nehmen Sie zum Braten nicht den teuersten und edelsten Tropfen, diesen verwenden Sie besser für die kalte Küche, zum Beispiel zum Beträufeln von Salaten. Zum Frittieren eignet sich dagegen raffiniertes, also gereinigtes Olivenöl.

Wie lange kann man Olivenöl aufbewahren?

Olivenöl ist reich an stabilen einfach ungesättigten Fettsäuren (Ölsäure), weshalb es zwischen 14 und 18 Monate haltbar ist, vorausgesetzt, es wird richtig gelagert. Damit Sie sich möglichst lange an Ihrem Olivenöl erfreuen können, sollten Sie es dunkel (dunkle Flasche, dunkler Ort), kühl und trocken lagern.

Wein ist fein
Die Franzosen, Italiener und Spanier schwören vor allem auf Rotwein und trinken am liebsten zu jedem Essen ein Gläschen, jedoch nie so viel, dass sie davon beschwipst sind. Der Rotweinkonsum wurde auch dafür verantwortlich gemacht, dass die Herzinfarktrate in diesen Ländern so niedrig ist. Lange Zeit hat man angenommen, dass die besonderen Inhaltsstoffe des Rotweins in erster Linie für die herzschützende Wirkung verantwortlich sind. Das ist auch nicht falsch. Ein Polyphenol namens Resveratrol im Rotwein wurde intensiv erforscht und seine gefäßschützende Funktion bestätigt. Aber das ist auch nur die halbe Wahrheit. Inzwischen haben Studienergebnisse unser Wissen zu diesem Thema ein wenig erweitert. Tatsächlich ist es so, dass ein erheblicher Anteil an diesem positiven Effekt dem Alkohol zuzuschreiben ist.

Entsprechend findet man auch für Weißwein, Rosé, Champagner, Sekt und Bier »vorbeugende« Effekte in Bezug auf Herz-Kreislauf-Erkrankungen. Weiterhin könnte auch das typische mediterrane Trinkmuster – regelmäßig moderat statt gelegentlich viel – für die positiven Effekte verantwortlich sein. Alkohol wird in diesen Ländern zum Essen getrunken, und das ist sehr sinnvoll, denn wahrscheinlich fördert Wein die Aufnahme von Nährstoffen aus der Nahrung. Wissenschaftler haben zum Beispiel herausgefunden, dass moderater Weinkonsum die herzschützende Wirkung von Fisch verstärkt, indem er die Aufnahme der Omega-3-Fettsäuren ins Blut fördert. Darüber hinaus ist der Wein mit seinen zahlreichen sekundären Pflanzenstoffen möglicherweise in der Lage, die schädlichen Veränderungen in der Zelle (oxidativen Stress) nach dem Essen zu mindern.

Was heißt moderat?
Moderater Weinkonsum bedeutet einen Genuss von täglich 200 bis 300 ml Wein, das entspricht 24 bis 36 g Alkohol, wobei sich Frauen eher am niedrigeren Wert orientieren sollten. Wer zusätzlich einen gesunden Lebensstil pflegt, kann sein Risiko für Herzinfarkt noch weiter senken.

Wie viel ist zu viel?
Bei Mengen von mehr als 24 g Alkohol bei Frauen und 36 g bei Männern am Tag ist keine weitere Risikominimierung erkennbar. Unstrittig ist, dass bei höherem Alkoholkonsum die Risiken für Leber- und Pankreas-Erkrankungen sowie für bestimmte Krebsformen und Sucht ansteigen.

Gesunder Schlaf

Wer nachts Schäfchen zählt, statt zur Ruhe zu kommen, setzt sich nachweislich einem erhöhten Gesundheitsrisiko aus. Bei einem sonst gesunden Schlaf kann eine durchzechte Nacht vom Körper ohne gesundheitliche Schäden ausgeglichen wer-

den. Ist der Schlaf aber dauerhaft stark verkürzt oder in seinem Rhythmus gestört, steigt das Risiko körperlicher und psychischer Probleme. »Wer schlafen kann, darf glücklich sein« – dieses Zitat von Carl Meyer trifft es genau: Guter und ausreichender Schlaf gehören zu einem gesunden und glücklichen Leben. Nach Angaben der Deutschen Gesellschaft für Schlafforschung leiden allein in Deutschland jedoch acht Millionen Menschen an Schlafmangel, und dieser macht dick, krank und depressiv. Schlafmangel kann durch Störungen im Hunger- und Sättigungszentrum des Hirns den Energiehaushalt durcheinanderbringen.

Wer mehrere Nächte lang im Bett wacht, bekommt einen Bärenhunger, der in ungezügelter Fresslust enden kann. Dabei steigt der Appetit auf Süßes und Fettiges. Dass dies langfristig »gewichtige« Folgen hat, belegen Studien, die beeindruckend zeigen, dass das Risiko, Übergewicht zu entwickeln, bei Kurzschläfern doppelt so hoch ist als bei Normalschläfern. Die logische Schlussfolgerung daraus wurde auch schon getestet: Wer beim Abspecken gut schläft, nimmt besser ab. Aber Schlafmangel ist nicht nur ein Dickmacher. Bereits drei aufeinanderfolgende kurze Nächte beeinträchtigen den Zuckerstoffwechsel – man wird insulinresistent. Damit steigt auch das Risiko, früher oder später an Diabetes zu erkranken. Ausreichend erholsamer Schlaf, idealerweise sieben bis acht Stunden pro Nacht, sind somit ein wichtiger Faktor bei der Vorbeugung und Therapie von Übergewicht, Typ-2-Diabetes und Herz-Kreislauf-Erkrankungen.

Sonne tanken

Sonne haben die Menschen in den Mittelmeerländern definitiv mehr als wir hierzulande. Das steigert nicht nur deren Laune, sondern auch die Vitamin-D-Konzentration im Blut. Mithilfe von Sonnenlicht sind wir in der Lage, in der Haut dieses lebenswichtige Vitamin, auch Sonnenvitamin genannt, herzustellen. Es ist an über 30 Prozessen im Körper beteiligt. Ein Mangel kann also erhebliche Folgen für die Gesundheit haben. Krankheiten wie Alzheimer, Parkinson, Depressionen, Immunschwäche, Diabetes Typ 1 und 2, Herz-Kreislauf-Erkrankungen und Krebs stehen im Zusammenhang mit einem Vitamin-D-Mangel.

Wer am Mittelmeer lebt, hat es doppelt so gut:

1. Die Sonne unterstützt die Vitamin-D-Produktion.
2. Der Genuss von fettem Fisch als zweitwichtigster Vitamin-D-Quelle ist regelmäßig möglich.

Da wir in unseren Breiten deutlich weniger Sonne haben und auch seltener fetten Fisch essen, leiden wir entsprechend häufiger an einem Vitamin-D-Mangel. Genau genommen haben im Sommer 60 Prozent und in den Wintermonaten 70 bis 90 Prozent der deutschen Bevölkerung einen Vitamin-D-Mangel.

Was können Sie tun?

Im Sommer sollten Sie je nach Hauttyp täglich zehn bis 30 Minuten ohne Sonnenschutz in die Sonne gehen. Vorsicht jedoch vor exzessivem Sonnenbaden – bräunen und nicht verbrennen lautet die Empfehlung. In den lichtarmen Wintermonaten von Oktober bis März raten immer mehr Experten zu einem Vitamin-D-Präparat, da die Vitamin-D-Speicher aus den Sommermonaten nicht ausreichen. Regelmäßiger Verzehr von fettem Fisch kann ebenso helfen, die Speicher effektiv aufzufüllen. Und wer es sich leisten kann, sollte im Winter ein bis zwei Wochen in die Sonne fahren.

Die Sonne kann aber noch mehr als die Vitamin-D-Produktion ankurbeln. Über den Lichteinfall im Auge werden offenbar unsere Stimmung und Befindlichkeit beeinflusst. Außerdem wird in hohem Maße Stickoxid gebildet, das einen stark blutdrucksenkenden und gefäßschützenden Effekt hat und sicherlich auch zur Minderung der Herz-Kreislauf-Erkrankungen in südlichen Gefilden beiträgt.

Die verdienten Extra-Carbs

Wer körperlich aktiv ist, darf sich auch mehr Kohlenhydrate leisten. Dabei gehen wir davon aus, dass bei Freizeitsportlern mit einer Stunde Sport 50 g Glykogen in den Muskeln verbrannt werden. Diese Kohlenhydratmenge können Sie sich am Trainingstag als »verdiente« Extra-Carb-Portion erlauben. Trainieren Sie sogar im intensiven Kraft- bzw. Kraftausdauerbereich, empfehlen wir Ihnen, zusätzlich Kohlenhydrate und Eiweiß kurz vor oder nach dem Training aufzunehmen. In diesem Fall gibt es sogar 70 bis 90 g Carbs und 30 bis 50 g Eiweiß zusätzlich. Wie viel Sie essen dürfen, um auf diese Mengen an Extra-Carbs zu kommen, erfahren Sie ab Seite 68.

Bewegung hält fit und macht gesund

Dass Bewegung unsere Gesundheit verbessert und unser Wohlbefinden steigert, ist den meisten hinreichend bekannt. Spätestens jedoch, wenn es um die Umsetzung geht, jagt eine Ausrede die andere. Das schlechte Wetter, der Stress im Job, die zu versorgende Familie. So viele Menschen meiden Sport und schauen lieber abends vor dem Fernseher zu, wie andere dem Ball hinterherrennen. Dabei verzichten sie freiwillig auf die vielen positiven Effekte, die der Sport für sie bereithält. Wir Menschen haben als Grundausstattung den Bewegungsapparat nicht ohne Grund mitgeliefert bekommen. Wer diesen auch benutzt, wird belohnt, denn Bewegung stärkt das Herz, senkt den Blutdruck, erhöht das gute, schützende HDL-Cholesterin, hält Muskeln und Fettgewebe fit, verbessert die Insulinwirkung, senkt den Blutzucker und schützt so vor Diabetes, macht geistig fit, hält die Knochen dicht, lindert Schmerzen, baut Stress ab, fördert das Wohlbefinden, erhöht den Energieverbrauch, wirkt entzündungshemmend, verbessert die Schlafqualität und vieles mehr. Das alles gibt es ganz ohne Nebenwirkungen und garantiert kosten- und rezeptfrei.

Aber nicht nur zur Vorbeugung ist Sport die effektivste Maßnahme, auch Menschen, die bereits an Zivilisationskrankheiten wie Diabetes oder Fettstoffwechselstörungen leiden, können ihren Gesundheitszustand durch mehr körperliche Aktivität verbessern und so ihr Leben verlängern.

Das Flexi-Carb-Prinzip

Ob Couchpotato, Hobbysportler oder Bewegungsfreak, ob um ein paar Kilos abzunehmen, gesund zu bleiben oder fitter zu werden – für jedes persönliche Ziel bietet das Flexi-Carb-Konzept die richtige Strategie. Wie auf Seite 12 bereits beschrieben, geht es nicht darum, die Kohlenhydrate zu verteufeln, sondern darum, die Zufuhr an die persönlichen Lebensbedingungen anzupassen. Einen besonders hohen Einfluss auf die Kohlenhydratverwertung hat körperliche Aktivität, die es zu berücksichtigen gilt. Pro Stunde Sport am Tag dürfen Sie zusätzlich zu Ihrer Basis-Empfehlung eine Extraportion der typischen Kohlenhydratlieferanten essen oder sich an diesem Tag nach der nächsthöheren Carb-Stufe ernähren. Auf diese Weise können Sie Ihre Aufnahme von Kohlenhydraten flexibel gestalten: Es liegt in Ihrer Hand, wie viele Kohlenhydrate Ihr Stoffwechsel vertragen kann.

Das Flexi-Carb-Konzept basiert auf diesen Lebensmittelempfehlungen:

- Gemüse: das A und O jeder Mahlzeit
- Früchte: ja, aber ohne Freifahrtschein und nicht als Saft
- Hülsenfrüchte: die genialen Sattmacher
- Nüsse: in moderaten Mengen täglich
- Fisch: gehört unbedingt dazu
- Milch und Milchprodukte: wertvoll vor allem als Sauermilchprodukte
- Eier: immer wieder ohne Angst genießen
- Geflügel und Fleisch: darf sein, am besten schonend gegart
- Olivenöl: ein Muss mit Genuss und Maß
- Wein: darf sein – moderat und am besten zum Essen
- Getreideprodukte und Kartoffeln: flexibel je nach Lebensstil

Für die Umsetzung der modernen mediterranen Ernährung im Alltag haben wir zusammen mit Dr. Nicolai Worm die Flexi-Carb-Ernährungspyramide entwickelt (siehe Seite 28). Sie ist eine »grobe« Orientierungshilfe und zeigt, welche Lebensmittel reichlich auf dem Teller landen und welche selten verzehrt werden sollten. Gleiches gilt für die Getränkepyramide. Andererseits haben wir Tellermodelle erarbeitet. Sie sind bei Laien sehr beliebt, weil sie bei der Orientierung noch mehr Hilfestellung geben. Mit einem Blick erkennt jeder, wie eine Hauptmahlzeit mengenmäßig zusammengestellt sein könnte oder besser sollte. Denn jeder muss ja seinen individuellen Weg finden.

Sowohl die Pyramide als auch die Tellermodelle eignen sich bestens für das sogenannte Essen »ad libitum«, das heißt ohne bewusste Kalorieneinschränkung einfach nach dem Flexi-Carb-Prinzip essen, bis man satt ist. Das bedeutet aber auch, dass man das Essen beim ersten Sättigungsgefühl beendet und nicht weiterisst, bis man das Gefühl hat, zu platzen. Diese Strategie ist vor allem dann geeignet, wenn man viel außer Haus isst. Genaue Mengenangaben zu Flexi-Carb-Mahlzeiten finden Sie in unseren über 60 Rezepten ab Seite 81. Die Rezepte werden in drei verschiedenen Carb- und Kalorienstufen angeboten. Welche Carbstufe für Sie geeignet ist, testen Sie im Lebensstil-Check auf Seite 68. Kochen und essen Sie danach und Sie erhalten ein Gefühl für die richtigen Portionsgrößen.

Die Flexi-Carb-Typen

Auf der Basis verschiedener Lebensstilfaktoren haben wir drei Carb-Typen definiert – Carb100, Carb150 und Carb200. Die Zahl hinter dem Wort Carb steht für die Kohlenhydratmenge in Gramm, die entsprechend dem Lebensstil und den körperlichen Vorbedingungen sinnvoll erscheint. Anhand des Lebensstil-Checks auf Seite 68 können Sie ganz einfach herausfinden, welchem der drei Carb-Typen Sie angehören und welche Kohlenhydratmenge Ihren Stoffwechsel am wenigsten belastet.

Sie finden in den folgenden Abschnitten Zahlen zum Kohlenhydrat- und Kaloriengehalt. Diese Angaben sind keine strikten Vorgaben, die alle einhalten müssen, sondern Modelle, die zu Ihrer Information dienen. Wir möchten beim Flexi-Carb-Konzept nicht, dass Sie in Zukunft mit Küchenwaage und Kalorientabelle Ihre Ernährung gestalten. Wir empfehlen Ihnen, dass Sie sich bei der Auswahl der Nahrungsmittel in der täglichen Gewichtung an der Flexi-Carb-Pyramide und den im Folgenden vorgestellten Tellermodellen orientieren.

Carb 100 – schlank und gesund werden

Moderne mediterrane Ernährung, energiereduziert, mit niedrigem Kohlenhydratanteil

Carb100 ist primär geeignet für alle, die abnehmen möchten oder müssen, sich kaum bewegen, eine Insulinresistenz aufweisen oder erhöhtes Risiko dafür haben oder bereits an Diabetes, Bluthochdruck oder einer Fettstoffwechselstörung erkrankt sind. Unsere Rezepte dieser Carb-Stufe liefern beispielhaft für das Frühstück und für die beiden Hauptmahlzeiten höchstens 100 g Kohlenhydrate und 1300 bis 1600 kcal pro Tag. Nicht nur die negative Energiebilanz, sondern auch die Nahrungsmittelzusammenstellungen tragen entscheidend dazu bei, dass Sie nicht nur abnehmen, sondern auch Ihren gestressten Stoffwechsel entlasten.

Die folgende Übersicht zeigt, wie viele Kohlenhydrate und Kalorien bei Carb100 in etwa in den Mahlzeiten enthalten sind.

Zusammensetzung der Mahlzeiten für Carb100

Mahlzeit	*Kohlenhydratgehalt*	*Kaloriengehalt*
Frühstück	20–30 g	300–400 kcal
Hauptmahlzeit (Mittagessen)	25–35 g	500–600 kcal
Hauptmahlzeit (Abendessen)	25–35 g	500–600 kcal
Snacks	keine	keine
Gesamt	65–100 g	1300–1600 kcal

Zum Vergleich: Die Deutsche Gesellschaft für Ernährung (DGE) empfiehlt bei gleicher Kalorienzufuhr, 55 Prozent der Energie als Kohlenhydrate zu essen, das sind 170 bis 215 g pro Tag.
Mit Carb100 liegen Sie deutlich darunter und bewegen sich laut Definition (siehe Seite 17) im Low-Carb-Bereich (< 130 g Kohlenhydrate/Tag, bzw. < 26 % En. pro Tag).

Tellermodell Carb 100 (für 1 Mahlzeit)

Für die Hauptmahlzeiten können Sie sich grob an folgenden Mengenangaben orientieren:

- (grün) mind. 250 Gramm Gemüse, Salat, Pilze oder 100–125 g zuckerarmes Obst
- (grau) 150–250 g Milchprodukt, 150 g Fleisch, Fisch oder Meerestiere, 2 Eier oder 50–70 g Käse
- (gelb) 20–30 g Haferflocken, 1 dünne Scheibe Vollkornbrot, 150 g Kartoffeln oder 30–40 g Beilagen (ungekocht)

plus 10–20 g Nüsse, Nussmus, Butter oder 1–2 EL Öle

Carb 150 – schlank und gesund bleiben

Präventive mediterrane Ernährung mit moderatem Kohlenhydratanteil und ausgeglichener Energiebilanz

Carb150 ist geeignet für: Normalgewichtige, die gesund und schlank sind, es bleiben möchten und wenig oder bis zu dreimal pro Woche 30–45 Minuten Sport treiben, sowie für Übergewichtige, die noch nicht insulinresistent sind und mindestens viermal pro Woche 60 Minuten trainieren. Die Rezepte für diese Carb-Stufe liefern für das Frühstück und für die beiden Hauptmahlzeiten 1900 bis 2200 kcal sowie zwischen 100 und 150 g Kohlenhydrate am Tag.

Für diejenigen, die in dieser Carb-Stufe landen, ist eine Kohlenhydratmenge von bis zu 150 g pro Tag unproblematisch, da diese durch die Leber, das zentrale Nervensystem und die körperliche Aktivität im Muskel sicherlich komplett verbrannt wird. Selbst wer sich wenig bewegt und normalgewichtig ist (aber sonst wenig Risikofaktoren für eine Insulinresistenz hat), bleibt mit dieser Carb-Stufe in einer ausgeglchenen Energiebilanz oder sogar knapp darunter – was die Fettverbrennung fördert.
Die folgende Übersicht zeigt, wie viele Kohlenhydrate und Kalorien bei Carb150 in etwa in den Mahlzeiten enthalten sind.

Zusammensetzung der Mahlzeiten für Carb150

Mahlzeit	*Kohlenhydratgehalt*	*Kaloriengehalt*
Frühstück	>30–40 g	500–600 kcal
Hauptmahlzeit (Mittagessen)	>35–55 g	700–800 kcal
Hauptmahlzeit (Abendessen)	>35–55 g	700–800 kcal
Snacks	keine	keine
Gesamt	>100–150 g	1900–2200 kcal

Zum Vergleich: Die Deutsche Gesellschaft für Ernährung (DGE) empfiehlt bei gleicher Kalorienzufuhr, 55 Prozent der Energie als Kohlenhydrate zu essen, das sind 255 bis 295 g pro Tag. Mit Carb150 nehmen Sie zwischen 22 Prozent und 27 Prozent der Energie in Form von Kohlenhydraten auf und liegen somit gemäß Definition (siehe Seite 17) im Low-Carb- bis Moderat-Carb-Bereich.

Tellermodell *Carb* 150 (für 1 Mahlzeit)
Für die Hauptmahlzeiten können Sie sich grob an folgenden Mengenangaben orientieren:

- (grün) mind. 300 g Gemüse, Salat, Pilze oder 150 g zuckerarmes Obst
- (grau) 200–250 g Milchprodukte, 200 g Fleisch, Fisch oder Meerestiere, 3 Eier oder 70–80 g Käse
- (gelb) 30–50 g Haferflocken, 1 Scheibe Vollkornbrot, 200 g Kartoffeln oder 40–60 g Beilagen (ungekocht)

plus 20–30 g Nüsse, Nussmus, Butter oder 2–3 EL Öle

Carb 200 – *schlank und sportlich bleiben, Leistung optimieren*

Präventive mediterrane Ernährung mit der Extraportion Kalorien und Kohlenhydrate

Carb200 ist geeignet für gesunde schlanke Menschen, die mindestens viermal pro Woche 60 Minuten trainieren, um fit und schlank zu bleiben und um ihre körperliche Leistungsfähigkeit zu optimieren. Die Rezepte dieser Carb-Stufe liefern für das Frühstück, für die beiden Hauptmahlzeiten und einen Snack 2400 bis 2600 kcal sowie zwischen 150 und 200 g Kohlenhydrate pro Tag.

Die folgende Übersicht zeigt, wie viele Kohlenhydrate und Kalorien bei Carb200 in etwa in den Mahlzeiten enthalten sind.

Zusammensetzung der Mahlzeiten für Carb200

Mahlzeit	*Kohlenhydratgehalt*	*Kaloriengehalt*
Frühstück	> 40–60 g	600 kcal
Hauptmahlzeit (Mittagessen)	> 55–65 g	800–900 kcal
Hauptmahlzeit (Abendessen)	> 55–65 g	800–900 kcal
Snacks	maximal 10 g	200 kcal
Gesamt	> 150–200 g	2400–2600 kcal

Zum Vergleich: Die Deutsche Gesellschaft für Ernährung (DGE) empfiehlt bei gleicher Kalorienzufuhr, 55 Prozent der Energie als Kohlenhydrate zu essen, das sind 320 bis 350 g pro Tag. Mit Carb200 nehmen Sie zwischen 28 Prozent und 31 Prozent der Energie in Form von Kohlenhydraten auf und liegen somit gemäß Definition (siehe Seite 17) im Moderat-Carb-Bereich.

Tellermodell *Carb* 200 (für 1 Mahlzeit)

Für die Hauptmahlzeiten können Sie sich grob an folgenden Mengenangaben orientieren:

- mind. 350 g Gemüse, Salat, Pilze oder 150 g zuckerarmes Obst
- 250 g Milchprodukte, 200–250 g Fleisch, Fisch oder Meerestiere, 3–4 Eier oder 80–10 g Käse
- 50–60 g Haferflocken, 2 Scheiben Voll kornbrot, 300 g Kartoffeln oder 60–70 g Beilagen (ungekocht)

plus 30 g Nüsse, Nussmus, Butter oder 3 EL Öle

Die drei Carb-Stufen im Vergleich:
Rezeptbeispiel Auberginensalat mit Granatapfel und Feta
(Rezept siehe Seite 107)

Carb 100

Carb 150

Carb 200

Verdienen Sie sich Extra-Carbs!

Unabhängig davon, ob Sie laut unserem Lebensstil-Check (siehe Seite 68) ein Carb100-, Carb150- oder Carb200-Typ sind, Sport wird stets mit einer Extraportion Kohlenhydrate belohnt. Je intensiver Sie trainieren, desto mehr Kohlenhydrate werden zur Energiegewinnung verbrannt, was wiederum Platz für neue Kohlenhydrate in den Muskeln schafft.

Die Intensität und die Dauer entscheiden über die Menge der Extra-Carbs

Um 50 g Kohlenhydrate zu verbrennen, müssen Sie beim Training nicht völlig außer Puste kommen. Für diese Extra-Carbs reicht es bereits aus, wenn Sie bei geringer bis moderater Intensität trainieren. Entscheidend ist die Trainingsdauer. Diese sollte bei mindestens 60 Minuten liegen. Wenn Sie zum Beispiel 60 Minuten in einem Pulsbereich von 120 bis 140 Schlägen pro Minute walken (Sie könnten sich also noch unterhalten), verbrennen Sie schätzungsweise 350 Kilokalorien und 50 g Kohlenhydrate. Diese Carb-Menge dürfen Sie sich dann zuzüglich zu Ihrer Basis-Ernährung gönnen. Trainieren Sie nur 30 Minuten, dann können Sie sich an diesem Bewegungstag ca. 25 g Kohlenhydrate mehr leisten.

Was bedeutet trainieren im Fettverbrennungsbereich?

1. Ich könnte das Training jeden Tag durchführen.
2. Ich bekomme sehr gut Luft und kann mich währenddessen unterhalten.
3. Das Herz schlägt schneller, aber es sollte nicht rasen.

Für einen höheren Kohlenhydratverbrauch empfehlen wir Ihnen, mindestens einmal in der Woche intensiv zu trainieren. Damit reizen Sie Ihre Muskeln so, dass sie Ihnen bis ins hohe Alter erhalten bleiben.

Intensives Krafttraining = noch mehr Extra-Carbs plus Eiweiß

Krafttraining verbessert den Kohlenhydratstoffwechsel noch effektiver als Ausdauertraining. Es wirkt wie ein blutzuckersenkendes Medikament – aber ohne Nebenwirkungen. Wer seine Muskeln intensiv trainiert, profitiert von einem hohen »Nachbrenneffekt« – das ist der zusätzliche Kalorienverbrauch für die Regeneration der Muskeln, der bis zu 22 Stunden andauern kann. Dadurch können Sie Ihr Fett besser zum Schmelzen bringen. Gewichte stemmen oder Übungen mit dem eigenen Körpergewicht zu machen schützt zudem die Muskeln. Allerdings kann man nicht auf Hanteln & Co verzichten, wenn man mit mehr Gewicht noch effektiver Muskeln aufbauen will.

Das Beste am Krafttraining: Muskeln brauchen selbst in Ruhe viele Kalorien zu ihrem Erhalt. Für 60 Minuten intensives Kraft- bzw. Kraftausdauertraining wäre es deshalb sinnvoll, wenn Sie zur Carb-Basis-Ernährung vor oder nach dem Training zusätzlich 70 bis 90 g Kohlenhydrate sowie 30 bis 50 g Eiweiß zu sich nehmen

Ein Beispiel: Carb150 ist laut Lebensstil-Check Ihre Basisernährung, dann nehmen Sie an Trainingstagen zusätzlich zu den drei Mahlzeiten die 70 bis 90 g Kohlenhydrate auf, und zwar in Form eines Pre-Snacks vor dem Training und eines Regenerationsshakes nach dem Training.

Wie intensiv das Krafttraining ist, können Sie an folgenden Punkten testen:

- ☐ Ich bin während des Trainings völlig außer Atem.
- ☐ Mein Muskel brennt während des Trainings.
- ☐ Ich kann mich während des Trainings nicht unterhalten.
- ☐ Ich schwitze stärker als sonst.
- ☐ Ich habe nach dem Training nicht sofort Appetit.
- ☐ Ich fühle mich nach dem Training völlig erschöpft

Sie haben noch nie viel Sport gemacht oder Sie haben lange pausiert und sind über 35 Jahre alt? Bevor Sie mit Ihrem Sportprogramm beginnen, empfehlen wir Ihnen, eine sportärztliche Vorsorgeuntersuchung wahrzunehmen.

Der Lebensstil-Check: Welcher Carb-Typ sind Sie?

Machen Sie den Lebensstil-Check und wir verraten Ihnen, welcher Carb-Typ Sie sind.
Bitte kreuzen Sie die richtigen Antworten an und addieren Sie die Punkte, die in der Klammer stehen. Am Ende rechnen Sie die Punkte aller Kategorien zusammen.
Achtung: Der Test ist nicht für Kinder und Schwangere geeignet!

I. Meine Körperdaten

1. Mein Alter: Ich bin ______ Jahre alt.

- ☐ bis 30 Jahre (20)
- ☐ 31–60 Jahre (15)
- ☐ ab 61 Jahre (10)

2. Mein Geschlecht: Ich bin ☐ weiblich (5) ☐ männlich (10)

3. Mein Body-Mass-Index (BMI)

Der BMI ist eine Maßzahl für die Bewertung Ihres Körpergewichts im Verhältnis zu Ihrer Körpergröße. Er gibt einen groben Richtwert an, ob Sie normalgewichtig oder übergewichtig sind. Der BMI gilt nicht für Kinder, Schwangere oder Kraftsportler. Wenn Sie viel Kraftsport treiben und sehr muskulös gebaut sind, liegt Ihr BMI über 24,9, obwohl Ihr Körperfett im Normbereich ist. Der erhöhte BMI ist bei Ihnen gesundheitlich unbedenklich! Sie können sich 40 Punkte berechnen.
Aber bitte seien Sie ehrlich zu sich und schätzen Sie Ihre Fett- bzw. Muskelmasse richtig ein!

Meine Körpergröße __________ m Mein Gewicht __________ kg

Bitte berechnen Sie Ihren BMI, indem Sie Ihr Körpergewicht durch Ihre Körpergröße im Quadrat teilen.
Ein Beispiel: Sie wiegen 78 kg und sind 1,60 m groß , dann rechnen Sie den BMI wie folgt aus:

> 78 kg geteilt durch:
> 2,56 (1,60 m x 1,60 m)
> ergibt einen BMI von 30,5

Mein BMI liegt bei ______ kg/m².	☐ bis 24,9	(40)
	☐ 25–29,9	(15)
	☐ über 30	(10)

4. Mein Bauchumfang:
So messen Sie richtig: Ertasten Sie den oberen Rand Ihres Beckens und den unteren Rand des untersten Rippenbogens. Das Maßband wird in der Mitte dazwischen angelegt. Man sollte im Spiegel kontrollieren, ob das Maßband waagerecht um den Rumpf läuft. Ziehen Sie nicht den Bauch ein! Die Messung findet nach dem Ausatmen statt.

Mein Bauchumfang beträgt ______ cm.

weiblich: bis 80 cm	männlich: bis 94 cm	☐ (60)
weiblich: 80–88 cm	männlich: 95–102 cm	☐ (35)
weiblich: über 88 cm	männlich: über 102 cm	☐ (15)

Meine Gesamtpunktzahl in der »Körperdaten«- Kategorie:______

II. Familie und Lebensstil

1. In meiner Familie existiert Übergewicht.
☐ ja (–2,5) ☐ teils (0) ☐ nein (2,5)

2. Ich habe schon Diäten gemacht und immer wieder zugenommen.
☐ ja (–2,5) ☐ nein (0)

3. Ich fühle mich gestresst.
☐ oft (–2,5) ☐ manchmal (0) ☐ selten (2,5)

4. Ich schlafe gut. Wenn ich mal nachts wach werde, schlafe ich auch schnell wieder ein.

☐ nein (–2,5) ☐ manchmal (0) ☐ ja (2,5)

5. Ich schlafe durchschnittlich 7–8 Stunden.

☐ nein (–2,5) ☐ manchmal (0) ☐ ja (2,5)

6. Ich bin Raucher.

☐ ja (–2,5) ☐ nein (0)

Meine Gesamtpunktzahl in der »Familie und Lebensstil«-Kategorie:______

III. Meine körperliche Aktivität

Treiben Sie Sport, zum Beispiel Schwimmen, Walken, Fitnesstraining, Laufen, Squash, Spielsportarten wie Hand- oder Fußball?

Alltagsbewegungsformen wie mit dem Rad zur Arbeit fahren, die Nutzung des Treppenhauses oder Gartenarbeit zählen nicht!

☐ nein	0 Punkte
☐ Ja, 1–2 Mal/Woche à 30–45 Minuten	2,5 Punkte
☐ Ja, 1–2 Mal/Woche > 60 Minuten	5 Punkte
☐ Ja, 3–4 Mal/Woche à 30–45 Minuten	10 Punkte
☐ Ja, mindestens 4 Mal/Woche > 60 Minuten	50 Punkte

Meine Gesamtpunktzahl in der »Meine körperliche Aktivität«-Kategorie:______

Mein Ergebnis:

Bitte zählen Sie Ihre Punkte aus allen Kategorien zusammen und tragen Sie Ihr Gesamtergebnis ein.

Gesamtpunktzahl: ☐

Auflösung

1. Sie haben weniger als 101 Punkte erreicht?

Sie sind ein Carb100-Typ!

Je weniger Punkte Sie erreicht haben, desto vorsichtiger sollten Sie beim Kohlenhydratverzehr sein. Mit steigendem Körpergewicht, insbesondere mit zunehmendem Körperfettanteil im Bauch und in der Leber, aber auch in den Muskeln, ist die Wahrscheinlichkeit umso höher, dass Sie bereits eine Insulinresistenz haben oder zumindest dabei sind, eine zu entwickeln. Jeder zusätzliche ungünstige Faktor wie Stress oder Schlafmangel fördert die Entstehung einer Insulinresistenz oder verstärkt diese, falls sie schon vorhanden ist. Essen Sie mehr Kohlenhydrate (Stärke und Zucker), als Ihr Stoffwechsel durch Muskelarbeit regelmäßig verbrennt, können diese nicht gespeichert werden und wandern deshalb ins Fettgewebe oder sogar in die Bauchhöhle, wo sie in Form von Fett gespeichert werden. Je weiter fortgeschritten die Insulinresistenz ist, desto größer ist die Gefahr, dass Brot, Kartoffeln, Nudeln und Süßigkeiten vermehrt auch in der Leber und in anderen Organen in Form von Fett deponiert werden. Wenn Sie nichts an Ihrer Ernährung und an Ihrem Lebensstil ändern, steigt Ihr Risiko, an Typ-2-Diabetes zu erkranken, enorm. Außerdem drohen Herz-Kreislauf-Erkrankungen, Nierenerkrankungen und viele andere gesundheitliche Probleme.

Um Ihren gestörten Kohlenhydratstoffwechsel zu entlasten, empfehlen wir Ihnen eine Basisernährung mit maximal 100 g Kohlenhydraten pro Tag auf drei Mahlzeiten verteilt. Die Rezepte der Carb100-Stufe ab Seite 81 in diesem Buch liefern zusammengerechnet für das Frühstück und zwei Hauptmahlzeiten zwischen 1300 und 1600 kcal. Wir empfehlen Ihnen, sich an sportfreien Tagen auf das Frühstück und zwei Hauptmahlzeiten zu beschränken. So entlasten Sie nicht nur Ihren Stoffwechsel, sondern können darüber hinaus auch etwas abnehmen, was den Kohlenhydratstoffwechsel zusätzlich verbessert.

Sie sind übergewichtig, möchten aber nicht abnehmen?

Sie waren beim Arzt, der Sie darauf hinwies, dass Ihre Leber zu verfetten anfängt[3], dass der Zuckerwert zu hoch ist, der Fett- oder Cholesterinspiegel nicht im Normbereich liegt oder der Blutdruck mit Tabletten gesenkt werden muss, und er empfahl Ihnen eine Ernährungsumstellung. Dazu sind Sie bereit, aber Sie möchten nicht abnehmen? Eine Gewichtsreduktion beschleunigt zwar den Erfolg, ist aber nicht zwingend nötig, um gesundheitliche Verbesserungen zu erzielen. Selbst ohne Gewichtsabnahme und mit geringer körperlicher Aktivität können Sie Ihre Stoffwechselsituation deutlich verbessern. Wechseln Sie in diesem Fall von Carb100 zu Carb150.

[3] *Was ist eine Fettleber? Unter www.leberfasten.com erfahren Sie mehr und können – wenn die Blutwerte vorliegen – mit dem Fettleberindex (Fatty Liver Index) ganz einfach berechnen, mit welcher Wahrscheinlichkeit bei Ihnen eine Fettleber vorliegt.*

Abnehmen – und Extra-Carbs verdienen

Sie essen gerne Kohlenhydrate und würden gerne öfter zugreifen, aber gleichzeitig möchten Sie abnehmen? Kein Problem, Sie können sich durch körperliche Aktivität Extra-Carbs verdienen.

An jedem Tag, an dem Sie es schaffen, sich 60 Minuten am Stück ausdauernd zu bewegen (z. B. walken, schwimmen, joggen, Rad fahren), dürfen Sie sich 50 g Extra-Carbs gönnen. Hierfür haben Sie zwei Möglichkeiten:

1. Essen Sie an diesen sportlichen Tagen nach Carb150, bleiben Sie aber an inaktiven Tagen bei Ihrer Basisernährung Carb100, da Sie sonst nicht abnehmen werden.

Oder:

2. Verzehren Sie an aktiven Tagen zusätzlich zu Ihrer Carb100-Basisernährung noch 50 g Kohlenhydrate und suchen Sie sich hierzu etwas aus der Carb-50-g-Liste auf Seite 78 aus.

An Tagen, an denen Sie es schaffen, 60 Minuten intensives Kraft- bzw. Kraftausdauertraining zu machen, dürfen Sie sich sogar 70 bis 90 g Extra-Carbs und 30 bis 50 g Eiweiß mehr leisten. Bleiben Sie an diesen Tagen bei Ihrer Basisernährung Carb100 und essen Sie vor dem Krafttraining einen Pre-Snack (siehe Seite 75) mit 10 bis 20 g Eiweiß und 20 bis 30 g Kohlenhydraten. Nach dem Training trinken Sie einen Shake mit 50 bis 60 g Kohlenhydraten (siehe Seite 76) und 20 bis 30 g Eiweiß. Sie werden so einfacher sportliche Leistung erbringen und schneller regenerieren.

2. Sie haben 101 bis 150 Punkte erreicht?

Sie sind ein Carb150-Typ!

Sie sind normalgewichtig, mit dem Gewicht zufrieden, treiben kaum oder sogar bis zu viermal pro Woche 30 bis 45 Minuten Sport? Ihr Ziel ist es, sich gesünder zu ernähren, Risikofaktoren zu minimieren und das Gewicht zu halten?

Oder Sie sind übergewichtig mit wenigen Risikofaktoren für Insulinresistenz und trainieren mindestens viermal in der Woche 60 Minuten?

Wir empfehlen Ihnen Carb150, eine Ernährung, die bei ausgeglichener Energiebilanz maximal 150 g Kohlenhydrate pro Tag liefert. Ihr Gehirn und Nervensystem verbrauchen täglich ungefähr 100 bis 140 g Kohlenhydrate. Zudem gibt es Zellen wie die roten Blutkörperchen, die auf Zucker zur Energiegewinnung angewiesen sind.

Dieser Zuckerbedarf kann, aber muss nicht über die Zufuhr von Kohlenhydraten aus der Nahrung gedeckt werden, da der Körper in der Lage ist, aus Nahrungs- oder Körpereiweiß selbst den nötigen Zucker zu bilden. Ein Überschuss an Kohlenhydraten wirkt sich ungünstig auf den Stoffwechsel aus, indem er die Fettbildung in den Organen fördert. Mit der Carb150-Stufe brauchen Sie jedoch keine Stoffwechselbelastung durch einen Zuckerüberschuss zu fürchten, da Sie in etwa täglich die Menge an Kohlenhydraten zuführen, die Ihr Körper ohne sportliche Aktivitäten benötigt.

Mit Carb150 halten Sie das Gewicht, bleiben gesund und falls Blutwerte wie Blutzucker oder Blutfette erhöht sind, werden sich diese wahrscheinlich verbessern. Wir empfehlen Ihnen, sich an sportfreien Tagen auf das Frühstück und zwei Hauptmahlzeiten zu beschränken. Rezeptvorschläge für Ihre Carb-Stufe finden Sie ab Seite 81 in diesem Buch.

Wussten Sie, dass wir keine Kohlenhydrate aus der Nahrung benötigen?

Selbst wenn Sie die benötigte Menge an Kohlenhydraten für das Gehirn, die Nervenzellen und roten Blutkörperchen nicht zusammenbekommen, werden Sie keine gesundheitlichen Nachteile haben. Denn unser Körper war noch nie von extern zugeführten Kohlenhydraten abhängig. Er kommt auch ganz ohne Brot, Kartoffeln und Nudeln aus. Unser Kohlenhydratbedarf liegt genau genommen bei null Gramm. Das liegt daran, dass wir in der Leber eine eigene »Kohlenhydratfabrik« haben. Wenn wir genügend Eiweiß und Fett essen, produziert der Körper daraus Kohlenhydrate, um die Organe zu versorgen, die bevorzugt diesen Nährstoff verbrennen.

Verdienen Sie sich Extra-Carbs

An jedem Tag, an dem Sie es schaffen, sich 60 Minuten lang am Stück zu bewegen, dürfen Sie sich 50 g Extra-Carbs gönnen. Hierfür haben Sie zwei Möglichkeiten:

1. Essen Sie an diesen sportlichen Tagen einfach nach Carb200, bleiben Sie aber an inaktiven Tagen bei Ihrer Basisernährung Carb150, um Ihren Stoffwechsel nicht zu belasten.

Oder:

2. Verzehren Sie an aktiven Tagen zusätzlich zu Ihrer Carb150-Basisernährung noch 50 g Kohlenhydrate und suchen Sie sich hierzu etwas aus der Carb-50-g-Liste auf Seite 78 aus.

An Tagen, an denen Sie es schaffen, 60 Minuten intensives Kraft- bzw. Kraftausdauertraining zu machen, dürfen Sie sich sogar 70 bis 90 g Extra-Carbs und 30 bis 50 g Eiweiß leisten. Bleiben Sie hierfür bei Ihrer Basisernährung Carb150 und essen Sie vor dem Krafttraining einen Pre-Snack (siehe Seite 75) mit 10 bis 20 g Eiweiß und 20 bis 30 g Kohlenhydraten. Nach dem Training trinken Sie einen Shake mit 50 bis 60 g Kohlenhydraten (siehe Seite 76) und 20–30 g Eiweiß.

Sie trainieren nur 30 Minuten?
Dann essen Sie nur die Hälfte der Extra-Carbs.

3. Sie haben über 150 Punkte erreicht?

Glückwunsch, Sie sind ein Carb200-Typ!

Sie sind ein schlanker, aktiver und sehr sportlicher Mensch, der mindestens viermal pro Woche 60 Minuten Sport treibt. Kohlenhydrate landen bei Ihnen bevorzugt in der Muskulatur und werden beim nächsten anstehenden Training wieder verbrannt, ohne den Stoffwechsel zu belasten. Deswegen können Sie sich täglich größere Portionen an Kohlenhydraten gönnen und sogar mal von der Pyramidenspitze naschen.

Für Sie sind die Rezepte der Carb200-Stufe geeignet. Diese liefern maximal 200 g Kohlenhydrate pro Tag und sind auf drei Mahlzeiten plus einen Snack (siehe Seite 201) verteilt.

Verdienen Sie sich Extra-Carbs durch intensives Krafttraining

An Tagen, an denen Sie es schaffen, 60 Minuten intensives Kraft- bzw. Kraftausdauertraining zu machen, dürfen Sie sich zusätzlich zu Carb200 noch 70 bis 90 g Extra-Carbs und 30 bis 50 g Eiweiß leisten. Essen Sie dann vor dem Krafttraining einen Pre-Snack (siehe Seite 75) mit 10 bis 20 g Eiweiß und 20 bis 30 g Kohlenhydraten. Nach dem Training trinken Sie einen Shake mit 50 bis 60 g Kohlenhydraten (siehe Seite 76) und 20 bis 30 g Eiweiß.

Richtig essen bei intensivem Kraft- und Kraftausdauertraining

Das Timing

Damit Sie die körperliche Anstrengung besser bewältigen, empfehlen wir Ihnen, vor dem Training einen kleinen Kohlenhydratsnack zu essen.
Um Muskeln aufzubauen, benötigen Sie einen Muskelreiz, und das gelingt nur durch Krafttraining. Dabei entstehen Mikroverletzungen an der Muskulatur. Um diese zu reparieren, ist direkt nach dem Training Eiweiß erforderlich. Der Muskel nimmt dadurch an Masse zu. Die aktive Muskelmasse lagert nach dem Training auch Kohlenhydrate besser ein, um solche intensiven Bewegungsformen beim nächsten Mal besser meistern zu können. Deshalb empfehlen wir Ihnen, nach einem Krafttraining etwas Kohlenhydrat- und Proteinreiches, aber Fett- und Ballaststoffarmes zu essen.

Wann Zucker erlaubt ist

Rund um das intensive Training dürfen Sie sich von den Kohlenhydraten aus der Pyramidenstufe 4 und der Pyramidenspitze bedienen. Ballaststoffarme Weißmehlprodukte, Honig, Sirup, Säfte, Müsliriegel und gezuckerte Milchprodukte können in diesem Ausnahmezustand Ihrer Muskulatur schnell Zucker liefern und so die Regeneration beschleunigen.

Vor dem Training: Pre-Snacks

Suchen Sie sich einen der folgenden Snacks aus und essen Sie ihn etwa 60 Minuten vor dem Training. Die Snacks sind ballaststoff- und fettarm, da sie sonst zu lange im Magen verweilen und damit Ihre sportliche Leistungsfähigkeit behindern würden.
Sie enthalten 20 bis 30 g leicht verdauliche Kohlenhydrate und 10 bis 20 g Eiweiß.

Beispiele für Pre-Snacks

> 1 Scheibe Graubrot + 100 g Magerquark + 10 g Honig
> 1 Laugenbrötchen + 100 g Hüttenkäse + 10 g Marmelade
> 45 g Ciabatta, Fladenbrot, Baguette + 100 g gekochter Schinken
> 1 reife Banane + 100 g Magerquark + 600 ml Saftschorle + 100 g Hüttenkäse
> 1 Fruchtmüsli-Riegel + 100 g Magerquark
> 1 Kohlenhydrat-Eiweiß-Riegel mit 20 bis 30 g Kohlenhydraten und 20 g Eiweiß

Während des Trainings

Wenn Sie weniger als 60 Minuten trainieren, müssen Sie währenddessen keine Extrakalorien und -kohlenhydrate aufnehmen.
Wichtig: Mit Training sind ausschließlich die reinen Bewegungsminuten gemeint. Gerade im Fitnessstudio wird man gerne mal in Gespräche verwickelt oder liest zwischen den Trainingssätzen eine Zeitschrift. Die Zeit für das Umziehen, den Schnack zwischendurch oder die Pausen zwischen den Wiederholungen zählen nicht zu den Bewegungsminuten! Falls Sie länger als 60 Minuten für Ihr Krafttraining brauchen, empfehlen wir Ihnen, im Laufe des Trainings ein Glas Saftschorle im Verhältnis von 50 Prozent Wasser und 50 Prozent Saft zu trinken. Flüssigkeit und ein paar Kohlenhydrate können dazu beitragen, Ihre Leistung zu stabilisieren. Die meisten Sportler trinken Apfelsaftschorle oder isotonische Getränke. Testen Sie aber auch gerne mal etwas Neues wie Trauben-, Johannisbeer- oder Rhabarbersaftschorle. Achten Sie bei der Wasserauswahl auf einen hohen Natriumgehalt, insbesondere wenn Sie stark schwitzen. Natriumarmes Mineralwasser, sowie Leitungswasser sind für Sportler mit hohem Schweißverlust oder Krampfneigung nicht geeignet. Der Natriumgehalt sollte über 100 mg/Liter liegen.

Nach dem Training

Jede Minute zählt. Um eine schnelle Erholung bzw. Regeneration herbeizuführen, die Verletzungsanfälligkeit zu reduzieren, Krankheitserreger abzuwehren und Muskeln aufzubauen, ist der zügige Nachschub von Nährstoffen erforderlich. Die Muskeln und das Immunsystem sind massiv gestresst worden. Zur Regeneration benötigen Sie jetzt Eiweiß. Damit dieses schnell seinen Weg findet, benötigen Sie Insulin, um es in den Muskel zu schleusen. Den besten Effekt erzielen Sie demnach, wenn Sie Eiweiß und schnelle Kohlenhydrate (Zucker) kombinieren.

Unser Tipp: Greifen Sie entweder zu Eiweißshakes aus dem Fitnessstudio oder dem Sportgeschäft oder testen Sie die im Folgenden beschriebenen Regenerationsshakes mit 300 bis 400 Kilokalorien, 50 bis 60 g Kohlenhydraten und 20 bis 30 g Eiweiß.

Regenerationsshakes

1. Vanille-Bananen-Milchshake

1 reife Banane
100 g Magerquark
200 ml Milch (1,5 % Fett)
10 g Vanillezucker
1 Msp. gemahlene Vanille

Zubereitung: Die Banane schälen und grob zerkleinern. Alle Zutaten mischen und in einem Mixer pürieren.

Ein Shake (450 ml) liefert 345 kcal, 54 g Kohlenhydrate, 22 g Eiweiß und 4 g Fett.

2. Beerenshake

250 g rote Weintrauben
400 g Joghurt (1,5 % Fett)
100 ml Milch (1,5 % Fett)
1 TL (5 g) Honig

Zubereitung: Die Weintrauben waschen und abzupfen. Alle Zutaten mischen und in einem Mixer pürieren.

Ein Shake (600 ml) liefert 390 kcal, 55 g Kohlenhydrate, 19 g Eiweiß und 8 g Fett.

3. Erdbeer-Schoko-Shake

1 Kugel (75 g) Sorbet (z. B. Erdbeere, Mango)
500 ml Milch (1,5 % Fett)
1 TL Kakaopulver

Zubereitung: Alle Zutaten mischen und in einem Mixer pürieren.

Ein Shake (590 ml) liefert 400 kcal, 50 g Kohlenhydrate, 26 g Eiweiß und 9 g Fett.

4. Sweet-Apple-Cheese-Shake

200 g süßer Apfel (z. B. Golden Delicious, Gala)
6–8 frische Minzeblätter
2 EL (20 g) Honig
100 g Hüttenkäse
200 ml Milch (1,5 % Fett)

Zubereitung: Den Apfel waschen, schälen, entkernen und grob zerkleinern. Minzeblättchen waschen und trocken tupfen. Alle Zutaten mischen und in einem Mixer pürieren.

Ein Shake (520 ml) liefert 340 kcal, 51 g Kohlenhydrate, 21 g Eiweiß und 5,4 g Fett.

5. Birnenshake

200 g süße Birne
200 ml Multivitaminsaft
100 ml Dickmilch (3,5 % Fett)
100 g Hüttenkäse

Zubereitung: Die Birne waschen, schälen, entkernen und grob zerkleinern. Alle Zutaten mischen und in einem Mixer pürieren.

Ein Shake (600 ml) liefert 360 kcal, 51 g Kohlenhydrate, 20 g Eiweiß und 7 g Fett.

Keine Zeit, einen Shake zuzubereiten?
Alternativ zu den Shakes können Sie auch folgende regenerative Mahlzeit essen – sie ist allerdings nicht so nährstoffreich wie der Shake:
350 g Frucht- oder Vanillequark (mager) beliebig in allen gezuckerten Variationen mit 360 kcal, 61 g Kohlenhydraten und 21 g Eiweiß.

Lieber salzig als süß?
Sie brauchen mehr Würze und weniger Süße nach dem Training? Probieren Sie es damit:

> 2 Scheiben Graubrot à 45 g mit 60 g gekochtem Schinken
> 1 Weißmehlbrötchen mit 60 g Putenaufschnitt
> 50 g Salzstangen mit 60 g Hähnchenbrust in Scheiben
> 1 Laugenbrötchen mit 200 g Hüttenkäse (Magerstufe)
> 75 g Zwieback und 200 g Kräuterquark (Magerstufe)

Keine Angst vor zu viel Muskeln

Besonders Frauen haben häufig Angst vor einem zu starken Muskelzuwachs. Keine Sorge, bei Frauen ist der Muskelzuwachs biologisch beschränkt – ihnen fehlt die nötige Testosteronausschüttung. Selbst mit intensivem Krafttraining werden Frauen nicht gleich zu Muskelprotzen. Wenn sie kalorienreduziert und genügend Eiweiß essen, gelingt es dem Körper, die Muskeln zu erhalten. Mehr ist nicht drin!

Beachten Sie:

> Ausdauertraining: Je lockerer Sie trainieren, desto weniger Kalorien und Kohlenhydrate verbrennen Sie.
> Kraftausdauer- und Krafttraining: Was der Körper nicht nutzt (Muskeln), »schmeißt« er raus, er baut also Muskelmasse ab, wenn Sie nicht intensiv trainieren!
  Je härter Sie trainieren, desto mehr Kalorien und Kohlenhydrate verbrennen Sie. Nach einem intensiven Training können Sie auch mal einen Snack und eine größere Nudelportion ohne schlechtes Gewissen genießen.

50-g-Carb-Liste

Sie waren fleißig und haben sich Extra-Carbs verdient? Wechseln Sie an diesem Tag entweder in die nächsthöhere Carb-Stufe oder ergänzen Sie Ihre Basisernährung mit 50 g Kohlenhydraten aus der folgenden Carb-Liste.

Getreide & Getreideprodukte und Reis

Lebensmittel	So viel (in Gramm) liefert 50 g Carbs:
Baguette	100
Brioche	125
Bulgur (ungekocht)	70
Fladenbrot	100
Gnocchi (ungekocht)	150–165
Haferflocken	80
Hirse	70
Mais (gekocht)	250
Mehl	70
Vollkornmehl	85
Nudeln (gekocht)	165–200
Nudeln (ungekocht)	75
Vollkornnudeln (ungekocht)	82
Vollkornnudeln (gekocht)	190–210
Polenta (ungekocht)	65
Reis (gekocht)	200
Reis (ungekocht)	65
Reisnudeln (gekocht)	230
Süßkartoffeln	210
Toast	110
Vollkornbrot	130
Vollkornbrötchen	105
Weißbrot	100
Weißmehlbrötchen	100

Kartoffel & Kartoffelprodukte

Lebensmittel	So viel (in Gramm) liefert 50 g Carbs:
Kartoffeln (Salz-/Pellkartoffeln)	355
Kartoffelpüree	310–500

Frisches Obst

Lebensmittel	So viel (in Gramm) liefert 50 g Carbs:
Apfel	450
Aprikose	555
Banane	240
Birne	415
Beerenfrüchte z. B. Brombeeren, Erdbeeren	715–1665
Feige	385
Grapefruit, Pampelmuse	555
Honigmelone	1000
Mandarine, Clementine, Orange	500
Mirabellen	355
Nektarinen	415
Pfirsich	555
Pflaumen, Zwetschgen	500
Wassermelome	625
Weintrauben	315

Dosenobst, Trockenobst und andere Obstprodukte

Lebensmittel	So viel (in Gramm) liefert 50 g Carbs:
Äpfel, getrocknet	82
Apfelmus	265
Aprikosen, getrocknet	100
Datteln, getrocknet	75
Dosenobst	190–295
Grütze	225–250
Pflaumen, getrocknet	95
Rosinen	75
Studentenfutter	100–165

Hülsenfrüchte und Erzeugnisse

Lebensmittel	So viel (in Gramm) liefert 50 g Carbs:
Bohnen, grün	1665
Brechbohnen (Dose)	1250
Bohnen, weiß (Dose)	500
Erbsen (gekocht)	405
Erdnüsse	625
Kichererbsen (gekocht)	240–295
Linsen (gekocht)	280

Süße Brotaufstriche

Lebensmittel	So viel (in Gramm) liefert 50 g Carbs:
Ahornsirup	65
Honig	65
Nuss-Nougat-Creme	90–100
Marmelade	75

Kochen nach dem Flexi-Carb-Prinzip

Freuen Sie sich auf über 60 leckere mediterrane Rezepte für Frühstück und Hauptmahlzeiten in den Carb-Stufen 100, 150 und 200 plus Snacks. Das ausführlich beschriebene Grundrezept entspricht immer der Stufe Carb100. Die Mengenänderungen oder veränderten Zutaten bei den anderen Carb-Stufen stehen direkt darunter und sind mit Carb150 und Carb200 gekennzeichnet.

Frühstück

Für die Deutschen ist das Frühstück sehr wichtig. Hierzulande wird gern wie ein Kaiser gefrühstückt, vor allem am Wochenende. Brot, Backwaren, Müsli, Marmelade, Eier, Wurst, Käse – ob deftig oder süß, die Auswahl ist groß. Mit unseren Beispielen fürs Frühstück stellen wir Ihnen neue Varianten vor. Auf das Brot müssen Sie dabei nicht komplett verzichten, aber es muss nicht immer mit Streichfett und Marmelade bestrichen oder mit Gouda belegt sein. Probieren Sie mal unsere mediterranen, kohlenhydratreduzierten Frühstücksrezepte aus! Sie liefern viele Nährstoffe und machen bis zum Mittagessen satt!

Ricotta-Vanille-Creme mit roten Früchten

Carb 100

Für 2 Personen

200 g Beeren (z. B. Erdbeeren, Himbeeren, frisch oder tiefgekühlt, ungezuckert)
10 g Pistazienkerne
1 Granatapfel (davon 2 EL Kerne)
200 g Ricotta
100 g Joghurt (3,5 % Fett)
½ TL gemahlene Vanille
20 g Vanillezucker

1 Portion (270 g) liefert 345 kcal, 18 g Fett, 30 g Kohlenhydrate, 15 g Eiweiß. Die Energiedichte liegt bei 124 kcal/100 g.

1 TK-Beeren auftauen lassen. Frische Beeren waschen und trocken tupfen. Die Pistazienkerne hacken.

2 Den Granatapfel halbieren, unter fließend kaltem Wasser mit den Fingern in kleine Stücke brechen und 2 EL Kerne herauslösen.

3 Ricotta mit Joghurt, gemahlener Vanille und Vanillezucker cremig verrühren. Die Beeren unterheben, anrichten und mit Pistazien und Granatapfelkernen bestreuen.

Carb 150

1 Portion (480 g) liefert 520 kcal, 28 g Fett, 39 g Kohlenhydrate, 21 g Eiweiß. Die Energiedichte liegt bei 108 kcal/100 g.

> 300 g Beeren (z. B. Erdbeeren, Himbeeren, frisch oder tiefgekühlt, ungezuckert), 25 g Pistazienkerne, 1 Granatapfel (davon 2 EL Kerne), 200 g Ricotta, 400 g Joghurt (3,5 % Fett), ½ TL gemahlene Vanille, 20 g Vanillezucker
> Zubereitung wie Carb100.

Carb 200

1 Portion (580 g) liefert 605 kcal, 29 g Fett, 59 g Kohlenhydrate, 22 g Eiweiß. Die Energiedichte liegt bei 104 kcal/100 g.

> 500 g Beeren (z. B. Erdbeeren, Himbeeren, frisch oder tiefgekühlt, ungezuckert), 30 g Pistazienkerne, 1 Granatapfel (davon 2 EL Kerne), 200 g Ricotta, 400 g Joghurt (3,5 % Fett), ½ TL gemahlene Vanille, 20 g Vanillezucker
> Zubereitung wie Carb100.

Süße Bananen-Eiweiß-Brote

Carb 100

Für 2 Personen

2 Eier (Größe M)
50 g getrocknete Aprikosen
1 Prise Salz
50 g Magerquark
½ TL Zimtpulver
10 g Vanillezucker
1 kleine Banane
90 g Frischkäse (0,2 % Fett absolut)

1 Portion (215 g) liefert 280 kcal, 8 g Fett, 30 g Kohlenhydrate, 19 g Eiweiß. Die Energiedichte liegt bei 130 kcal/100 g.

1 Den Backofen auf 160 °C (Ober-/Unterhitze) vorheizen. Ein Backblech mit Backpapier auslegen.

2 Die Eier trennen. Die Aprikosen klein schneiden. Die Eiweiße mit Salz steif schlagen. Eigelbe und Magerquark mit einem Schneebesen cremig verrühren. Aprikosen, Zimtpulver und Vanillezucker unterrühren. Den Eischnee vorsichtig unterheben.

3 Die Eiermasse in 6 esslöffelgroßen Häufchen mit Abstand auf dem Backblech verteilen. Tipp: Verwenden Sie einen Dessertring mit 7,5 cm Ø. Im Ofen (Mitte) 20–25 Minuten backen. Die Brote herausnehmen und abkühlen lassen.

4 Die Banane schälen und in Scheiben schneiden. Die Brote mit Frischkäse bestreichen und mit Bananenscheiben belegen.

Carb 150

1 Portion (305 g) liefert 525 kcal, 32 g Fett, 39 g Kohlenhydrate 22 g Eiweiß. Die Energiedichte liegt bei 172 kcal/100 g.

> 3 Eier (Größe M), 60 g getrocknete Aprikosen, 1 Prise Salz, 75 g Magerquark, ½ TL Zimtpulver, 10 g Vanillezucker, 1 große Banane, 120 g Frischkäse (70 % Fett i. Tr.)
> Zubereitung wie Carb100.

Carb 200

1 Portion (315 g) liefert 605 kcal, 33 g Fett, 50 g Kohlenhydrate, 25 g Eiweiß. Die Energiedichte liegt bei 192 kcal/100 g.

> 3 Eier (Größe M), 75 g getrocknete Aprikosen, 1 Prise Salz, 75 g Magerquark, ½ TL Zimtpulver, 30 g Vanillezucker, 1 große Banane, 120 g Frischkäse (70 % Fett i.Tr.)
> Zubereitung wie Carb100.

Mediterran belegte Eiweißbrote

Carb 100

Für 2 Personen

2 Eier (Größe M)
Salz
30 g Ricotta
40 g Vollkornmehl
1 Msp. Backpulver
1 TL getrocknete Kräuter der Provence
30 g Salatblätter (z. B. Lollo bianco)
2 Birnen
30 g Frischkäse (70 % Fett i. Tr.)
60 g Belag in Scheiben (z. B. Chorizowurst und Manchego-Käse)
1 EL Schnittlauchröllchen

1 Portion (320 g) liefert 390 kcal, 21 g Fett, 30 g Kohlenhydrate, 20 g Eiweiß. Die Energiedichte liegt bei 122 kcal/100 g.

1 Den Backofen auf 160 °C (Ober-/Unterhitze) vorheizen. Ein Backblech mit Backpapier auslegen.

2 Die Eier trennen. Die Eiweiße mit 1 Prise Salz steif schlagen. Die Eigelbe mit Ricotta und Mehl mit einem Schneebesen verrühren. Backpulver und Kräuter der Provence unterrühren und den Eischnee vorsichtig unterheben.

3 Die Eiermasse in 6 Häufchen mit etwas Abstand auf dem Backblech verteilen. Tipp: Verwenden Sie einen Dessertring mit 7,5 cm Ø. Im Ofen (Mitte) 20–25 Minuten backen. Die Brote herausnehmen und abkühlen lassen.

4 Die Salatblätter waschen und trocken tupfen. Die Birnen waschen, vierteln und entkernen. Die Brote mit Frischkäse bestreichen, mit Salatblättern und Aufschnitt belegen und mit Schnittlauchröllchen garnieren. Die Brote mit den Birnenvierteln anrichten.

Carb 150

1 Portion (370 g) liefert 545 kcal, 32 g Fett, 38 g Kohlenhydrate, 28 g Eiweiß. Die Energiedichte liegt bei 147 kcal/100 g.

> 3 Eier (Größe M), Salz, 60 g Ricotta, 60 g Vollkornmehl, 1 Msp. Backpulver, 1 TL getrocknete Kräuter der Provence, 30 g Salatblätter (z. B. Lollo bianco), 2 Birnen, 40 g Frischkäse (70 % Fett i. Tr.), 60 g Belag in Scheiben (z. B. Chorizowurst und Manchego-Käse), 2 EL Schnittlauchröllchen

> Zubereitung wie Carb100.

Carb 200

1 Portion (365 g) liefert 590 kcal, 29 g Fett, 53 g Kohlenhydrate, 24 g Eiweiß. Die Energiedichte liegt bei 161 kcal/100 g.

> 30 g Salatblätter (z. B. Lollo bianco), 2 Birnen, 4 Scheiben (à 45 g) Vollkornbrot, 40 g Ricotta, 40 g Frischkäse (70 % Fett i. Tr.), 120 g Belag in Scheiben (z. B. Chorizowurst und Manchego-Käse), 1 TL getrocknete Kräuter der Provence, 2 EL Schnittlauchröllchen

> Zubereitung wie Carb100, aber: Schritte 1 bis 3 entfallen.

Kräuterrührei mit Ziegenfrischkäse und Tomaten

Carb 100

Für 2 Personen

2 Handvoll (50 g) Rucola
150 g Cocktailtomaten
4 Eier (Größe M)
40 ml Milch (3,5 % Fett)
40 g zimmerwarmer Ziegenfrischkäse (45 % Fett i. Tr.)
getrockneter Thymian und Oregano
Salz und Pfeffer
1 TL Butter
4 Scheiben (à 30 g) Vollkorntoastbrot

1 Portion (300 g) liefert 375 kcal, 21 g Fett, 30 g Kohlenhydrate, 24 g Eiweiß. Die Energiedichte liegt bei 125 kcal/100 g.

1 Den Rucola waschen und verlesen. Die Tomaten waschen und halbieren.

2 Die Eier mit der Milch verquirlen. Den Ziegenfrischkäse mit der Eiermasse verrühren und nach Geschmack mit Thymian, Oregano, Salz und Pfeffer würzen.

3 Die Butter in einer beschichteten Pfanne erhitzen. Die Tomaten darin 1 Minute schwenken, die Eierkäsemasse dazugeben und kurz stocken lassen, dann rühren. Das Rührei anrichten, mit Rucola belegen und mit dem Toast servieren.

Carb 150

1 Portion (350 g) liefert 500 kcal, 27 g Fett, 39 g Kohlenhydrate, 26 g Eiweiß. Die Energiedichte liegt bei 143 kcal/100 g.

> 2 Handvoll (50 g) Rucola, 200 g Cocktailtomaten, 4 Eier (Größe M), 40 ml Milch (3,5 % Fett), 60 g zimmerwarmer Ziegenfrischkäse (45 % Fett i. Tr.), getrockneter Thymian und Oregano, Salz und Pfeffer, 20 g Honig, 1 EL Butter, 4 Scheiben (à 30 g) Vollkorntoastbrot

> Zubereitung wie Carb100, aber: in Schritt 2 Ziegenfrischkäse und Honig mit der Eiermasse verrühren und mit Thymian, Oregano, Salz und Pfeffer nach Geschmack würzen. Dann weiter mit Schritt 3.

Carb 200

1 Portion (385 g) liefert 595 kcal, 29 g Fett, 52 g Kohlenhydrate, 29 g Eiweiß. Die Energiedichte liegt bei 155 kcal/100 g.

> 2 Handvoll (50 g) Rucola, 200 g Cocktailtomaten, 4 Eier (Größe M), 40 ml Milch (3,5 % Fett), 75 g zimmerwarmer Ziegenfrischkäse (45 % Fett i. Tr.), getrockneter Thymian und Oregano, Salz und Pfeffer, 20 g Honig, 1 EL Butter, 6 Scheiben (à 30 g) Vollkorntoastbrot

> Zubereitung wie Carb150.

Gurkenscheiben mit Thunfischcreme

Carb 100

Für 2 Personen

1 (400 g) Gurke
Salz
150 g Thunfisch (im eigenen Saft, Dose)
1 (60 g) frisches Brötchen
100 g Frischkäse (70 % Fett i. Tr.)
20 ml Milch (3,5 % Fett)
1 EL Zitronensaft
2 TL getrocknete Kräuter der Provence
2 Frühlingszwiebeln
roter Pfeffer

1 Portion (390 g) liefert 375 kcal, 21 g Fett, 21 g Kohlenhydrate, 28 g Eiweiß. Die Energiedichte liegt bei 96 kcal/100 g.

1 Die Gurke waschen, mit einem Sparschäler schälen, quer halbieren und die Hälften längs in etwa 5 dünne Scheiben schneiden. Die Scheiben nebeneinanderlegen, mit etwas Salz bestreuen und etwa 5 Minuten ziehen lassen.

2 Den Thunfisch abtropfen lassen, übriges Wasser mit Küchenpapier herausdrücken und den Thunfisch mit einer Gabel zerpflücken. Das Brötchen zerbröckeln und mit Thunfisch, Frischkäse, Milch, Zitronensaft und Kräutern verrühren.

3 Die Frühlingszwiebeln putzen, waschen und das Grüne in feine Röllchen schneiden. Das Weiße anderweitig verwenden. Die Gurkenscheiben trocken tupfen und jeweils mit Thunfischcreme bestreichen, mit Frühlingszwiebelröllchen garnieren und nach Geschmack mit rotem Pfeffer würzen.

Carb 150

1 Portion (500 g) liefert 500 kcal, 26 g Fett, 36 g Kohlenhydrate, 30 g Eiweiß. Die Energiedichte liegt bei 100 kcal/100 g.

> 1 (500 g) Gurke, Salz, 150 g Thunfisch (im eigenen Saft, Dose), 100 g Mais (Dose), 1 (80 g) frisches Brötchen, 120 g Frischkäse (70 % Fett i. Tr.), 20 ml Milch (3,5 % Fett) , 1 EL Zitronensaft, 2 TL getrocknete Kräuter der Provence, 2 Frühlingszwiebeln, roter Pfeffer

> Zubereitung wie Carb100, aber: In Schritt 2 Thunfisch und Mais abtropfen lassen. Den Thunfisch mit Brötchen, Frischkäse, Milch, Mais, Zitronensaft und Kräutern der Provence verrühren. Dann weiter mit Schritt 3.

Carb 200

1 Portion (460 g) liefert 590 kcal, 26 g Fett, 54 g Kohlenhydrate, 30 g Eiweiß. Die Energiedichte liegt bei 96 kcal/100 g.

> 1 (500 g) Gurke, Salz, 150 g Thunfisch (im eigenen Saft, Dose), 100 g Mais (Dose), 1 (80 g) frisches Brötchen, 120 g Frischkäse (70 % Fett i. Tr.), 20 ml Milch (3,5 % Fett), 1 EL Zitronensaft, 2 TL getrocknete Kräuter der Provence, 2 Frühlingszwiebeln, roter Pfeffer, 2 Gläser (à 200 ml) Orangensaft

> Zubereitung wie Carb150, aber: nach Schritt 3 den Saft zu den Gurkenscheiben genießen.

Vollkornbrote mit Avocado-Tomaten-Mus und Bresaolaröllchen

Carb 100

Für 2 Personen

½ rote oder grüne Chilischote
150 g weiche Avocado (geschält gewogen)
200 g Tomaten
2 EL gehackte glatte Petersilie
1 EL Zitronensaft
1 TL Sesamsamen
Salz und Pfeffer
120 g Bresaola in Scheiben (luftgetrockneter Rinderschinken)
2 Scheiben (à 50 g) Vollkornbrot

1 Portion (310 g) liefert 375 kcal, 22 g Fett, 23 g Kohlenhydrate, 22 g Eiweiß. Die Energiedichte liegt bei 121 kcal/100 g.

1 Die Chilischote längs aufschneiden, putzen, waschen und klein hacken. Die Avocado halbieren und den Stein entfernen. Das Fruchtfleisch herauslösen und grob würfeln. Die Tomaten waschen und halbieren.

2 Chilischote, Avocado, Tomaten, gehackte Petersilie und Zitronensaft vermengen und mit einem Stabmixer grob pürieren. Die Sesamsamen unterheben und Creme mit Salz und Pfeffer abschmecken.

3 Die Bresaolascheiben aufrollen. Die Vollkornbrotscheiben mit dem Avocado-Tomaten-Mus bestreichen und mit den Bresaolaröllchen belegen.

Carb 150

1 Portion (365 g) liefert 515 kcal, 30 g Fett, 38 g Kohlenhydrate, 25 g Eiweiß. Die Energiedichte liegt bei 137 kcal/100 g.

> ½ rote oder grüne Chilischote, 220 g weiche Avocado (geschält gewogen), 200 g Tomaten, 2 EL gehackte glatte Petersilie, 1 EL Zitronensaft, 1 TL Sesamsamen, Salz und Pfeffer, 120 g Bresaola in Scheiben (luftgetrockneter Rinderschinken), 4 Scheiben (à 45 g) Vollkornbrot

> Zubereitung wie Carb100.

Carb 200

1 Portion (575 g) liefert 605 kcal, 31 g Fett, 59 g Kohlenhydrate, 26 g Eiweiß. Die Energiedichte liegt bei 105 kcal/100 g.

> ½ rote oder grüne Chilischote, 220 g weiche Avocado (geschält gewogen), 200 g Tomaten, 2 EL gehackte glatte Petersilie, 1 EL Zitronensaft, 1 TL Sesamsamen, Salz und Pfeffer, 100 g Bresaola in Scheiben (luftgetrockneter Rinderschinken), 4 Scheiben (à 45 g) Vollkornbrot, 2 Gläser (à 200 ml) Fruchtsaft (z. B. Apfelsaft)

> Zubereitung wie Carb100: nach Schritt 3 den Saft zu den Broten genießen.

Nussiger Minze-Melonen-Shake

Carb 100

Für 2 Personen

400 g Galiamelone
6–8 frische Minzeblätter
2 TL Zitronensaft
400 g Hüttenkäse
15 g Honig
20 g Nussmus (z. B. Mandelmus oder Haselnussmus)
100 ml Milch (3,5 % Fett)

1 Portion (470 g) liefert 400 kcal, 17 g Fett, 30 g Kohlenhydrate, 29 g Eiweiß. Die Energiedichte liegt bei 95 kcal/100 g.

1 Die Melone schälen, entkernen und würfeln.

2 Die Minze waschen und trocken tupfen.

3 Melonenwürfel, Minze, Zitronensaft, Hüttenkäse, Honig, Nussmus und Milch in einen Mixer geben und pürieren.

Carb 150

1 Portion (530 g) liefert 505 kcal, 24 g Fett, 38 g Kohlenhydrate, 31 g Eiweiß. Die Energiedichte liegt bei 95 kcal/100 g.

> 500 g Galiamelone, 6–8 frische Minzeblätter, 2 TL Zitronensaft, 400 g Hüttenkäse, 20 g Honig, 40 g Nussmus (z. B. Mandelmus oder Haselnussmus), 100 ml Milch (3,5 % Fett)
> Zubereitung wie Carb100.

Carb 200

1 Portion (655 g) liefert 605 kcal, 25 g Fett, 60 g Kohlenhydrate, 33 g Eiweiß. Die Energiedichte liegt bei 92 kcal/100 g.

> 500 g Galiamelone, 2 (à 100 g) Bananen, 6–8 frische Minzeblätter, 2 TL Zitronensaft, 400 g Hüttenkäse, 20 g Honig, 40 g Nussmus (z. B. Mandelmus oder Haselnussmus), 150 ml Milch (3,5 % Fett)
> Zubereitung wie Carb100, aber: nach Schritt 2 die Bananen schälen, klein schneiden und mit den anderen Zutaten pürieren.

Suppen

Wenn die Tage kürzer werden und die Temperaturen sinken, ist eine heiße Suppe oder ein Eintopf genau das Richtige, um wieder Energie zu tanken und sich von innen zu wärmen. Suppen und Eintöpfe sorgen für Abwechslung. Ob cremig, würzig, scharf oder fruchtig – sie tun der Seele gut und halten schlank, denn Suppen machen lange satt. Genießen Sie unsere mediterrane Suppenauswahl. Für jeden Geschmack ist etwas dabei – vegetarisch, mit Meeresfrüchten, überbacken mit Käse oder mit Fleisch.

Tomaten-Ricotta-Suppe

Carb 100

Für 2 Personen

300 g Ricotta
1 Knoblauchzehe
3 EL Olivenöl
1 EL Tomatenmark
500 g stückige Tomaten (Dose)
600 ml Gemüsebrühe
50 g Muschel-Suppennudeln
Salz und Cayennepfeffer
6 frische Basilikumblätter

1 Portion (745 g) liefert 530 kcal, 38 g Fett, 31 g Kohlenhydrate, 18 g Eiweiß. Die Energiedichte liegt bei 71 kcal/100 g.

1 Den Ricotta in eine Schüssel geben und zu einer homogenen Masse verrühren.

2 Den Knoblauch schälen. In einem Topf das Olivenöl erhitzen, den Knoblauch darin anbraten, bis er bräunlich wird. Dann den Knoblauch herausnehmen. Das Tomatenmark im verbliebenen Öl kurz anbraten. Den Ricotta hinzufügen und 2–3 Minuten mit anschwitzen.

3 Die stückigen Tomaten und die Gemüsebrühe dazugießen und aufkochen. Die Nudeln hinzufügen. Mit Salz und Cayennepfeffer nach Geschmack würzen. Dann die Suppe bei kleiner Hitze 10 Minuten köcheln lassen.

4 Die Basilikumblätter waschen, trocken tupfen und in Streifen schneiden. Die Suppe anrichten und mit Basilikum bestreuen.

Carb 150

1 Portion (850 g) liefert 695 kcal, 47 g Fett, 47 g Kohlenhydrate, 22 g Eiweiß. Die Energiedichte liegt bei 82 kcal/100 g.

> 350 g Ricotta, 1 Knoblauchzehe, 4 EL Olivenöl, 1 EL Tomatenmark, 500 g stückige Tomaten (Dose), 700 ml Gemüsebrühe, 90 g Muschel-Suppennudeln, Salz und Cayennepfeffer, 6 frische Basilikumblätter
> Zubereitung wie Carb100.

Carb 200

1 Portion (1040 g) liefert 830 kcal, 52 g Fett, 63 g Kohlenhydrate, 27 g Eiweiß. Die Energiedichte liegt bei 80 kcal/100 g.

> 400 g Ricotta, 1 Knoblauchzehe, 4 EL Olivenöl, 1 EL Tomatenmark, 500 g stückige Tomaten (Dose), 1 l Gemüsebrühe, 130 g Muschel-Suppennudeln, Salz und Cayennepfeffer, 6 frische Basilikumblätter
> Zubereitung wie Carb100.

Scharfer Bohneneintopf mit Chorizo

Carb 100

Für 2 Personen

1 kleine rote Zwiebel
1 Knoblauchzehe
1 scharfe rote Chilischote
150 g rote Paprikaschoten
1 Stange (100 g) Staudensellerie
250 g dicke weiße Bohnen (Dose)
100 g Chorizowurst am Stück
4 EL Olivenöl
1 Lorbeerblatt
3 EL Tomatenmark
300 ml heißes Wasser
200 g passierte Tomaten
25 g Naturreis
1 TL getrocknete Kräuter (z. B. Thymian, Oregano)
Salz und Cayennepfeffer

1 Portion (620 g) liefert 555 kcal, 37 g Fett, 35 g Kohlenhydrate, 21 g Eiweiß. Die Energiedichte liegt bei 90 kcal/100 g.

1 Zwiebel und Knoblauch schälen. Die Zwiebel in Ringe schneiden, den Knoblauch fein hacken. Die Chilischote längs aufschneiden, putzen, waschen und fein hacken.

2 Die Paprikaschoten halbieren, entkernen, waschen und klein würfeln. Den Staudensellerie putzen, waschen und in Stücke schneiden. Die Bohnen in ein Sieb abgießen. Die Chorizowurst enthäuten und in Scheiben schneiden.

3 In einem Topf das Olivenöl erhitzen. Chorizo, Zwiebel, Chili und Knoblauch darin 5–7 Minuten anbraten. Dann Paprika, Staudensellerie und Lorbeerblatt hinzufügen und kurz mitbraten. Das Tomatenmark dazugeben und unter Rühren 1 Minute mitbraten.

4 Mit 300 ml heißem Wasser und passierten Tomaten ablöschen. Den Reis hinzufügen. Mit den getrockneten Kräutern, Salz und Cayennepfeffer würzen. Die Suppe bei kleiner Hitze 15–20 Minuten köcheln lassen. Dann die Bohnen dazugeben und weitere 2–3 Minuten köcheln lassen.

Carb 150

1 Portion (755 g) liefert 745 kcal, 45 g Fett, 55 g Kohlenhydrate, 29 g Eiweiß. Die Energiedichte liegt bei 97 kcal/100 g.

> 1 kleine rote Zwiebel, 1 Knoblauchzehe, 1 scharfe rote Chilischote, 200 g rote Paprikaschoten, 1 Stange (100 g) Staudensellerie, 300 g dicke weiße Bohnen (Dose), 150 g Chorizowurst am Stück, 4 EL Olivenöl, 1 Lorbeerblatt, 3 EL Tomatenmark, 400 ml heißes Wasser, 250 g passierte Tomaten, 60 g Naturreis, 1 TL getrocknete Kräuter (z. B. Thymian, Oregano), Salz und Cayennepfeffer
> Zubereitung wie Carb100.

Carb 200

1 Portion (855 g) liefert 830 kcal, 50 g Fett, 63 g Kohlenhydrate, 31 g Eiweiß. Die Energiedichte liegt bei 97 kcal/100 g.

> 1 kleine rote Zwiebel, 1 Knoblauchzehe, 1 scharfe rote Chilischote, 200 g rote Paprikaschoten, 1 Stange (100 g) Staudensellerie, 400 g dicke weiße Bohnen (Dose), 150 g Chorizowurst am Stück, 5 EL Olivenöl, 1 Lorbeerblatt, 3 EL Tomatenmark, 400 ml heißes Wasser, 250 g passierte Tomaten, 70 g Naturreis, 1 TL getrocknete Kräuter (z. B. Thymian, Oregano), Salz und Cayennepfeffer
> Zubereitung siehe Carb100.

Erbsensuppe mit Minze und Käsecrackern

Carb 100

Für 2 Personen

1 (100 g) Zwiebel
2 EL Olivenöl
500 ml Gemüsebrühe
400 g TK-Erbsen
3 Stiele frische Minze
80 ml Sahne
Salz und Cayennepfeffer
60 g geriebener Käse (z. B. Parmesan)

1 Portion (595 g) liefert 545 kcal, 34 g Fett, 29 g Kohlenhydrate, 24 g Eiweiß. Die Energiedichte liegt bei 92 kcal/100 g.

1 Den Backofen auf 200 °C (Umluft 180 °C) vorheizen. Ein Backblech mit Backpapier auslegen.

2 Die Zwiebel abziehen und klein schneiden. In einem hohen Topf Olivenöl erhitzen und die Zwiebel darin 1 Minute andünsten. Mit Gemüsebrühe ablöschen.

3 Die unaufgetauten Erbsen hinzufügen, alles aufkochen und 10 Minuten köcheln lassen. Die Minze waschen und trocken schütteln, die Blätter abzupfen. Einige Blätter beiseitelegen und den Rest in die Suppe geben.

4 Die Sahne unterrühren, die Suppe mit einem Stabmixer pürieren. Mit Salz und Cayennepfeffer nach Geschmack würzen und 5–7 Minuten köcheln lassen.

5 Inzwischen für 10 Cracker jeweils 1 schwach gehäuften Esslöffel Käse auf das Blech geben und rund formen. Im Ofen (Mitte) 3–4 Minuten backen, bis der Käse zerlaufen und goldgelb ist. Die Cracker auf Küchenpapier entfetten und abkühlen lassen. Die Suppe anrichten und mit Minze garnieren. Die Cracker dazu reichen.

Carb 150 mit Käsemakronen

1 Portion (705 g) liefert 710 kcal, 46 g Fett, 39 g Kohlenhydrate, 34 g Eiweiß. Die Energiedichte liegt bei 100 kcal/100 g.

> 1 (100 g) Zwiebel, 2 EL Olivenöl, 500 ml Gemüsebrühe, 500 g TK-Erbsen, 3 Stiele frische Minze, 120 g Sahne, Salz und Cayennepfeffer, 75 g geriebener Käse (z. B. Parmesan), 1 Ei (Größe M), 20 g Mehl
> Zubereitung wie Carb100, aber: In Schritt 5 vor dem Formen das Ei verquirlen, Käse und Mehl untermengen. 10 Teighäufchen auf das Backblech setzen und im Ofen (Mitte) 10 Minuten backen, bis sie zerlaufen und leicht goldgelb sind. Die Makronen abkühlen lassen.

Carb 200 mit Käsemakronen

1 Portion (710 g) liefert 805 kcal, 35 g Fett, 57 g Kohlenhydrate, 38 g Eiweiß. Die Energiedichte liegt bei 113 kcal/100 g.

> 1 (100 g) Zwiebel, 2 EL Olivenöl, 600 ml Gemüsebrühe, 600 g Erbsen (tiefgefroren), 3 Stiele frische Minze, 120 g Sahne, Salz und Cayennepfeffer, 100 g geriebener Käse (z. B. Parmesan), 1 Ei (Größe M), 40 g Mehl
> Zubereitung wie Carb150.

Spanische Muschelsuppe

Carb 100

Für 2 Personen

500 g frische Miesmuscheln
1 Schalotte, 1 Knoblauchzehe
1 Stange Lauch, 1 (100 g) Möhre
3 EL Olivenöl
500 ml Fischfond (Glas)
200 ml trockener Weißwein (oder Wasser mit 1 TL Zitronensaft)
30 ml Sahne
¼ TL Safranfäden
500 ml Gemüsebrühe
Salz, schwarzer Pfeffer aus der Mühle
2 EL gehackte glatte Petersilie
2 Scheiben (à 30 g) Fladenbrot

1 Portion (750 g) liefert 555 kcal, 27 g Fett, 31 g Kohlenhydrate, 30 g Eiweiß, 10 g Alkohol. Die Energiedichte liegt bei 74 kcal/100 g.

1 Die Muscheln unter fließend kaltem Wasser waschen, Bärte herausziehen, ein weiteres Mal unter fließend kaltem Wasser waschen und geöffnete Muscheln aussortieren.

2 Schalotte und Knoblauch abziehen und fein würfeln. Den Lauch putzen und in Ringe schneiden, die Ringe in einem Sieb waschen. Die Möhre putzen, schälen und sehr fein würfeln.

3 In einem hohen Topf 1 EL Olivenöl erhitzen. Schalotte, Knoblauch, Lauchringe und Möhrenwürfel darin kurz anbraten. Mit Fischfond, Weißwein und Sahne ablöschen, alles aufkochen und mit Safran würzen.

4 Das restliche Olivenöl in einem weiteren hohen Topf erhitzen, die Muscheln darin kurz wenden. Gemüsebrühe dazugießen und aufkochen, mit Salz und Pfeffer würzen und zugedeckt bei kleiner Hitze 8 Minuten kochen lassen. Die geöffneten Miesmuscheln mit einer Schaumkelle aus dem Sud nehmen und aus der Schale lösen. Geschlossene Muscheln aussortieren und wegwerfen! Das Muschelfleisch in die Suppe geben und alles kurz aufkochen.

5 Die Suppe mit Salz und Pfeffer abschmecken, anrichten, mit gehackter Petersilie bestreuen und mit Fladenbrot servieren.

Carb 150

1 Portion (890 g) liefert 725 kcal, 38 g Fett, 40 g Kohlenhydrate, 37 g Eiweiß, 10 g Alkohol. Die Energiedichte liegt bei 81 kcal/100 g.

> 600 g frische Miesmuscheln, 1 Schalotte, 1 Knoblauchzehe, 1 Stange Lauch, 1 (100 g) Möhre, 3 EL Olivenöl, 500 ml Fischfond (Glas), 200 ml trockener Weißwein (oder Wasser mit 1 TL Zitronensaft), 100 g Sahne, ¼ TL Safranfäden, 500 ml Gemüsebrühe, Salz, schwarzer Pfeffer aus der Mühle, 2 EL gehackte glatte Petersilie, 2 Scheiben (à 45 g) Fladenbrot
> Zubereitung wie Carb100.

Carb 200

1 Portion (980 g) liefert 845 kcal, 46 g Fett, 56 g Kohlenhydrate, 39 g Eiweiß, 10 g Alkohol. Die Energiedichte liegt bei 86 kcal/100 g.

> 600 g frische Miesmuscheln, 1 Schalotte, 1 Knoblauchzehe, 1 Stange Lauch, 2 (à 100 g) Möhren, 3 EL Olivenöl, 500 ml Fischfond (Glas), 200 ml trockener Weißwein (oder Wasser mit 1 TL Zitronensaft), 150 g Sahne, ¼ TL Safranfäden, 500 ml Gemüsebrühe, Salz, schwarzer Pfeffer aus der Mühle, 2 EL gehackte glatte Petersilie, 4 Scheiben (à 30 g) Fladenbrot
> Zubereitung wie Carb100.

Mediterraner Rindfleischeintopf

Carb 100

Für 2 Personen

1 (150 g) rote Paprikaschote
1 (150 g) Möhre
½ (200 g) Aubergine
150 g grüne Bohnen
2 Frühlingszwiebeln
1 (100 g) Kartoffel
½ scharfe rote Chilischote
1 Knoblauchzehe
300 g Suppenfleisch (Rind)
3 EL Olivenöl
1 kleiner Suppenknochen
150 g Tomatenmark
750 ml heißes Wasser
Salz und Pfeffer
2 TL getrocknete italienische Kräuter
2 EL gehackte glatte Petersilie

1 Portion (1000 g) liefert 600 kcal, 32 g Fett, 35 g Kohlenhydrate, 42 g Eiweiß. Die Energiedichte liegt bei 60 kcal/100 g.

1 Paprikaschote, Möhre, Aubergine und Bohnen waschen. Paprikaschote halbieren und entkernen. Möhre putzen und schälen. Frühlingszwiebeln putzen, waschen und in Ringe schneiden. Die Bohnen putzen und halbieren. Die Kartoffel schälen. Gemüse in mundgerechte Stücke schneiden. Die Chilischote längs aufschneiden, putzen, waschen und in feine Streifen schneiden. Den Knoblauch abziehen und fein hacken.

2 Das Fleisch kalt abbrausen, trocken tupfen und in 3–4 cm große Stücke schneiden. In einem hohen Topf die Hälfte des Olivenöls erhitzen, Knoblauch, Chili und Gemüse darin 2–3 Minuten anbraten, dann herausnehmen. Restliches Öl in denselben Topf geben und erhitzen, Fleisch und Knochen darin rundum 2–3 Minuten scharf anbraten.

3 Das Gemüse hinzufügen. Das Tomatenmark unterrühren und alles unter Rühren 2–3 Minuten anbraten. Mit 750 ml heißem Wasser ablöschen und aufkochen. Mit Salz, Pfeffer und getrockneten Kräutern würzen.

4 Den Eintopf bei kleiner Hitze unter gelegentlichem Umrühren 2–3 Stunden köcheln lassen. Bei Bedarf zwischendurch etwas Wasser hinzufügen. Vor dem Servieren die Petersilie unterrühren.

Carb 150

1 Portion (1200 g) liefert 740 kcal, 39 g Fett, 46 g Kohlenhydrate, 49 g Eiweiß. Die Energiedichte liegt bei 62 kcal/100 g.

> 1 (150 g) rote Paprikaschote, 1 (150 g) Möhre, ½ (200 g) Aubergine, 150 g grüne Bohnen, 2 Frühlingszwiebeln, 250 g Kartoffeln, ½ scharfe rote Chilischote, 1 Knoblauchzehe, 350 g Suppenfleisch (Rind), 4 EL Olivenöl, 1 kleiner Suppenknochen, 200 g Tomatenmark, 1 l heißes Wasser, Salz und Pfeffer, 2 TL getrocknete italienische Kräuter, 2 EL gehackte glatte Petersilie

> Zubereitung wie Carb100.

Carb 200

1 Portion (1250 g) liefert 840 kcal, 42 g Fett, 57 g Kohlenhydrate, 56 g Eiweiß. Die Energiedichte liegt bei 67 kcal/100 g.

> 1 (150 g) rote Paprikaschote, 1 (150 g) Möhre, ½ (200 g) Aubergine, 150 g grüne Bohnen, 2 Frühlingszwiebeln, 400 g Kartoffeln, ½ scharfe rote Chilischote, 1 Knoblauchzehe, 400 g Suppenfleisch (Rind), 4 EL Olivenöl, 1 kleiner Suppenknochen, 200 g Tomatenmark, 1 l heißes Wasser, Salz und Pfeffer, 2 TL getrocknete italienische Kräuter, 2 EL gehackte glatte Petersilie

> Zubereitung wie Carb100.

Nussige Brokkolicremesuppe mit Gorgonzola und Cranberrys

Carb 100

Für 2 Personen

50 g Gorgonzola
600 g Brokkoli
1 Knoblauchzehe
½ rote Chilischote
2 EL Olivenöl
600 ml Gemüsebrühe
100 ml Sahne
50 ml Milch (3,5 % Fett)
Salz und Pfeffer
15 g Cashewnüsse
25 g Cranberrys

1 Portion (730 g) liefert 550 kcal, 42 g Fett, 25 g Kohlenhydrate, 19 g Eiweiß. Die Energiedichte liegt bei 75 kcal/100 g.

1 Den Gorgonzola klein würfeln. Den Brokkoli waschen, putzen und in Röschen teilen. Den Knoblauch abziehen und vierteln. Die Chilischote längs aufschneiden, putzen, waschen und klein hacken.

2 In einem Topf das Olivenöl erhitzen. Knoblauch, Chili und Brokkoli darin 2 Minuten andünsten. Dann die Hälfte von dem Gorgonzola hinzufügen und so lange dünsten, bis der Käse zerlaufen ist.

3 Mit der Gemüsebrühe ablöschen, aufkochen und den Brokkoli bei kleiner Hitze in 10–15 Minuten weich garen. Anschließend die Suppe mit einem Stabmixer sehr fein pürieren.

4 Sahne und Milch hinzufügen, mit Salz und Pfeffer nach Geschmack würzen, aufkochen und 10 Minuten köcheln lassen.

5 Inzwischen die Nüsse in einer Pfanne ohne Fett anrösten. Die Suppe anrichten, Nüsse, restliche Gorgonzolawürfel und Cranberrys darauf verteilen.

Carb 150

1 Portion (800 g) liefert 700 kcal, 52 g Fett, 36 g Kohlenhydrate, 22 g Eiweiß. Die Energiedichte liegt bei 88 kcal/100 g.

> 1 (100 g) Kartoffel, 60 g Gorgonzola, 600 g Brokkoli, 1 Knoblauchzehe, ½ rote Chilischote, 3 EL Olivenöl, 600 ml Gemüsebrühe, 100 g Sahne, 50 ml Milch (3,5 % Fett), Salz und Pfeffer, 30 g Cashewnüsse, 30 g Cranberrys
> Zubereitung wie Carb100, aber: vor dem ersten Schritt die Kartoffel schälen und vierteln. Dann weiter mit Schritt 1. In Schritt 3 die Kartoffelstücke zur Suppe geben und mitgaren.

Carb 200

1 Portion (850 g) liefert 850 kcal, 57 g Fett, 57 g Kohlenhydrate, 27 g Eiweiß. Die Energiedichte liegt bei 100 kcal/100 g.

> 1 (100 g) Kartoffel, 80 g Gorgonzola, 600 g Brokkoli, 1 Knoblauchzehe, ½ rote Chilischote, 3 EL Olivenöl, 600 ml Gemüsebrühe, 100 g Sahne, 50 ml Milch (3,5 % Fett), Salz und Pfeffer, 30 g Cashewnüsse, 30 g Cranberrys, 2 Scheiben (à 40 g) Baguette
> Zubereitung wie Carb150, aber: in Schritt 5 die Baguettescheiben toasten und zur Suppe genießen.

Salate

Die Basis einer gesunden und schlank machenden Ernährung sind wasser- und ballaststoffreiche Lebensmittel. Hierzu gehören auch Salate. Ihr großes Nahrungsvolumen sorgt im Magen dafür, dass Sättigungssignale an das Gehirn gesendet werden. Neben dem hohen Nahrungsvolumen liefern unsere Salatrezepte auch reichlich Eiweiß. Studien haben gezeigt, dass ein hoher Wasser-, Ballaststoff- sowie Eiweißanteil in einer Mahlzeit die Nahrungs- und Kalorienaufnahme in der darauffolgenden Mahlzeit senkt. Also greifen Sie zu!

Auberginensalat mit Granatapfel und Feta

Carb 100

Für 2 Personen

3 ½ EL Olivenöl und etwas zum Bestreichen
2 (ca. 800 g) Auberginen
Salz
schwarzer Pfeffer aus der Mühle
2 (ca. 60 g) Frühlingszwiebeln
1 (ca. 200 g) Granatapfel
1 Bund glatte Petersilie
50 g schwarze Oliven (in Wasser eingelegt, ohne Stein)
180 g Feta
1 Zitrone
1 Knoblauchzehe

1 Portion (700 g) liefert 595 kcal, 40 g Fett, 34 g Kohlenhydrate, 23 g Eiweiß. Die Energiedichte liegt bei 85 kcal/100 g.

1 Den Backofen auf 200 °C (Umluft 180 °C) vorheizen. Ein Backblech mit Alufolie auslegen und mit etwas Öl bestreichen.

2 Die Auberginen waschen, längs in ca. 1 cm dicke Scheiben schneiden auf das Blech legen. Mit Salz und Pfeffer würzen. Im Ofen (oben) 10–15 Minuten backen. Zwischendurch die Scheiben einmal wenden.

3 Inzwischen die Frühlingszwiebeln putzen, waschen und in feine Ringe schneiden. Den Granatapfel halbieren, mit den Fingern und unter fließend kaltem Wasser in kleinere Stücke brechen und die Kerne herauslösen. Die Petersilie waschen und trocken schütteln, die Blätter abzupfen und fein hacken. Die Oliven abtropfen lassen und in Scheiben schneiden. Den Feta mit einer Gabel zerbröckeln

4 Für das Dressing den Saft der Zitrone auspressen. Den Knoblauch abziehen und zum Zitronensaft pressen, beides mit dem Olivenöl verrühren.

5 Die Auberginenscheiben in mundgerechte Stücke schneiden und mit Frühlingszwiebeln, Granatapfelkernen, Oliven und Petersilie in einer Schüssel vermengen. Alles mit dem Dressing mischen, mit Salz und Pfeffer würzen und 10 Minuten ziehen lassen. Den Salat auf zwei Tellern anrichten und jeweils mit der Hälfte des Fetas bestreuen.

>>

Carb 150 mit Couscous

1 Portion (750 g) liefert 740 kcal, 45 g Fett, 54 g Kohlenhydrate, 28 g Eiweiß. Die Energiedichte liegt bei 99 kcal/100 g.

> 120 ml Wasser, Salz, 60 g Couscous (ungekocht), 2 (ca. 800 g) Auberginen, schwarzer Pfeffer aus der Mühle, 2 (ca. 60 g) Frühlingszwiebeln, 1 (ca. 200 g) Granatapfel, 1 Bund glatte Petersilie, 50 g schwarze Oliven (in Wasser eingelegt, ohne Stein), 200 g Feta, 1 Zitrone, 1 Knoblauchzehe, 4 EL Olivenöl

> Zubereitung wie Carb100, aber: nach Schritt 1 120 ml Wasser mit etwas Salz aufkochen und vom Herd nehmen. Den Couscous einrühren und 10 Minuten quellen, dann abkühlen lassen. Den Couscous mit einer Gabel auflockern und in Schritt 5 mit den anderen Zutaten vermengen.

Carb 200 mit Couscous

1 Portion (850 g) liefert 870 kcal, 53 g Fett, 65 g Kohlenhydrate, 30 g Eiweiß. Die Energiedichte liegt bei 102 kcal/100 g.

> 180 ml Wasser, Salz, 90 g Couscous (ungekocht), 2 (ca. 800 g) Auberginen, schwarzer Pfeffer aus der Mühle, 2 (ca. 60 g) Frühlingszwiebeln, 1 (ca. 200 g) Granatapfel, 1 Bund glatte Petersilie, 100 g schwarze Oliven (im eigenen Saft, ohne Stein), 200 g Feta, 1 Zitrone, 1 Knoblauchzehe, 5 EL Olivenöl

> Zubereitung wie Carb 100, aber: nach Schritt 1 180 ml Wasser mit etwas Salz aufkochen und vom Herd nehmen. Den Couscous einrühren und 10 Minuten quellen und dann abkühlen lassen. Den Couscous mit einer Gabel auflockern und in Schritt 5 mit den anderen Zutaten vermengen.

Burrata Caprese mit Kräutercrostini

Carb 100

Für 2 Personen

500 g aromatische Strauchtomaten
50 g Rucola
150 g Burrata (alternativ Büffelmozzarella)
4–5 frische Basilikumblätter
60 g Parmaschinken in Scheiben
4 EL Olivenöl
Salz und grober schwarzer Pfeffer
2 EL Aceto balsamico (hell)
½ Knoblauchzehe
2 Scheiben (à 30 g) Ciabatta
½ TL getrockneter Oregano
Meersalz

1 Portion (440 g) liefert 600 kcal, 44 g Fett, 25 g Kohlenhydrate, 27 g Eiweiß. Die Energiedichte liegt bei 136 kcal/100 g.

1 Die Tomaten waschen und vierteln. Den Rucola verlesen, waschen und trocken schütteln. Den Burrata-Käse abtropfen lassen und halbieren. Die Basilikumblätter waschen, trocken tupfen und grob hacken. Den Parmaschinken in Streifen schneiden.

2 Den Rucola auf zwei Tellern anrichten. Jeweils die Hälfte von dem Burrata in die Mitte legen. Tomaten, Parmaschinken und Basilikum darauf verteilen.

3 4 EL Olivenöl über den Salat träufeln, den Salat mit Salz und grobem Pfeffer würzen. Mit dem Essig beträufeln.

4 Den Knoblauch abziehen und die Ciabattascheiben damit einreiben. Die Ciabattascheiben toasten, mit Oregano und Meersalz nach Geschmack würzen und mit der Caprese genießen.

Carb 150

1 Portion (525 g) liefert 780 kcal, 50 g Fett, 51 g Kohlenhydrate, 31 g Eiweiß. Die Energiedichte liegt bei 147 kcal/100 g.

> 600 g aromatische Strauchtomaten, 50 g Rucola, 150 g Burrata (alternativ Büffelmozzarella), 4–5 frische Basilikumblätter, 60 g Parmaschinken in Scheiben, 5 EL Olivenöl, Salz und grober schwarzer Pfeffer, 2 EL Aceto balsamico (hell), ½ Knoblauchzehe, 4 Scheiben (à 40 g) Ciabatta, ½ TL getrockneter Oregano, Meersalz
> Zubereitung wie Carb 100, aber: in Schritt 4 die Ciabattascheiben nach dem Toasten mit 1 EL Olivenöl beträufeln, mit Oregano und Meersalz würzen und mit der Caprese genießen.

Carb 200

1 Portion (630 g) liefert 905 kcal, 58 g Fett, 51 g Kohlenhydrate, 37 g Eiweiß. Die Energiedichte liegt bei 143 kcal/100 g.

> 700 g aromatische Strauchtomaten, 50 g Rucola, 200 g Burrata (alternativ Büffelmozzarella), 4–5 frische Basilikumblätter, 60 g Parmaschinken in Scheiben, 5 ½ EL Olivenöl, Salz und grober schwarzer Pfeffer, 2 EL Aceto balsamico (hell), ½ Knoblauchzehe, 6 Scheiben (à 30 g) Ciabatta, ½ TL getrockneter Oregano, Meersalz
> Zubereitung wie Carb 100, aber: in Schritt 4 die Ciabattascheiben nach dem Toasten mit 1 ½ EL Olivenöl beträufeln, mit Oregano und Meersalz würzen und mit der Caprese genießen.

Wassermelonen-Gurken-Salat mit Ziegenkäse

Carb 100

Für 2 Personen

30 g Pinienkerne
2 Frühlingszwiebeln
500 g Wassermelone
400 g Gurke
125 g Ziegenkäserolle
50 g schwarze Oliven (in Wasser eingelegt, ohne Stein)
2 Zweige Thymian
1 Bio-Zitrone
5 g Honig
2 EL Olivenöl
Salz
schwarzer Pfeffer aus der Mühle

1 Portion (640 g) liefert 595 kcal, 42 g Fett, 33 g Kohlenhydrate, 20 g Eiweiß. Die Energiedichte liegt bei 93 kcal/100 g.

1 Die Pinienkerne in einer kleinen Pfanne ohne Fett goldgelb anrösten, dann abkühlen lassen.

2 Die Frühlingszwiebeln putzen, waschen und in feine Ringe schneiden. Die Melone schälen, entkernen und das Fruchtfleisch in mundgerechte Stücke schneiden. Die Gurke schälen und ebenfalls in mundgerechte Stücke schneiden. Den Ziegenkäse klein würfeln. Die Oliven abtropfen lassen. Alle Zutaten in eine Schüssel geben und vermengen.

3 Für das Dressing den Thymian waschen und trocken tupfen, die Blättchen abzupfen. Die Zitrone heiß waschen und abtrocknen, die Schale abreiben und den Saft auspressen.

4 In einem Vinaigretteshaker oder Schraubglas Zitronenschale, Zitronensaft, Honig, Thymian Olivenöl und etwas Salz kräftig schütteln und das Dressing mit dem Salat mischen. Den Salat nach Geschmack mit Salz und Pfeffer würzen.

Carb 150 mit Vollkornbaguette

1 Portion (770 g) liefert 800 kcal, 51 g Fett, 55 g Kohlenhydrate, 30 g Eiweiß. Die Energiedichte liegt bei 103 kcal/100 g.

> 30 g Pinienkerne, 3 Frühlingszwiebeln, 600 g Wassermelone, 400 g Gurke, 200 g Ziegenkäserolle, 50 g schwarze Oliven (in Wasser eingelegt, ohne Stein), 2 Zweige Thymian, 1 Bio-Zitrone, 10 g Honig, 3 EL Olivenöl, Salz, schwarzer Pfeffer aus der Mühle, 2 Scheiben (à 30 g) Vollkornbaguette

> Zubereitung wie Carb100, aber: Dden Salat mit Baguette genießen.

Carb 200 mit Vollkornbaguette

1 Portion (790 g) liefert 895 kcal, 56 g Fett, 65 g Kohlenhydrate, 31 g Eiweiß. Die Energiedichte liegt bei 113 kcal/100 g.

> 30 g Pinienkerne, 3 Frühlingszwiebeln, 600 g Wassermelone, 400 g Gurke, 200 g Ziegenkäserolle, 50 g schwarze Oliven (in Wasser eingelegt, ohne Stein), 2 Zweige Thymian, 1 Bio-Zitrone, 15 g Honig, 4 EL Olivenöl, Salz, schwarzer Pfeffer aus der Mühle, 2 Scheiben (à 45 g) Vollkornbaguette

> Zubereitung wie Carb100, aber: den Salat mit Baguette genießen.

Gurken-Provolone-Salat mit getrockneten Tomaten und Mandeln

Carb 100

Für 2 Personen

600 g Gurken
150 g Provolone-Käse (dolce)
40 g getrocknete Tomaten (in Öl eingelegt)
30 g gesalzene, geröstete Mandeln (oder Rauchmandeln)
40 g Buttermilch
½ Zitrone
2 Zweige Thymian
2 TL Olivenöl
15 g Honig
Salz und Pfeffer
50 g Toastbrot
5 g Butter

1 Portion (495 g) liefert 600 kcal, 42 g Fett, 29 g Kohlenhydrate, 27 g Eiweiß. Die Energiedichte liegt bei 121 kcal/100 g.

1 Die Gurken schälen und in ca. 1 cm dicke Würfel schneiden. Den Provolone-Käse ebenfalls ca. 1 cm groß würfeln.

2 Die getrockneten Tomaten abtropfen lassen und in Streifen schneiden. Gurkenwürfel, Tomatenstreifen, Käsewürfel und Mandeln in eine Schüssel geben und vermengen.

3 Für das Dressing die Buttermilch in eine Schüssel geben. Den Saft der Zitrone auspressen. Den Thymian waschen und trocken tupfen, die Blätter abzupfen. Das Olivenöl mit einem Schneebesen unter die Buttermilch schlagen. Zitronensaft, Honig, Thymian und 1 Prise Salz unterrühren. Das Dressing mit dem Salat mischen. Den Salat nach Geschmack mit Salz und Pfeffer würzen.

4 Das Toastbrot entrinden und in ca. 2 cm große Würfel schneiden. Die Butter in einer Pfanne zerlassen, die Brotwürfel darin goldgelb rösten und über den Salat streuen.

Carb 150

1 Portion (540 g) liefert 780 kcal, 56 g Fett, 39 g Kohlenhydrate, 31 g Eiweiß. Die Energiedichte liegt bei 144 kcal/100 g.

> 600 g Gurken, 150 g Provolone-Käse (dolce), 50 g getrocknete Tomaten (in Öl eingelegt), 40 g gesalzene, geröstete Mandeln (oder Rauchmandeln), 40 g Buttermilch, 1 Zitrone, 2 Zweige Thymian, 2 EL Olivenöl, 20 g Honig, Salz und Pfeffer, 80 g Toastbrot, 20 g Butter
> Zubereitung wie Carb100.

Carb 200

1 Portion (610 g) liefert 895 kcal, 59 g Fett, 56 g Kohlenhydrate, 33 g Eiweiß. Die Energiedichte liegt bei 147 kcal/100 g.

> 60 g Mais (Dose), 600 g Gurken, 150 g Provolone-Käse (dolce), 50 g getrocknete Tomaten (in Öl eingelegt), 40 g gesalzene, geröstete Mandeln (oder Rauchmandeln), 40 g Buttermilch, 1 Zitrone, 2 Zweige Thymian, 2 EL Olivenöl, 20 g Honig, Salz und Pfeffer, 120 g Toastbrot, 20 g Butter
> Zubereitung wie Carb100, aber: in Schritt 2 den Mais abtropfen lassen und mit den anderen Zutaten in eine Schüssel geben.

Orangen-Rote-Bete-Salat mit Gorgonzola und Walnüssen

Carb 100

Für 2 Personen

15 g Honig
40 g Walnüsse
2 (à 150 g) Orangen
300 g Rote Beten (gekocht, vakuumverpackt)
200 g Chicorée
70 g Gorgonzola
3 EL Olivenöl
2 EL Aceto balsamico (hell)
Salz

1 Portion (485 g) liefert 555 kcal, 39 g Fett, 35 g Kohlenhydrate, 15 g Eiweiß. Die Energiedichte liegt bei 86 kcal/100 g.

1 In einem kleinen Topf den Honig zerlassen und die Nüsse darin karamellisieren. Die Nüsse erkalten lassen und klein hacken.

2 Die Orangen schälen, weiße Haut entfernen und Orange quer in Scheiben schneiden. Die Roten Beten waschen und in Scheiben schneiden (am besten mit Einmalhandschuhen). Den Chicorée putzen, quer in ca. 1 cm breite Streifen schneiden, waschen und abtropfen lassen.

3 Den Gorgonzola in ca. 1 cm große Würfel schneiden. Alle Zutaten in eine Schüssel geben. Olivenöl und Essig verrühren, den Salat damit anmachen und nach Geschmack mit Salz würzen.

Carb 150 mit Datteln

1 Portion (670 g) liefert 775 kcal, 52 g Fett, 54 g Kohlenhydrate, 20 g Eiweiß. Die Energiedichte liegt bei 116 kcal/100 g.

> 20 g Honig, 50 g Walnüsse, 25 g getrocknete Datteln, 2 (à 200 g) Orangen, 400 g Rote Beten (gekocht, vakuumverpackt), 300 g Chicorée, 100 g Gorgonzola, 4 EL Olivenöl, 2 EL Aceto balsamico (hell), Salz

> Zubereitung wie Carb100, aber: in Schritt 2 die Datteln längs vierteln und in Schritt 3 mit den anderen Zutaten in eine Schüssel geben.

Carb 200 mit Datteln

1 Portion (795 g) liefert 875 kcal, 56 g Fett, 65 g Kohlenhydrate, 24 g Eiweiß. Die Energiedichte liegt bei 110 kcal/100 g.

> 20 g Honig, 50 g Walnüsse, 25 g getrocknete Datteln, 2 (à 250 g) Orangen, 500 g Rote Beten (gekocht, vakuumverpackt), 300 g Chicorée, 125 g Gorgonzola, 4 EL Olivenöl, 2 EL Aceto balsamico (hell), Salz

> Zubereitung wie Carb100, aber: in Schritt 2 die Datteln längs vierteln und in Schritt 3 mit den anderen Zutaten in eine Schüssel geben.

Thunfisch-Bohnen-Salat mit Tomaten-Vinaigrette und Bruschetta

Carb 100

Für 2 Personen

Salz
500 g grüne Bohnen (tiefgekühlt oder frisch)
300 g Thunfisch (im eigenen Saft, Dose)
6 Kapernäpfel (Glas)
1 rote Zwiebel
12 getrocknete Tomaten (in Öl eingelegt)
2 EL Aceto balsamico (dunkel)
3 EL Tomatenmark
2 EL Tomatensaft
3 EL Olivenöl
Cayennepfeffer
20 g Pinienkerne
20 g geriebener Parmesan
1–2 EL getrockneter Thymian
2 Scheiben (à 30 g) Baguette

1 Portion (590 g) liefert 490 kcal, 19 g Fett, 20 g Kohlenhydrate, 58 g Eiweiß. Die Energiedichte liegt bei 83 kcal/100 g.

1 Salzwasser in einem Topf aufkochen. Die unaufgetauten Bohnen darin 10–12 Minuten garen, dann herausnehmen, kalt abschrecken und abkühlen lassen. Frische Bohnen zuvor waschen und putzen.

2 Thunfisch und Kapernäpfel abtropfen lassen. Den Thunfisch mit einer Gabel zerpflücken. Die Kapern in Scheiben schneiden. Die Zwiebel abziehen und in feine Ringe schneiden. Die getrockneten Tomaten abtropfen lassen und 6 davon in Streifen schneiden. Bohnen, Thunfisch, Kapern, Zwiebel und Tomaten in einer Schüssel vermengen.

3 Für das Dressing den Essig mit 1 Prise Salz, 1 EL Tomatenmark und Tomatensaft verrühren. 2 EL Olivenöl unterrühren. Die Tomaten-Vinaigrette über die Bohnen träufeln. Den Salat nach Geschmack mit Salz und Cayennepfeffer würzen und 10 Minuten ziehen lassen.

4 Den Backofen auf 180–200 °C (Ober-/Unterhitze) vorheizen. Inzwischen für die Bruschetta die restlichen getrockneten Tomaten grob hacken. Die Pinienkerne in einer kleinen Pfanne ohne Fett anrösten. Die gehackten Tomaten mit Pinienkernen, Parmesan, dem restlichen Tomatenmark und dem restlichen Olivenöl mit einem Stabmixer pürieren. Mit Thymian, Salz und Pfeffer würzen.

5 Die Baguettescheiben mit Tomatenpesto bestreichen und im Ofen (Mitte) in 6–8 Minuten kross backen.

Carb 150

1 Portion (640 g) liefert 780 kcal, 42 g Fett, 48 g Kohlenhydrate, 57 g Eiweiß. Die Energiedichte liegt bei 121 kcal/100 g.

> Salz, 500 g grüne Bohnen (tiefgekühlt oder frisch), 300 g Thunfisch (im eigenen Saft, Dose), 6 Kapernäpfel (Glas), 30 g schwarze Oliven (in Wasser eingelegt, ohne Stein), 1 rote Zwiebel, 12 getrocknete Tomaten (in Öl eingelegt), 2 EL Aceto balsamico (dunkel), 3 EL Tomatenmark, 2 EL Tomatensaft, 4 EL Olivenöl, Cayennepfeffer, 20 g Pinienkerne, 20 g geriebener Parmesan, 1–2 EL getrockneter Thymian, 4 Scheiben (à 30 g) Baguette
> Zubereitung wie Carb100, aber: in Schritt 2 die Oliven abtropfen lassen und mit Bohnen, Thunfisch, Kapern, Zwiebel und Tomaten vermengen.

Carb 200

1 Portion (850 g) liefert 850 kcal, 57 g Fett, 57 g Kohlenhydrate, 27 g Eiweiß. Die Energiedichte liegt bei 100 kcal/100 g.

> Salz, 500 g grüne Bohnen (tiefgekühlt oder frisch), 300 g Thunfisch (im eigenen Saft, Dose), 6 Kapernäpfel (Glas), 30 g schwarze Oliven (im eigenen Saft, ohne Stein), 1 rote Zwiebel, 15 getrocknete Tomaten (in Öl eingelegt), 2 EL Aceto balsamico (dunkel), 3 EL Tomatenmark, 2 EL Tomatensaft, 5 EL Olivenöl, Cayennepfeffer, 20 g Pinienkerne, 20 g geriebener Parmesan, 1–2 EL getrockneter Thymian, 6 Scheiben (à 30 g) Baguette
> Zubereitung wie Carb 150.

Rindfleischsalat auf Babyspinat in Traubendressing

Carb 100

Für 2 Personen

150 g Babyspinat
1 rote Zwiebel
250 g kernlose helle und dunkle Trauben
4 EL Olivenöl
2 (à 150 g) Rinderfilets
Salz
schwarzer Pfeffer aus der Mühle
2 EL Aceto balsamico (dunkel)
20 g Honig

1 Portion (460 g) liefert 510 kcal, 27 g Fett, 30 g Kohlenhydrate, 35 g Eiweiß. Die Energiedichte liegt bei 111 kcal/100 g.

1 Den Spinat verlesen, waschen und abtropfen lassen. Die Zwiebel abziehen und in Ringe schneiden. Die Trauben waschen. 200 g Trauben halbieren, die restlichen 50 g für das Dressing beiseitelegen. Spinat und Trauben in einer Schüssel vermengen.

2 In einer Pfanne 2 EL Olivenöl erhitzen, die Rinderfilets darin von beiden Seiten 2 Minuten scharf anbraten, dann bei mittlerer Hitze 3–4 Minuten pro Seite weiterbraten. Filets in Alufolie einpacken und einige Minuten ruhen lassen. Den ausgetretenen Fleischsaft in der Folie aufheben. Das Fleisch mit Salz und Pfeffer würzen und in fingerbreite Streifen schneiden.

3 Für das Dressing die restlichen Trauben, 2 EL Olivenöl, Essig und Honig mit einem Stabmixer pürieren. Den Fleischsaft hinzufügen und untermixen. Mit Salz und Pfeffer nach Geschmack abschmecken.

4 Den Salat auf zwei Tellern anrichten, die Rinderfiletstreifen darauf verteilen und das Dressing darüberträufeln.

Carb 150

1 Portion (570 g) liefert 705 kcal, 36 g Fett, 43 g Kohlenhydrate, 47 g Eiweiß. Die Energiedichte liegt bei 124 kcal/100 g.

> 200 g Babyspinat, 1 rote Zwiebel, 400 g kernlose helle und dunkle Trauben, 4 EL Olivenöl, 2 (à 200 g) Rinderfilets, Salz, schwarzer Pfeffer aus der Mühle 2 EL Aceto balsamico (dunkel), 20 g Honig
> Zubereitung wie Carb100.

Carb 200 mit Rosmarinkartoffeln

1 Portion (745 g) liefert 825 kcal, 40 g Fett, 65 g Kohlenhydrate, 50 g Eiweiß. Die Energiedichte liegt bei 111 kcal/100 g.

> 300 g kleine Kartoffeln, 2 Zweige Rosmarin, 7 EL Olivenöl, grobes Meersalz, 200 g Babyspinat, 1 rote Zwiebel, 400 g kernlose helle und dunkle Trauben, 2 (à 200 g) Rinderfilets, Salz, schwarzer Pfeffer aus der Mühle 2 EL Aceto balsamico (dunkel), 20 g Honig
> Zubereitung wie Carb100, aber: vor Schritt 1 den Backofen auf 180 °C (Umluft) vorheizen. Ein Backblech mit Backpapier auslegen. Die Kartoffeln gründlich waschen und längs halbieren. Den Rosmarin waschen und trocken tupfen, die Nadeln abzupfen und fein hacken. Das Backpapier mit 1 EL Olivenöl bestreichen, mit Meersalz und Rosmarin bestreuen. Die Kartoffeln mit der Schnittseite nach unten auf das Blech legen. Die Oberseite der Kartoffeln mit 2 EL Olivenöl bestreichen. Im Ofen (Mitte) 40 Minuten backen.

Gebratene Avocado und Feigen auf Rucola mit Bresaola

Carb 100

Für 2 Personen

200 g Rucola
100 g Bresaola in Scheiben (luftgetrockneter Rinderschinken)
1 Zweig Thymian
200 g Avocado (geschält gewogen)
250 g Feigen
25 g Butter
Salz, schwarzer Pfeffer aus der Mühle
20 g Honig
2 EL Aceto balsamico (dunkel)
2 EL Olivenöl
1 TL Dijon-Senf
1 EL Milch (3,5 % Fett)

1 Portion (440 g) liefert 555 kcal, 47 g Fett, 29 g Kohlenhydrate, 18 g Eiweiß. Die Energiedichte liegt bei 126 kcal/100 g.

1 Den Rucola verlesen, waschen und abtropfen lassen. Die Bresaolascheiben einrollen und halbieren. Den Thymian waschen, trocken tupfen und die Blätter abzupfen.

2 Die Avocado halbieren und den Stein entfernen. Die Avocadohälften schälen und in ca. 2 cm dicke Spalten schneiden. Die Feigen waschen und vierteln.

3 In einer beschichteten Pfanne 15 g Butter zerlassen, die Avocadospalten darin von beiden Seiten goldgelb anbraten. Mit Salz und Pfeffer würzen.

4 In einer anderen beschichteten Pfanne 10 g Butter und die Hälfte des Honigs erhitzen, die Feigen darin 30 Sekunden schwenken.

5 Für das Dressing Essig, etwas Salz, Öl, übrigen Honig, Thymian, Senf und Milch in einem Vinaigretteshaker oder Schraubdeckelglas schütteln. Den Rucola damit mischen und auf zwei Tellern anrichten. Avocadospalten, Feigen und Bresaolaröllchen darauf verteilen. Nach Geschmack mit Salz und Pfeffer würzen.

Carb 150 mit Croûtons

1 Portion (505 g) liefert 760 kcal, 58 g Fett, 44 g Kohlenhydrate, 24 g Eiweiß. Die Energiedichte liegt bei 150 kcal/100 g.

> 200 g Rucola, 100 g Bresaola in Scheiben (luftgetrockneter Rinderschinken), 1 Zweig Thymian, 250 g Avocado (geschält gewogen), 300 g Feigen, 35 g Butter, Salz, schwarzer Pfeffer aus der Mühle, 20 g Honig, 2 EL Aceto balsamico (dunkel), 2 EL Olivenöl, 1 TL Dijon-Senf, 1 EL Milch (3,5 % Fett), 50 g Toastbrot

> Zubereitung wie Carb100, aber: nach Schritt 5 das Toastbrot entrinden und in ca. 2 cm große Würfel schneiden. Restliche Butter in einer Pfanne zerlassen, die Brotwürfel darin goldgelb rösten und auf dem Salat verteilen.

Carb 200 mit Croûtons

1 Portion (530 g) liefert 820 kcal, 59 g Fett, 56 g Kohlenhydrate, 26 g Eiweiß. Die Energiedichte liegt bei 155 kcal/100 g.

> 200 g Rucola, 100 g Bresaola in Scheiben (luftgetrockneter Rinderschinken), 1 Zweig Thymian, 250 g Avocado (geschält gewogen), 300 g Feigen, 35 g Butter, Salz, schwarzer Pfeffer aus der Mühle, 20 g Honig, 2 EL Aceto balsamico (dunkel), 2 EL Olivenöl, 1 TL Dijon-Senf, 1 EL Milch (3,5 % Fett), 100 g Toastbrot

> Zubereitung wie Carb150.

Warmer Fenchel-Radicchio-Salat mit Putenstreifen

Carb 100

Für 2 Personen

1 Radicchio
1 Zwiebel
1 (200 g) Fenchelknolle
2 (à 150 g) weiche Birnen
3 EL Olivenöl
300 g Putenbrustfilet
Salz
2 EL gehackte Kräuter (z. B. Thymian, Basilikum)
10 g Honig
50 g Crème fraîche
30 ml Milch (3,5 % Fett)
Pfeffer

1 Portion (570 g) liefert 515 kcal, 26 g Fett, 30 g Kohlenhydrate, 42 g Eiweiß. Die Energiedichte liegt bei 90 kcal/100 g.

1 Den Radicchio putzen, waschen und 8 große Blätter beiseitelegen. Den restlichen Radicchio in dünne Streifen schneiden. Die Zwiebel abziehen und fein würfeln. Den Fenchel putzen und waschen. Das Fenchelgrün abschneiden, klein hacken und 1 EL davon beiseitelegen. Die Fenchelknolle halbieren, vom harten Strunk befreien und klein schneiden. Die Birnen schälen, entkernen und klein würfeln.

2 In einer Pfanne 2 EL Öl erhitzen, Zwiebelwürfel und Fenchel darin 5 Minuten anbraten. Die Radicchiostreifen hinzufügen und bei mittlerer Hitze 3–5 Minuten mitbraten.

3 Das Putenbrustfilet kalt abbrausen, trocken tupfen und salzen. In einer zweiten Pfanne das übrige Olivenöl erhitzen, das Fleisch darin von jeder Seite 5–6 Minuten anbraten. Die Filets herausnehmen und in dünne Streifen schneiden.

4 Die Kräuter mit Honig, Crème fraîche und Milch verrühren. Mit Salz und Pfeffer nach Belieben abschmecken. Die Soße mit Putenstreifen, Radicchio, Fenchel und Birnenwürfeln vermischen. Den Salat in die Radicchioblätter füllen und mit Fenchelgrün garnieren.

Carb 150

1 Portion (650 g) liefert 735 kcal, 47 g Fett, 37 g Kohlenhydrate, 43 g Eiweiß. Die Energiedichte liegt bei 113 kcal/100 g.

> 1 Radicchio, 1 Zwiebel, 1 (200 g) Fenchelknolle, 2 (à 160 g) weiche Birnen, 50 g Mais (Dose), 4 EL Olivenöl, 300 g Putenbrustfilet, Salz, 2 EL gehackte Kräuter (z. B. Thymian, Basilikum), 10 g Honig, 120 g Crème fraîche, 30 ml Milch (3,5 % Fett), Pfeffer

> Zubereitung wie Carb100, aber: in Schritt 2 den Mais abtropfen lassen, zum Fenchel und Radicchio in die Pfanne geben.

Carb 200

1 Portion (675 g) liefert 850 kcal, 49 g Fett, 56 g Kohlenhydrate, 46 g Eiweiß. Die Energiedichte liegt bei 126 kcal/100 g.

> 1 Radicchio, 1 Zwiebel, 1 (200 g) Fenchelknolle, 2 (à 160 g) weiche Birnen, 50 g Mais (Dose), 4 EL Olivenöl, 300 g Putenbrustfilet, Salz, 2 EL gehackte Kräuter (z. B. Thymian, Basilikum), 10 g Honig, 120 g Crème fraîche, 30 ml Milch (3,5 % Fett), 60 g Grissini, Pfeffer

> Zubereitung wie Carb150, aber: nach Schritt 4 den Salat mit Grissini servieren.

Chicorée-Pfirsich-Salat mit Labneh-Bällchen

Carb 100

Für 2 Personen

250 g griechischer Joghurt (10 % Fett)
Salz
10 g frische Minzeblätter
1 Bio-Zitrone
5 g Honig
5 EL Olivenöl
25 g Pinienkerne
500 g Chicorée
250 g Plattpfirsiche (Wildpfirsiche oder Tellerpfirsiche)
15 g getrocknete Aprikosen

1 Portion (550 g) liefert 595 kcal, 45 g Fett, 34 g Kohlenhydrate, 12 g Eiweiß. Die Energiedichte liegt bei 108 kcal/100 g.

1 Den Joghurt mit etwas Salz verrühren, in ein sauberes Geschirrtuch geben und in einem Sieb über einer Schüssel im Kühlschrank 24 Stunden abtropfen lassen. Danach mithilfe des Tuchs die verbliebene Flüssigkeit auspressen.

2 Aus der Joghurtmasse 12 gleich große Bällchen formen und in eine Schale geben.

3 Für das Dressing die Minze waschen und trocken tupfen. Die Zitrone heiß waschen und abtrocknen, die Schale abreiben und den Saft auspressen. Minze, Zitronensaft, Zitronenschale, Honig, Olivenöl und etwas Salz in einen Mixer geben und grob pürieren. Die Labneh-Bällchen damit begießen und beiseitestellen.

4 Die Pinienkerne in einer kleinen Pfanne ohne Fett anrösten, dann abkühlen lassen. Den Chicorée putzen, quer in dünne Streifen schneiden, waschen und abtropfen lassen. Die Pfirsiche waschen, entsteinen und mit Schale in gleich große Stifte schneiden. Die Aprikosen klein hacken.

5 Die Labneh-Bällchen abtropfen lassen, dabei das Dressing auffangen. Chicorée, Pfirsichstifte, Aprikosen und Pinienkerne in eine Schüssel geben, mit dem Dressing beträufeln, mit etwas Salz würzen und verrühren. Den Salat anrichten und jeweils die Hälfte der Labneh-Bällchen darauflegen.

Carb 150 mit Vollkornbaguette

1 Portion (600 g) liefert 770 kcal, 54 g Fett, 52 g Kohlenhydrate, 16 g Eiweiß. Die Energiedichte liegt bei 128 kcal/100 g.

> 300 g griechischer Joghurt (10 % Fett), Salz, 10 g frische Minzeblätter, 1 Bio-Zitrone, 10 g Honig, 6 EL Olivenöl, 30 g Pinienkerne, 500 g Chicorée, 250 g Plattpfirsiche (Wildpfirsiche oder Tellerpfirsiche), 30 g getrocknete Aprikosen, 2 Scheiben (à 30 g) Vollkornbrot
> Zubereitung wie Carb100, aber: den Salat mit Vollkornbaguette genießen.

Carb 200 mit Vollkornbaguette

1 Portion (700 g) liefert 855 kcal, 57 g Fett, 65 g Kohlenhydrate, 19 g Eiweiß. Die Energiedichte liegt bei 122 kcal/100 g.

> 300 g griechischer Joghurt (10 % Fett), Salz, 10 g frische Minzeblätter, 1 Bio-Zitrone, 10 g Honig, 6 EL Olivenöl, 40 g Pinienkerne, 500 g Chicorée, 300 g Plattpfirsiche (Wildpfirsiche oder Tellerpfirsiche), 40 g getrocknete Aprikosen, 2 Scheiben (à 50 g) Vollkornbrot
> Zubereitung wie Carb100, aber: den Salat mit Vollkornbaguette genießen.

Fisch und Meeresfrüchte

Fisch und Meeresfrüchte sind in der mediterranen Ernährung sehr beliebt. Sie lassen sich nicht nur vielfältig mit Knoblauch, Kräutern und Zitrone zubereiten, sondern sind auch sehr gesund. Unsere südländischen Nachbarn machen damit alles richtig: Mit mediterran zubereitetem Fisch versorgen sie ihren Körper mit lebenswichtigen Nährstoffen wie Fett, Eiweiß, Vitaminen und Mineralstoffen. Die Omega-3-Fettsäuren im Fisch sind besonders gut für das Herz, das Gehirn und das Immunsystem. Somit gehören Fisch und Meeresfrüchte unbedingt zu einer ausgewogenen Ernährung.

Kabeljau im Kräutermantel mit Spargel und Mandelbutter

Carb 100

Für 2 Personen

150 g neue Kartoffeln
1 Zweig Rosmarin
5 TL Olivenöl
grobes Meersalz
700 g weißer Spargel
Salz
1 Prise Zucker
½ Zitrone
2 (à 150 g) Kabeljaufilets
1 Ei (Größe S)
2 EL gehackte Kräuter (z. B. Thymian, Petersilie, Rosmarin, Salbei)
Pfeffer
10 g Mehl
35 g Butter
20 g gehackte Mandeln

1 Portion (685 g) liefert 600 kcal, 37 g Fett, 25 g Kohlenhydrate, 41 g Eiweiß. Die Energiedichte liegt bei 88 kcal/100 g.

1 Den Backofen auf 180 °C (Umluft) vorheizen. Ein Backblech mit Backpapier auslegen.

2 Die Kartoffeln gründlich waschen und längs halbieren. Den Rosmarin waschen und trocken tupfen, die Nadeln abzupfen und fein hacken. Das Backpapier mit 1 TL Olivenöl bestreichen, mit Meersalz und Rosmarin bestreuen. Die Kartoffeln mit der Schnittseite nach unten auf das Backblech legen, leicht andrücken. Die Oberseite der Kartoffeln mit 1 TL Olivenöl bestreichen. Im Ofen (Mitte) 40 Minuten backen.

3 Inzwischen den Spargel schälen und die holzigen Enden abschneiden. Den Spargel in reichlich kochendem Salzwasser mit Zucker 10–15 Minuten garen.

4 Den Saft der Zitrone auspressen. Die Fischfilets kalt abbrausen und trocken tupfen, mit Zitronensaft säuern und salzen. Das Ei mit den Kräutern, Salz und Pfeffer nach Geschmack verquirlen.

5 Die Fischfilets mit Mehl bestäuben und durch das Kräuterei ziehen. In einer beschichteten Pfanne das restliche Öl erhitzen, die Filets darin von beiden Seiten in 3–5 Minuten goldgelb braten.

6 In einem kleinen Topf die Butter zerlassen. Die Mandeln dazugeben und unter Rühren die Butter bräunen. Den Spargel anrichten und die Mandelbutter darüberträufeln. Den Spargel mit Fisch und Kartoffeln servieren.

Carb 150

1 Portion (745 g) liefert 790 kcal, 49 g Fett, 43 g Kohlenhydrate, 43 g Eiweiß. Die Energiedichte liegt bei 106 kcal/100 g.

> 350 g neue Kartoffeln, 1 Zweig Rosmarin, 5 EL Olivenöl, grobes Meersalz, 700 g weißer Spargel, Salz, 1 Prise Zucker, ½ Zitrone, 2 (à 150 g) Kabeljaufilets, 1 Ei (Größe S), 2 EL frisch gehackte Kräuter (z. B. Thymian, Petersilie, Rosmarin, Salbei), Pfeffer, 20 g Mehl, 35 g Butter, 20 g gehackte Mandeln
> Zubereitung wie Carb100, aber: in Schritt 1 das Backpapier mit 1 EL Olivenöl und in Schritt 2 die Oberseite der Kartoffeln mit 1 EL Olivenöl bestreichen.

Carb 200

1 Portion (920 g) liefert 900 kcal, 50 g Fett, 56 g Kohlenhydrate, 54 g Eiweiß. Die Energiedichte liegt bei 98 kcal/100 g.

> 500 g neue Kartoffeln, 1 Zweig Rosmarin, 5 EL Olivenöl, grobes Meersalz, 700 g weißer Spargel, Salz, 1 Prise Zucker, ½ Zitrone, 2 (à 200 g) Kabeljaufilets, 1 Ei (Größe S), 2 EL frisch gehackte Kräuter (z. B. Thymian, Petersilie, Rosmarin, Salbei), Pfeffer, 10 g Mehl, 35 g Butter, 20 g gehackte Mandeln
> Zubereitung wie Carb150.

Doradenfilets in Weinblättern

Carb 100

Für 2 Personen

12–16 eingelegte Weinblätter (Glas)
4 EL Olivenöl
1¼ Zweige Rosmarin
1 rote Zwiebel
50 g schwarze oder grüne Oliven (in Wasser eingelegt, ohne Stein)
200 g Cocktailtomaten
250 g Kartoffeln
1 TL Zitronensaft
Salz und Cayennepfeffer
2 (à 150 g) Doradenfilets
4 Zitronenscheiben
50 ml trockener Weißwein

1 Auflaufform (32 x 20 cm)

1 Portion (475 g) liefert 535 kcal, 27 g Fett, 31 g Kohlenhydrate, 36 g Eiweiß. Die Energiedichte liegt bei 113 kcal/100 g.

1 Den Backofen auf 200 °C (Ober-/Unterhitze) vorheizen. Die Weinblätter unter fließend kaltem Wasser waschen, von den Stielen befreien und trocken tupfen. Eine Auflaufform mit 1 EL Olivenöl einfetten. Den Rosmarin waschen und trocken tupfen, die Nadeln von ¼ Zweig abzupfen und fein hacken.

2 Die Weinblätter so in die Form legen, dass sie über den Rand hinausreichen und die Form ausfüllen. Die Zwiebel abziehen, halbieren und in feine Streifen schneiden. Die Oliven abtropfen lassen und in Scheiben schneiden. Die Tomaten waschen und halbieren. Die Kartoffeln schälen, in dünne Scheiben schneiden und auf den Weinblättern verteilen.

3 Zitronensaft mit 1 EL Olivenöl, gehacktem Rosmarin, Salz und Cayennepfeffer nach Geschmack verquirlen. Die Doradenfilets unter fließend kaltem Wasser abbrausen, trocken tupfen, mit etwas Zitronenmarinade bestreichen und auf die Weinblätter legen. Zwiebelstreifen, Tomatenhälften, Oliven- und Zitronenscheiben auf den Fischfilets verteilen. Wein und übrige Zitronenmarinade darübergießen und 1 Zweig Rosmarin darauflegen. Den Fisch mit Salz und Cayennepfeffer würzen.

4 Die Weinblätter über den Fisch klappen, mit 1 EL Olivenöl bestreichen. Den Fisch im Ofen (Mitte) 30–40 Minuten backen. Dann herausnehmen, die aufliegenden trockenen Weinblätter entfernen, den Fisch mit dem restlichen Olivenöl beträufeln und nach Geschmack mit Salz und Cayennepfeffer würzen.

Carb 150

1 Portion (655 g) liefert 735 kcal, 40 g Fett, 41 g Kohlenhydrate, 47 g Eiweiß. Die Energiedichte liegt bei 112 kcal/100 g.

> 12–16 eingelegte Weinblätter (Glas), 5 EL Olivenöl, 1¼ Zweige Rosmarin, 1 rote Zwiebel, 50 g schwarze oder grüne Oliven (in Wasser eingelegt, ohne Stein), 200 g Cocktailtomaten, 400 g Kartoffeln, 1 TL Zitronensaft, Salz und Cayennepfeffer, 2 (à 200 g) Doradenfilets, 4 Zitronenscheiben, 50 ml trockener Weißwein
> Zubereitung wie Carb100.

Carb 200 mit Croûtons

1 Portion (775 g) liefert 845 kcal, 47 g Fett, 57 g Kohlenhydrate, 49 g Eiweiß. Die Energiedichte liegt bei 109 kcal/100 g.

> 16–20 eingelegte Weinblätter (Glas), 5 EL Olivenöl, 1¼ Zweige Rosmarin, 1 rote Zwiebel, 60 g schwarze oder grüne Oliven (in Wasser eingelegt, ohne Stein), 200 g Cocktailtomaten, 600 g Kartoffeln, 1 TL Zitronensaft, Salz und Cayennepfeffer, 2 (à 200 g) Doradenfilets, 4 Zitronenscheiben, 50 ml trockener Weißwein
> Zubereitung wie Carb100.

Gebratene Sardellen auf grünem Salat

Carb 100

Für 2 Personen

100 g Lollo bianco
100 g Mais (Dose)
½ Bio-Zitrone
4 EL Crème fraîche
5 EL Joghurt (3,5 % Fett)
Salz, weißer Pfeffer
1 EL schwarze Pfefferkörner
1 EL Koriandersamen
1 TL getrocknete Chiliflocken
400 g Sardellen (frisch oder tiefgekühlt)
4 EL Mehl
schwarzer Pfeffer
10 g geriebener Parmesan
6 EL Olivenöl
8 Zitronenspalten

1 Portion (430 g) liefert 525 kcal, 34 g Fett, 26 g Kohlenhydrate, 37 g Eiweiß. Die Energiedichte liegt bei 122 kcal/100 g.

1 Den Salat putzen, waschen und trocken schleudern. Den Mais abtropfen lassen. Salat und Mais vermengen. Die Zitronenhälfte heiß waschen und abtrocknen, die Schale abreiben und den Saft auspressen.

2 Für das Dressing Crème fraîche mit Joghurt, Zitronenschale und -saft verrühren. Mit Salz und weißem Pfeffer würzen.

3 Pfefferkörner und Koriandersamen in einer Pfanne ohne Fett 1–2 Minuten anrösten, herausnehmen und abkühlen lassen. Dann mit den Chiliflocken in einem Mörser zerstoßen.

4 Die Sardellen waschen und trocken tupfen. Das Mehl mit der Gewürzmischung, schwarzem Pfeffer und 1 TL Salz gut vermischen. Die Sardellen darin wenden und überschüssiges Mehl abschütteln.

5 Das Dressing mit dem Salat mischen und den Parmesan darüberstreuen.

6 In einer beschichteten Pfanne das Olivenöl erhitzen, die Sardellen darin von beiden Seiten braten, bis sie goldgelb sind. Die Sardellen anrichten, mit Zitronenspalten garnieren und mit dem Salat servieren.

Carb 150 mit Knoblauchbaguette

1 Portion (615 g) liefert 720 kcal, 40 g Fett, 37 g Kohlenhydrate, 46 g Eiweiß. Die Energiedichte liegt bei 117 kcal/100 g.

> 1 Knoblauchzehe, 20 g weiche Butter, Salz, weißer Pfeffer, 2 Scheiben (à 30 g) Baguette, 100 g Lollo bianco, 100 g Mais (Dose), ½ Bio-Zitrone, 4 EL Crème fraîche, 5 EL Joghurt (3,5 % Fett), 1 EL schwarze Pfefferkörner, 1 EL Koriandersamen, 1 TL getrocknete Chiliflocken, 400 g Sardellen (frisch oder tiefgekühlt), schwarzer Pfeffer, 4 EL Mehl, 10 g geriebener Parmesan, 6 EL Olivenöl, 8 Zitronenspalten

> Zubereitung wie Carb100, aber: vor Schritt 1 den Backofen auf 180 °C (Ober-/Unterhitze) vorheizen. Für das Knoblauchbaguette Knoblauch abziehen, zur Butter pressen und beides vermischen. Mit Salz und Pfeffer würzen. Die Knoblauchbutter auf das Baguette streichen und im Ofen (Mitte) 10 Minuten backen. Dann weiter mit Schritt 1. In Schritt 6 das Knoblauchbaguette mit Sardellen und Salat servieren.

Carb 200 mit Knoblauchbaguette

1 Portion (720 g) liefert 840 kcal, 45 g Fett, 60 g Kohlenhydrate, 48 g Eiweiß. Die Energiedichte liegt bei 117 kcal/100 g.

> 1 Knoblauchzehe, 20 g weiche Butter, Salz, Pfeffer, 6 Scheiben (à 30 g) Baguette, 100 g Lollo bianco, 100 g Mais (Dose), ½ Bio-Zitrone, 4 EL Crème fraîche, 5 EL Joghurt (3,5 % Fett), 1 EL schwarze Pfefferkörner, 1 EL Koriandersamen, 1 TL getrocknete Chiliflocken, 400 g Sardellen (frisch oder tiefgekühlt), schwarzer Pfeffer, 4 EL Mehl, 10 g geriebener Parmesan, 6 EL Olivenöl, 8 Zitronenspalten

> Zubereitung wie Carb150.

Gebratener Zander mit Erbsen-Auberginen-Gemüse

Carb 100

Für 2 Personen

1 (400 g) Aubergine
80 g Frühlingszwiebeln
1 Knoblauchzehe
50 g halbgetrocknete Tomaten (Glas)
2 (à 150 g) Zanderfilets mit Haut
Salz und Cayennepfeffer
1 TL Mehl
3 EL Olivenöl
60 g Tomatenmark
80 ml Sahne
150 g Erbsen (tiefgekühlt)
10 g Butter
1 EL gehacktes Basilikum

1 Portion (580 g) liefert 600 kcal, 37 g Fett, 25 g Kohlenhydrate, 41 g Eiweiß. Die Energiedichte liegt bei 103 kcal/100 g.

1 Die Aubergine putzen, waschen und in ca. 2 cm große Würfel schneiden. Die Frühlingszwiebeln putzen, waschen und in Ringe schneiden. Den Knoblauch abziehen und fein hacken. Halbgetrocknete Tomaten in feine Streifen schneiden.

2 Die Fischfilets kalt abbrausen und trocken tupfen, mit Salz und Cayennepfeffer nach Geschmack würzen. Die Hautseite der Filets mit Mehl bestäuben.

3 In einer beschichteten Pfanne 2 EL Öl erhitzen. Frühlingszwiebeln, Knoblauch, getrocknete Tomaten und Auberginenwürfel darin 5 Minuten anbraten. Das Tomatenmark hinzufügen und kurz mitbraten. Sahne und unaufgetaute Erbsen dazugeben, mit Salz und Cayennepfeffer würzen. Das Gemüse bei kleiner Hitze 7–8 Minuten garen, dabei gelegentlich umrühren.

4 Inzwischen in einer zweiten beschichteten Pfanne 1 EL Öl erhitzen, die Fischfilets darin mit der Hautseite nach unten bei mittlerer Hitze 4–5 Minuten braten. Die Butter hinzufügen. Den Fisch wenden und in 3–4 Minuten fertig braten. Das Gemüse auf zwei Tellern anrichten und mit Basilikum bestreuen. Den Fisch darauflegen.

Carb 150 mit Gnocchi

1 Portion (690 g) liefert 800 kcal, 45 g Fett, 54 g Kohlenhydrate, 45 g Eiweiß. Die Energiedichte liegt bei 116 kcal/100 g.

> Salz, 170 g Gnocchi (Kühlregal), 1 (400 g) Aubergine, 80 g Frühlingszwiebeln, 1 Knoblauchzehe, 50 g halbgetrocknete Tomaten (Glas), 2 (à 150 g) Zanderfilets mit Haut, Cayennepfeffer, 1 TL Mehl, 3 EL Olivenöl, 60 g Tomatenmark, 130 g Sahne, 150 g Erbsen (tiefgekühlt), 10 g Butter, 1 EL gehacktes Basilikum

> Zubereitung wie Carb100, aber: vor Schritt 1 Salzwasser aufkochen, Gnocchi darin so lange garen, bis sie an der Oberfläche schwimmen. Die Gnocchi herausnehmen und in Schritt 3 mit den Erbsen zum Gemüse geben.

Carb 200 mit Gnocchi

1 Portion (770 g) liefert 900 kcal, 48 g Fett, 60 g Kohlenhydrate, 56 g Eiweiß. Die Energiedichte liegt bei 117 kcal/100 g.

> Salz, 200 g Gnocchi (Kühlregal), 1 (400 g) Aubergine, 80 g Frühlingszwiebeln, 1 Knoblauchzehe, 50 g halbgetrocknete Tomaten (Glas), 2 (à 200 g) Zanderfilets mit Haut, Cayennepfeffer, 1 TL Mehl, 3 EL Olivenöl, 60 g Tomatenmark, 200 g Sahne, 150 g Erbsen (tiefgekühlt), 10 g Butter, 1 EL gehacktes Basilikum

> Zubereitung wie Carb150.

Garnelen-Bohnen-Pfanne all arrabiata

Carb 100

Für 2 Personen

35 g Vollkorn-Farfalle (ungekocht)
Salz
400 g frische Stangenbohnen
400 g Garnelen (frisch)
150 g geröstete Paprika (Glas)
1 Knoblauchzehe
1 scharfe rote Chilischote
1 (ca. 100 g) Zwiebel
1 Zweig Thymian
1 Stiel glatte Petersilie
1 Zweig Bohnenkraut
4 ½ EL Olivenöl
1 EL Tomatenmark
400 g stückige Tomaten (Dose)
Pfeffer nach Geschmack

1 Portion (800 g) liefert 600 kcal, 29 g Fett, 35 g Kohlenhydrate, 51 g Eiweiß. Die Energiedichte liegt bei 75 kcal/100 g.

1 Die Nudeln in kochendem Salzwasser nach Packungsangabe bissfest garen, dann abgießen und abtropfen lassen.

2 Die Bohnen waschen, putzen und dritteln. Reichlich Salzwasser in einem Topf aufkochen und die Bohnen darin in 10–15 Minuten bissfest garen. Inzwischen die Garnelen kalt abbrausen und trocken tupfen. Geröstete Paprika abtropfen lassen. Die Bohnen abgießen, kalt abschrecken und abtropfen lassen.

3 Den Knoblauch abziehen und in feine Scheiben schneiden. Die Chilischote längs aufschneiden, putzen, waschen und in Streifen schneiden. Die Zwiebel abziehen und fein hacken. Geröstete Paprika in mundgerechte Stücke schneiden. Die Kräuter waschen und trocken tupfen.
Die Blätter abzupfen und die Petersilienblätter fein hacken.

4 In einer Pfanne das Öl erhitzen, Knoblauch, Chili und Zwiebel darin kurz anbraten. Die Garnelen hinzufügen und 1 Minute mitbraten. Das Tomatenmark einrühren und kurz anrösten. Paprika, Tomaten und Kräuter unterrühren, mit Salz und Pfeffer würzen. Alles aufkochen und bei mittlerer Hitze 6–8 Minuten köcheln lassen. Bohnen und Nudeln unterrühren und 1 weitere Minute köcheln lassen.

Carb 150

1 Portion (900 g) liefert 775 kcal, 32 g Fett, 55 g Kohlenhydrate, 64 g Eiweiß. Die Energiedichte liegt bei 86 kcal/100 g.

> 90 g Vollkorn-Farfalle (ungekocht), Salz, 400 g frische Stangenbohnen, 400 g Garnelen (frisch), 150 g geröstete Paprika (Glas), 1 Knoblauchzehe, 1 scharfe rote Chilischote, 1 (ca. 100 g) Zwiebel, 1 Zweig Thymian, 1 Stiel glatte Petersilie, 1 Zweig Bohnenkraut, 5 EL Olivenöl, 1 EL Tomatenmark, 400 g stückige Tomaten (Dose), Pfeffer

> Zubereitung wie Carb100.

Carb 200

1 Portion (1000 g) liefert 860 kcal, 37 g Fett, 64 g Kohlenhydrate, 66 g Eiweiß. Die Energiedichte liegt bei 86 kcal/100 g.

> 110 g Vollkorn-Farfalle (ungekocht), Salz, 400 g frische Stangenbohnen, 500 g Garnelen (frisch), 150 g geröstete Paprika (Glas), 1 Knoblauchzehe, 1 scharfe rote Chilischote, 1 (ca. 100 g) Zwiebel, 1 Zweig Thymian, 1 Stiel glatte Petersilie, 1 Zweig Bohnenkraut, 5 EL Olivenöl, 1 EL Tomatenmark, 500 g stückige Tomaten (Dose), Pfeffer

> Zubereitung wie Carb100.

Schwertfisch mit Zuckerschoten und Parmesan-Gnocchi

Carb 100

Für 2 Personen

150 g mehligkochende Kartoffeln
30 g geriebener Parmesan
1 Eigelb (Größe M)
40 g Mehl + 5 g Mehl zum Bestäuben
Salz
2 (à 125 g) Schwertfischfilets
1 TL Zitronensaft
1 EL Olivenöl
Pfeffer
200 g Zuckerschoten
20 g Butter
1 TL rote Pfefferbeeren

1 Portion (400 g) liefert 500 kcal, 29 g Fett, 35 g Kohlenhydrate, 39 g Eiweiß. Die Energiedichte liegt bei 125 kcal/100 g.

1 Für die Gnocchi die Kartoffeln schälen, in grobe Stücke schneiden und in einem Topf mit kochendem Salzwasser in 10 Minuten weich garen. Die Kartoffelstücke abgießen und erkalten lassen.

2 Die Kartoffeln zerstampfen, mit Parmesan, Eigelb und 40 g Mehl vermengen. Mit Salz würzen. Einen großen flachen Teller mit dem übrigen Mehl bestäuben. Aus der Masse mit einem Löffel 12–14 Gnocchi formen. Den Löffel dabei in heißes Wasser tauchen, damit sich die Masse besser ablöst. Die Gnocchi mit einer feuchten Gabel leicht eindrücken. Reichlich Salzwasser aufkochen, dann die Temperatur etwas herunterdrehen, sodass das Wasser leicht siedet. Die Gnocchi mit einer Schaumkelle ins Wasser geben und so lange garen, bis sie an der Oberfläche schwimmen. Gnocchi mit der Kelle herausnehmen, abtropfen lassen und warm halten.

3 Den Fisch kalt abbrausen und trocken tupfen, mit Zitronensaft beträufeln und salzen. Olivenöl in einer Pfanne erhitzen, die Fischfilets darin von jeder Seite 2–3 Minuten braten. Mit Pfeffer und Salz würzen.

4 Zuckerschoten putzen, kalt abbrausen und trocken tupfen. Butter in einer Pfanne zerlassen, die Zuckerschoten darin unter Wenden 2–3 Minuten dünsten. Mit Salz und Pfeffer nach Geschmack würzen. Mit Schwertfisch und Gnocchi anrichten und mit roten Pfefferbeeren garnieren.

Carb 150

1 Portion (480 g) liefert 715 kcal, 40 g Fett, 46 g Kohlenhydrate, 48 g Eiweiß. Die Energiedichte liegt bei 148 kcal/100 g.

> 200 g mehligkochende Kartoffeln, 30 g geriebener Parmesan, 1 Eigelb (Größe M), 60 g Mehl + 5 g Mehl zum Bestäuben, Salz, 2 (à 150 g) Schwertfischfilets, 1 TL Zitronensaft, 2 EL Olivenöl, Pfeffer, 200 g Zuckerschoten, 30 g Butter, 1 TL rote Pfefferbeeren
> Zubereitung wie Carb100.

Carb 200

1 Portion (570 g) liefert 850 kcal, 42 g Fett, 60 g Kohlenhydrate, 57 g Eiweiß. Die Energiedichte liegt beit 149 kcal/100 g.

> 300 g mehligkochende Kartoffeln, 30 g geriebener Parmesan, 1 Eigelb (Größe M), 80 g Mehl + 5 g Mehl zum Bestäuben, Salz, 2 (à 200 g) Schwertfischfilets, 1 TL Zitronensaft, 2 EL Olivenöl, Pfeffer, 200 g Zuckerschoten, 30 g Butter, 1 TL rote Pfefferbeeren
> Zubereitung wie Carb100.

Steinbuttfilet mit Artischocken-Orangen-Misto

Carb 100

Für 2 Personen

½ Zitrone
6 frische junge Artischocken
2 Bio-Orangen
2 (à 150 g) Steinbuttfilets
2 TL Mehl
1 Vanilleschote
15 g Butterschmalz
3 Zweige Thymian
25 g Butter
2 EL Olivenöl
½ TL getrockneter Rosmarin
Salz und Cayennepfeffer

1 Portion (530 g) liefert 515 kcal, 31 g Fett, 25 g Kohlenhydrate, 31 g Eiweiß. Die Energiedichte liegt bei 97 kcal/100 g.

1 Den Saft der Zitrone auspressen und in eine große Schüssel mit kaltem Wasser geben. Von den Artischocken die Stiele und die oberen Blattspitzen abschneiden (2–3 cm). Die äußeren, harten Blätter entfernen, bis das weichere Herzstück übrig bleibt. Das Heu entfernen. Die Artischocken in das Zitronenwasser legen, damit sie nicht braun werden.

2 1 Orange heiß waschen und abtrocknen. Von einer ½ Orange die Schale abreiben und den Saft auspressen. Die restlichen 1 ½ Orangen schälen, weiße Haut entfernen und mit einem sehr scharfen Messer die Orangenfilets zwischen den Trennhäuten herausschneiden, dabei den Saft auffangen und beiseitestellen.

3 Den Fisch kalt abbrausen, trocken tupfen und mit dem Mehl bestäuben. Die Vanilleschote längs aufschneiden und das Mark herauskratzen. In einer beschichteten Pfanne das Butterschmalz erhitzen, die Filets darin bei großer Hitze von beiden Seiten 1 Minute braten. Mit Orangensaft ablöschen. Vanille und Orangenschale einrühren. Den Thymian waschen und dazugeben. Alles zugedeckt 10 Minuten einkochen lassen. Die Butter einrühren und weitere 5–10 Minuten einkochen lassen.

4 Inzwischen die Artischockenherzen längs in 4–6 gleich große Stücke schneiden. Das Olivenöl erhitzen, die Artischocken dazugeben, mit Rosmarin, Salz und Cayennepfeffer nach Geschmack würzen und 15 Minuten braten. Dann den aufgefangenen Orangensaft und die Orangenfilets dazugeben und kurz erwärmen. Den Fisch auf zwei Tellern anrichten. Mit der Orangensoße beträufeln und mit dem Artischocken-Orangen-Misto servieren.

Carb 150 mit Rosmarin-Risotto

1 Portion (720 g) liefert 800 kcal, 48 g Fett, 45 g Kohlenhydrate, 45 g Eiweiß. Die Energiedichte liegt bei 111 kcal/100 g.

- ½ Zitrone, 8 frische junge Artischocken, 2 Bio-Orangen, 2 (à 200 g) Steinbuttfilets, 3 TL Mehl, 1 Vanilleschote, 20 g Butterschmalz, 3 Zweige Thymian, 25 g Butter, 4 EL Olivenöl, ½ TL getrockneter Rosmarin, Salz und Cayennepfeffer, ½ Zweig Rosmarin, 40 g Risotto-Reis, ca. 200 ml Gemüsebrühe, 15 g geriebener Parmesan
- Zubereitung wie Carb100, aber: in Schritt 4 für den Risotto die Rosmarinnadeln klein hacken. 2 EL Olivenöl in einem Topf erhitzen, Rosmarin darin leicht anbraten. Den Reis unter Rühren hinzufügen und glasig dünsten. Mit etwas Brühe ablöschen, sodass der Reis gerade bedeckt ist. Den Reis bei kleiner Hitze köcheln lassen, dabei zwischendurch umrühren. Sobald die Flüssigkeit aufgesogen ist, etwas Brühe dazugießen, köcheln lassen und gelegentlich umrühren. So fortfahren, bis die Brühe aufgebraucht und der Reis weich ist. Zum Schluss den Parmesan unterrühren und mit Salz und Cayennepfeffer nach Geschmack abschmecken. Die Steinbuttfilets mit dem Artischocken-Orangen-Misto und dem Risotto servieren.

Carb 200 mit Rosmarin-Risotto

1 Portion (800 g) liefert 900 kcal, 50 g Fett, 64 g Kohlenhydrate, 46 g Eiweiß. Die Energiedichte liegt bei 113 kcal/100 g.

- ½ Zitrone, 8 frische junge Artischocken, 2 Bio-Orangen, 2 (à 200 g) Steinbuttfilets, 3 TL Mehl, 1 Vanilleschote, 20 g Butterschmalz, 3 Zweige Thymian, 25 g Butter, 4 EL Olivenöl, ½ TL getrockneter Rosmarin, Salz und Cayennepfeffer, 1 (40 g) Frühlingszwiebel, 1 Zweig Rosmarin, 70 g Risotto-Reis, 30 ml Weißwein, ca. 300 ml Gemüsebrühe, 15 g geriebener Parmesan
- Zubereitung wie Carb100, aber: in Schritt 4 für den Risotto die Frühlingszwiebel putzen, waschen und in feine Ringe schneiden. Rosmarinnadeln klein hacken. 2 EL Olivenöl in einem Topf erhitzen, Rosmarin und Frühlingszwiebeln darin leicht anbraten. Den Reis unter Rühren hinzufügen und glasig dünsten. Mit Wein und etwas Brühe ablöschen, sodass der Reis gerade bedeckt ist. Den Reis bei kleiner Hitze köcheln lassen, dabei zwischendurch umrühren. Sobald die Flüssigkeit aufgesogen ist, etwas Brühe dazugießen, köcheln lassen und gelegentlich umrühren. So fortfahren, bis die Brühe aufgebraucht und der Reis weich ist. Zum Schluss den Parmesan unterrühren und mit Salz und Cayennepfeffer nach Geschmack abschmecken. Die Steinbuttfilets mit dem Artischocken-Orangen-Misto und Risotto servieren.

Limettenlachs mit Gurkensalat und Nudel-Risotto

Carb 100

Für 2 Personen

1 Bio-Limette
4 EL Olivenöl
2 (à 125 g) Lachsfilets
1 (300 g) Gurke
½ TL Kräutersalz
1 EL Kräuteressig
Salz
3 EL gehackter Dill
1 EL gehackte glatte Petersilie
50 ml Wasser
1 TL Zucker
weißer Pfeffer
½ Zwiebel
50 g Risoni-Nudeln (ungekocht)
50 ml trockener Weißwein
100 ml Gemüsebrühe

1 Portion (490 g) liefert 560 kcal, 36 g Fett, 25 g Kohlenhydrate, 30 g Eiweiß. Die Energiedichte liegt bei 114 kcal/100 g.

1 Den Backofen auf 150 °C (Ober-/Unterhitze) vorheizen. Den Saft ½ Limette auspressen und mit 2 EL Olivenöl verrühren. Die andere Limettenhälfte in Scheiben schneiden. Den Lachs kalt abbrausen und trocken tupfen, mit der Hälfte des Limettenöls bestreichen und 30 Minuten kalt stellen.

2 Inzwischen die Gurke waschen, schälen und in feine Scheiben hobeln, mit Kräutersalz bestreuen und 10 Minuten ziehen lassen. Essig mit Salz, 1 EL Dill, Petersilie, 50 ml Wasser und Zucker verrühren. 1 EL Olivenöl unterschlagen.

3 Je 1 Lachsfilet auf ein Stück Alufolie legen. Den Lachs mit Salz, Pfeffer und je 1 EL Dill würzen. Restliches Limettenöl darüberträufeln und die Limettenscheiben auf den Fisch legen. Die Alufolie fest verschließen und den Lachs im Ofen (Mitte) 15–20 Minuten garen.

4 Inzwischen die Zwiebel abziehen und fein würfeln. 1 EL Olivenöl in einem Topf erhitzen, die Zwiebel darin glasig dünsten, die Risoni-Nudeln hinzufügen und glasig dünsten. Mit Wein und Brühe ablöschen und aufkochen. Die Nudeln darin bei mittlerer Hitze unter gelegentlichem Rühren 8–12 Minuten garen. Die Gurkenscheiben mit dem Dressing mischen. Den Limettenlachs mit Risoni-Nudeln und Gurkensalat anrichten.

Carb 150

1 Portion (530 g) liefert 705 kcal, 38 g Fett, 45 g Kohlenhydrate, 38 g Eiweiß. Die Energiedichte liegt bei 133 kcal/100 g.

> 1 Bio-Limette, 4 EL Olivenöl, 2 (à 150 g) Lachsfilets, 1 (300 g) Gurke, ½ TL Kräutersalz, 1 EL Kräuteressig, Salz, 3 EL gehackter Dill,1 EL gehackte glatte Petersilie, 50 ml Wasser, 1 EL Zucker, weißer Pfeffer, ½ Zwiebel, 100 g Risoni Nudeln (ungekocht), 70 ml trockener Weißwein, 150 ml Gemüsebrühe

> Zubereitung wie Carb100.

Carb 200

1 Portion (630 g) liefert 850 kcal, 44 g Fett, 64 g Kohlenhydrate, 51 g Eiweiß. Die Energiedichte liegt bei 135 kcal/100 g.

> 1 Bio-Limette, 4 EL Olivenöl, 2 (à 200 g) Lachsfilets, 1 (300 g) Gurke, ½ TL Kräutersalz, 1 EL Kräuteressig, Salz, 3 EL gehackter Dill, 1 EL gehackte glatte Petersilie, 50 ml Wasser, 1 EL Zucker, weißer Pfeffer, 1 (100 g) Zwiebel, 150 g Risoni-Nudeln (ungekocht), 100 ml trockener Weißwein, 200 ml Gemüsebrühe

> Zubereitung wie Carb100.

Calamari alla pizzaiola mit Polenta-Parmesan-Ecken

Carb 100

Für 2 Personen

250 ml Gemüsebrühe
60 g Instant-Polenta (Maisgrieß)
1 Zweig Rosmarin
25 g geriebener Parmesan
Salz und Pfeffer
5 TL Olivenöl
300 g Tintenfischtuben (gesäubert)
400 g Cocktailtomaten
2 Knoblauchzehen
½ kleine rote Zwiebel
30 g schwarze Oliven (in Wasser eingelegt, ohne Stein)
30 g grüne Oliven (in Wasser eingelegt, ohne Stein)
1 mittelscharfe rote Peperoni
20 g Tomatenmark
50 ml trockener Weißwein
1 TL getrockneter Oregano
20 g Butter

1 Portion (620 g) liefert 590 kcal, 34 g Fett, 34 g Kohlenhydrate, 34 g Eiweiß. Die Energiedichte liegt bei 95 kcal/100 g.

1 Die Gemüsebrühe in einem Topf aufkochen, die Polenta unter Rühren einrieseln lassen und aufkochen. Die Polenta bei kleiner Hitze 10 Minuten köcheln lassen, dabei gelegentlich umrühren. Rosmarin waschen und trocken tupfen, die Nadeln hacken. Mit dem Parmesan unter die Polenta rühren. Polenta mit Pfeffer und Salz würzen und bei kleiner Hitze weitere 10 Minuten quellen lassen. Backpapier mit 1 TL Öl bepinseln. Die Polenta ca. 2 cm hoch daraufgeben, glatt streichen und im Kühlschrank mindestens 30 Minuten abkühlen lassen.

2 Die Tintenfischtuben waschen, trocken tupfen und in Ringe schneiden. Die Tomaten waschen und vierteln. Den Knoblauch abziehen und mit einem Messer flach drücken. Die Zwiebel abziehen und klein hacken. Die Oliven abtropfen lassen und halbieren. Die Peperoni längs aufschneiden, putzen, waschen und in Streifen schneiden.

3 In einer Pfanne das restliche Öl erhitzen, den Knoblauch darin bräunen und herausnehmen. Zwiebel und Peperoni in dieselbe Pfanne geben und kurz dünsten. Die Tintenfischringe hinzufügen und 1 Minute kräftig anbraten. Das Tomatenmark dazugeben und kurz mitrösten. Die Tomaten zu den Calamares geben und 5 Minuten mitbraten, dann mit Wein ablöschen und die Oliven unterrühren. Mit Oregano, Salz und Pfeffer würzen und alles zugedeckt bei kleiner Hitze 15–20 Minuten einkochen lassen.

4 Inzwischen die Polenta in Dreiecke schneiden. In einer beschichteten Pfanne die Butter zerlassen und die Polenta-Ecken darin bräunen. Calamares mit Polenta anrichten und servieren.

Carb 150

1 Portion (770 g) liefert 780 kcal, 42 g Fett, 55 g Kohlenhydrate, 41 g Eiweiß. Die Energiedichte liegt bei 101 kcal/100 g.

> 450 ml Gemüsebrühe, 110 g Instant-Polenta (Maisgrieß), 1 Zweig Rosmarin, 25 g geriebener Parmesan, 1 Zweig Rosmarin, Salz und Pfeffer, 7 TL Olivenöl, 350 g Tintenfischtuben (gesäubert), 500 g Cocktailtomaten, 2 Knoblauchzehen, ½ kleine rote Zwiebel, 30 g schwarze Oliven (in Wasser eingelegt, ohne Stein), 30 g grüne Oliven (in Wasser eingelegt, ohne Stein), 1 mittelscharfe rote Peperoni, , 20 g Tomatenmark, 50 ml trockener Weißwein, 1 TL getrockneter Oregano, 25 g Butter

> Zubereitung wie Carb100.

Carb 200

1 Portion (970 g) liefert 885 kcal, 47 g Fett, 65 g Kohlenhydrate, 46 g Eiweiß. Die Energiedichte liegt bei 91 kcal/100 g.

> 500 ml Gemüsebrühe, 130 g Instant-Polenta (Maisgrieß), 1 Zweig Rosmarin, 25 g geriebener Parmesan, Salz und Pfeffer, 7 TL Olivenöl, 400 g Tintenfischtuben (gesäubert), 500 g Cocktailtomaten, 2 Knoblauchzehen, ½ kleine rote Zwiebel, 30 g schwarze Oliven (in Wasser eingelegt, ohne Stein), 30 g grüne Oliven (in Wasser eingelegt, ohne Stein), 1 mittelscharfe rote Peperoni, 20 g Tomatenmark, 50 ml trockener Weißwein, 1 TL getrockneter Oregano, 30 g Butter

> Zubereitung wie Carb100.

Garnelen-Pflaumen-Spieße mit Chorizo

Carb 100

Für 2 Personen

1 Frühlingszwiebel
120 g Ricotta
1 EL Tahin (Sesammus)
2 EL Zitronensaft
Salz und Cayennepfeffer
8 große Garnelen (z. B. King Prawns)
3 EL Olivenöl
80 g Chorizowurst am Stück
1 gelbe Paprikaschote
8 getrocknete Pflaumen
4 Schaschlikspieße
1 Zweig Rosmarin

1 Portion (420 g) liefert 515 kcal, 34 g Fett, 27 g Kohlenhydrate, 37 g Eiweiß. Die Energiedichte liegt bei 123 kcal/100 g.

1 Für den Dip die Frühlingszwiebel putzen, waschen und fein schneiden. Mit Ricotta, Tahin und Zitronensaft verrühren. Den Dip mit Salz und Cayennepfeffer nach Geschmack würzen.

2 Die Garnelen waschen, trocken tupfen und in 1 EL Olivenöl wenden. Eine beschichtete Pfanne ohne Fett erhitzen, die Garnelen darin 1–2 Minuten braten und herausnehmen.

3 Die Chorizowurst in 8 Stücke schneiden. Die Paprikaschote achteln, putzen und waschen. Je 2 Garnelen, 2 Chorizostücke, 2 getrocknete Pflaumen und 2 Paprikastücke in beliebiger Reihenfolge auf einen Spieß stecken. Den Rosmarin waschen und trocken tupfen, die Nadeln abzupfen und hacken.

4 Das restliche Olivenöl in einer Pfanne erhitzen, die Spieße darin von allen Seiten 3–4 Minuten anbraten. Die Garnelenspieße mit Salz, Cayennepfeffer und Rosmarin würzen. Die Spieße mit dem Dip servieren.

Carb 150

1 Portion (500 g) liefert 700 kcal, 43 g Fett, 43 g Kohlenhydrate, 35 g Eiweiß. Die Energiedichte liegt bei 140 kcal/100 g.

- 1 (150 g) Süßkartoffel, Salz, 1 Frühlingszwiebel, 150 g Ricotta, 1 EL Tahin (Sesammus), 2 EL Zitronensaft, Cayennepfeffer, 8 große Garnelen (z. B. King Prawns), 4 EL Olivenöl, 100 g Chorizowurst am Stück, 1 gelbe Paprikaschote, 8 getrocknete Pflaumen, 4 Schaschlikspieße, 1 Zweig Rosmarin
- Zubereitung wie Carb100, aber: vor Schritt 1 die Süßkartoffel schälen, in mundgerechte Stücke schneiden und in kochendem Salzwasser in 10 Minuten weich garen. Die Kartoffelstücke abgießen, mit einem Stampfer zerdrücken und mit den Dip-Zutaten verrühren. Weiter mit Schritt 2. In Schritt 3 Chorizowurst in 10 Stücke schneiden und die Zutaten in beliebiger Reihenfolge auf die Spieße stecken. Dann weiter mit Schritt 4.

Carb 200

1 Portion (550 g) liefert 825 kcal, 51 g Fett, 62 g Kohlenhydrate, 47 g Eiweiß. Die Energiedichte liegt bei 150 kcal/100 g.

- 250 g Süßkartoffeln, Salz, 1 Frühlingszwiebel, 150 g Ricotta, 2 EL Tahin (Sesammus), 3 EL Zitronensaft, Cayennepfeffer, 10 große Garnelen (z. B. King Prawns), 5 EL Olivenöl, 100 g Chorizo am Stück, 1 gelbe Paprikaschote, 10 getrocknete Pflaumen, 6 Schaschlikspieße, 1 Zweig Rosmarin
- Zubereitung wie Carb150.

Thunfischsteak mit gefüllten Auberginen

Carb 100

Für 2 Personen

1 (300 g) Aubergine
50 g Fladenbrot
2 Knoblauchzehen
8–10 frische Basilikumblätter
1 Ei (Größe M)
1 TL Harissa (Glas oder Rezept Seite 208)
½ TL gemahlener Kreuzkümmel
Meersalz
4 EL Olivenöl
1 Zwiebel
1 getrocknete Chilischote
1 Zweig Rosmarin
2 (à 150 g) Fleischtomaten
2 EL Tomatenmark
1 TL Zucker
2 (à 100 g) Thunfischsteaks
Pfeffer

1 ofenfeste Form

1 Portion (460 g) liefert 575 kcal, 37 g Fett, 27 g Kohlenhydrate, 35 g Eiweiß. Die Energiedichte liegt bei 125 kcal/100 g.

1 Den Backofen auf 200 °C (Umluft) vorheizen. Die Aubergine waschen, putzen und quer halbieren. Das Fruchtfleisch bis auf einen ca. ½ cm breiten Rand und bis knapp zum Boden herauslösen und klein würfeln.

2 Das Fladenbrot 2 Minuten in kaltem Wasser einweichen. Den Knoblauch abziehen und hacken. Das Basilikum waschen, trocken tupfen und fein hacken. Das Ei verquirlen. Das Brot gut ausdrücken. Brot mit Ei, Basilikum, der Hälfte des Knoblauchs, Auberginenwürfeln, Harissa, Kreuzkümmel und Meersalz vermengen.

3 Die Auberginenhälften mit der Masse füllen, mit 1 EL Öl beträufeln und in eine ofenfeste Form setzen. Im Ofen (Mitte) 30–40 Minuten backen.

4 Für den Sugo die Zwiebel abziehen und fein würfeln. Chili zerbröseln. Rosmarin waschen und trocken tupfen, die Nadeln abzupfen und fein hacken. Die Stielansätze der Tomaten entfernen. Tomaten 1–2 Minuten mit kochendem Wasser überbrühen, häuten und klein würfeln.

5 In einer beschichteten Pfanne 2 EL Olivenöl erhitzen, Zwiebel und den restlichen Knoblauch darin andünsten. Tomatenmark und Chili unterrühren. Die Tomatenwürfel dazugeben, mit Zucker, Rosmarin, Salz und Pfeffer nach Geschmack würzen. Den Sugo aufkochen und 15–20 Minuten köcheln lassen.

6 In einer weiteren Pfanne 1 EL Olivenöl erhitzen, die Thunfischsteaks darin bei großer Hitze von beiden Seiten scharf anbraten. Mit Salz und Pfeffer würzen und bei mittlerer Hitze weitere 2–3 Minuten pro Seite braten. Die gefüllten Auberginen auf dem Tomatensugo anrichten und mit dem Thunfischsteak servieren.

Carb 150

1 Portion (660 g) liefert 770 kcal, 46 g Fett, 40 g Kohlenhydrate, 49 g Eiweiß. Die Energiedichte liegt bei 117 kcal/100 g.

> 1 (400 g) Aubergine, 100 g Fladenbrot, 2 Knoblauchzehen, 8–10 frische Basilikumblätter, 1 Ei (Größe M), 1 TL Harissa (Glas oder Rezept Seite 208), ½ TL gemahlener Kreuzkümmel, Meersalz, 4 EL Olivenöl, 1 Zwiebel, 1 getrocknete Chilischote, 1 Zweig Rosmarin, 2 (à 150 g) Fleischtomaten, 2 EL Tomatenmark, 1 TL Zucker, 2 (à 150 g) Thunfischsteaks, Pfeffer

> Zubereitung wie Carb100.

Carb 200

1 Portion (860 g) liefert 850 kcal, 46 g Fett, 60 g Kohlenhydrate, 52 g Eiweiß. Die Energiedichte liegt bei 99 kcal/100 g.

> 1 (400 g) Aubergine, 100 g Fladenbrot, 2 Knoblauchzehen, 8–10 frische Basilikumblätter, 1 Ei (Größe M), 1 TL Harissa (Glas oder Rezept Seite 208), ½ TL gemahlener Kreuzkümmel, Meersalz, 4 EL Olivenöl, 250 g Kartoffeln, 1 Zwiebel, 1 getrocknete Chilischote, 1 Zweig Rosmarin, 3 (à 150 g) Fleischtomaten, 2 EL Tomatenmark, 1 TL Zucker, 2 (à 150 g) Thunfischsteaks, Pfeffer

> Zubereitung wie Carb100, aber: in Schritt 3 die Kartoffeln schälen, in mundgerechte Stücke schneiden und 10 Minuten kochen. Dann weiter mit dem Sugo in Schritt 4. In Schritt 5 Kartoffelstücke, Tomatenmark und Chili unterrühren. Dann weiter bis Schritt 6.

Lachs mit Senf-Kräuter-Kruste auf Möhrentagliatelle

Carb 100

Für 2 Personen

2 große (ca. 500 g) Möhren
2 (à 120 g) Lachsfilets
Salz
½ TL Zitronensaft
3 TL Olivenöl
½ TL Knoblauchgranulat
15 g geriebener Parmesan
15 g Semmelbrösel
30 g Dijon-Senf (oder milder Senf)
2 EL getrocknete Kräuter der Provence
60 g Tagliatelle (ungekocht)
30 g grünes Pesto (Glas)
50 ml Sahne
Pfeffer

1 Auflaufform (30 x 20 cm)

1 Portion (480 g) liefert 600 kcal, 38 g Fett, 30 g Kohlenhydrate, 34 g Eiweiß. Die Energiedichte liegt bei 125 kcal/100 g.

1 Den Backofen auf 180 °C (Umluft) vorheizen. Die Möhren putzen, schälen und mit einem Sparschäler in dünne Streifen wie Bandnudeln hobeln. Den Lachs kalt abbrausen, trocken tupfen, salzen und mit etwas Zitronensaft säuern.

2 Für die Kräuterkruste 2 TL Olivenöl mit Knoblauchgranulat, Parmesan, Semmelbröseln, Senf und Kräutern der Provence verkneten.

3 In einer beschichteten Pfanne 1 TL Olivenöl erhitzen, den Lachs darin von beiden Seiten jeweils 2 Minuten scharf anbraten. Die Lachsfilets herausnehmen, in eine Auflaufform legen und mit der Senf-Kräuter-Mischung bestreichen. Den Lachs im Ofen (Mitte) 10 Minuten backen.

4 Inzwischen reichlich Salzwasser in einem Topf aufkochen und die Tagliatelle darin nach Packungsangabe bissfest garen. Die Nudeln mit einem Spaghettilöffel herausnehmen. Die Möhren ins kochende Nudelwasser geben und 2 Minuten blanchieren (sie müssen noch bissfest sein), dann abgießen.

5 Möhren und Tagliatelle in eine heiße, beschichtete Pfanne geben. Pesto und Sahne unterrühren und kurz aufkochen. Mit Salz und Pfeffer nach Geschmack würzen. Die Möhrentagliatelle auf zwei tiefen Tellern anrichten und den Lachs darauflegen.

Carb 150

1 Portion (600 g) liefert 800 kcal, 48 g Fett, 54 g Kohlenhydrate, 39 g Eiweiß. Die Energiedichte liegt bei 133 kcal/100 g.

- 12 große (ca. 500 g) Möhren, 2 (à 150 g) Lachsfilets, Salz, ½ TL Zitronensaft, 3 TL Olivenöl, ½ TL Knoblauchgranulat, 15 g geriebener Parmesan, 20 g Semmelbrösel, 30 g Dijon-Senf (oder milder Senf), 2 EL frisch gehackte Kräuter der Provence, 90 g Tagliatelle (ungekocht), 40 g grünes Pesto (Glas), 90 g Sahne, Pfeffer
- Zubereitung wie Carb100.

Carb 200

1 Portion (675 g) liefert 905 kcal, 52 g Fett, 65 g Kohlenhydrate, 46 g Eiweiß. Die Energiedichte liegt bei 134 kcal/100 g.

- 2 große (ca. 500 g) Möhren, 2 (à 150 g) Lachsfilets, Salz, ½ TL Zitronensaft, 3 TL Olivenöl, ½ TL Knoblauchgranulat, 20 g geriebener Parmesan, 20 g Semmelbrösel, 30 g Dijon-Senf (oder milder Senf), 2 EL frisch gehackte Kräuter der Provence, 120 g Tagliatelle (ungekocht), 40 g grünes Pesto (Glas), 100 g Sahne, Pfeffer
- Zubereitung wie Carb100.

Fleisch

Fleisch ist ein Stück Lebenskraft! Es liefert Eiweiß – und davon eine ganze Menge. Rund 20 g stecken in einer Fleischportion von 100 g. Das Besondere am Fleischeiweiß ist seine Qualität. Es liefert lebensnotwendige Aminosäuren, die der Körper gut als Bau- und Regenerationsstoff nutzen kann. Fleisch strotzt zudem nur so vor den Vitaminen B_1, B_2, B_6 und B_{12}. Schweinefleisch nimmt durch seinen hohen Vitamin-B_1-Gehalt eine Spitzenposition ein. Vor allem rotes Fleisch von Rind, Lamm, Schwein oder Kalb hat einen hohen Gehalt an Mineralstoffen und gut verfügbares Zink und Eisen zu bieten. Auch Magnesium, Chrom und Kupfer stecken darin. Also greifen Sie zu! Achten Sie auf eine gute Qualität, dann wird der regelmäßige Fleischgenuss kombiniert mit viel Salat oder Gemüse dazu beitragen, dass Sie gesund, schlank, leistungsstark und fit bleiben!

Marinierte Hähnchenkeulen auf Belugalinsen-Möhren-Salat

Carb 100

Für 2 Personen

2 (à 200 g) Hähnchenkeulen
1 Knoblauchzehe
1 Zweig Rosmarin
3 TL getrocknete Kräuter der Provence
2 EL edelsüßes Paprikapulver
2 EL Chilipulver
60 ml + 3 EL Olivenöl
2 EL Tomatenmark
2 EL Honig
100 g Belugalinsen
Salz
400 ml Wasser
2 Möhren, 2 Frühlingszwiebeln
2 TL Zucker, 3 EL Orangensaft
weißer Pfeffer
1 Granatapfel (davon 2 EL Granatapfelkerne)

1 ofenfeste Form

1 Portion (520 g) liefert 595 kcal, 29 g Fett, 31 g Kohlenhydrate, 53 g Eiweiß. Die Energiedichte liegt bei 114 kcal/100 g.

1 Den Backofen auf 180 °C (Ober-/Unterhitze) vorheizen. Die Hähnchenkeulen kalt abbrausen und trocken tupfen.

2 Für die Marinade den Knoblauch abziehen. Den Rosmarin waschen, trocken tupfen und die Nadeln abzupfen. Rosmarin, 2 TL Kräuter der Provence, Paprika- und Chilipulver mischen. Den Knoblauch dazupressen. 60 ml Olivenöl, Tomatenmark und Honig hinzufügen und alles verrühren.

3 Die Hähnchenkeulen mit jeweils einem 1 EL Marinade auf beiden Seiten bestreichen, in eine ofenfeste Form legen und im Ofen (Mitte) 15 Minuten garen. Die Form herausnehmen, überschüssiges Fett abgießen, die Keulen wenden, mit jeweils 1 EL Marinade bestreichen und im Ofen weitere 15 Minuten garen, bis die Haut kross ist.

4 Inzwischen die Linsen kalt abbrausen. 400 ml Salzwasser in einem Topf aufkochen und die Linsen darin bei mittlerer Hitze 15–20 Minuten garen. Dann abkühlen lassen.

5 Die Möhren putzen, schälen und raspeln. Die Frühlingszwiebeln putzen, waschen und in feine Röllchen schneiden. 3 EL Olivenöl mit Zucker, Orangensaft, restlichen Kräutern der Provence, Salz und Pfeffer verrühren. Die Linsen mit Möhren, Frühlingszwiebeln, Granatapfelkernen und dem Dressing mischen. Den Linsensalat mit den Hähnchenkeulen servieren.

Carb 150

1 Portion (645 g) liefert 760 kcal, 36 g Fett, 41 g Kohlenhydrate, 68 g Eiweiß. Die Energiedichte liegt bei 118 kcal/100 g.

> 2 (à 250 g) Hähnchenkeulen, 1 Knoblauchzehe, 1 Zweig Rosmarin, 3 TL getrocknete Kräuter der Provence, 2 EL edelsüßes Paprikapulver, 2 EL Chilipulver, 60 ml + 3 EL Olivenöl, 2 EL Tomatenmark, 2 EL Honig, 150 g Belugalinsen, Salz, 600 ml Wasser, 2 Möhren, 2 Frühlingszwiebeln, 2 TL Zucker, 3 EL Orangensaft, weißer Pfeffer, 1 Granatapfel (davon 2 EL Granatapfelkerne)
> Zubereitung wie Carb100.

Carb 200

1 Portion (730 g) liefert 835 kcal, 36 g Fett, 61 g Kohlenhydrate, 65 g Eiweiß. Die Energiedichte liegt bei 114 kcal/100 g.

> 2 (à 200 g) Hähnchenkeulen, 1 Knoblauchzehe, 1 Zweig Rosmarin, 3 TL getrocknete Kräuter der Provence, 2 EL edelsüßes Paprikapulver, 2 EL Chilipulver, 60 ml + 4 EL Olivenöl, 2 EL Tomatenmark, 2 EL Honig, 200 g Belugalinsen, Salz, 800 ml Wasser, 3 Möhren, 2 Frühlingszwiebeln, 3 TL Zucker, 4 EL Orangensaft, weißer Pfeffer, 1 Granatapfel (davon 2 EL Granatapfelkerne)
> Zubereitung wie Carb100, aber: in Schritt 4 die Linsen in 800 ml Salzwasser garen. In Schritt 5 für das Dressing 4 EL Olivenöl verwenden.

Involtini mit Paprikafüllung und Thymiantomaten

Carb 100

Für 2 Personen

150 g geröstete Paprika (Glas)
350 g Putenschnitzel (in 4 Scheiben geschnitten)
Salz und Cayennepfeffer
15 g Tomatenmark
50 g Pecorino-Käse (mild, in 4 dünne Scheiben geschnitten)
kleine Holzspieße
1 EL Mehl
2 EL Olivenöl
50 ml trockener Weißwein
50 ml Gemüsebrühe
600 g Cocktailtomaten
2 Zweige Thymian
15 g Puderzucker

1 Portion (655 g) liefert 540 kcal, 22 g Fett, 26 g Kohlenhydrate, 53 g Eiweiß. Die Energiedichte liegt bei 82 kcal/100 g.

1 Die gerösteten Paprika abtropfen lassen. Die Schnitzel kalt abbrausen und trocken tupfen, nacheinander in einen Gefrierbeutel legen und mit einem Fleischklopfer flach klopfen. Geröstete Paprika in Scheiben schneiden, etwas kleiner als die Schnitzel.

2 Die Schnitzel auf eine Arbeitsfläche legen, mit Salz und Cayennefeffer nach Geschmack würzen. Dann mit Tomatenmark bestreichen. Jeweils 1 Paprika- und 1 Käsescheibe darauflegen. Die Schnitzel einrollen und mit Holzspießchen fixieren. Die Involtini rundherum mit Mehl bestäuben.

3 In einer Pfanne 1 EL Olivenöl erhitzen, die Involtini darin rundherum in 3–4 Minuten scharf anbraten. Dann mit Wein und Brühe ablöschen, alles aufkochen und bei mittlerer Hitze 20 Minuten köcheln lassen.

4 10 Minuten vor dem Ende der Garzeit Tomaten und Thymian waschen und trocken tupfen. Die Thymianblätter abzupfen.

5 In einer zweiten Pfanne 1 EL Öl erhitzen, den Thymian darin kurz anbraten. Die Tomaten dazugeben und mit Puderzucker bestäuben. Die Tomaten unter ständigem Wenden karamellisieren und braten, bis sie aufplatzen. Mit etwas Salz und Cayennepfeffer würzen. Involtini mit den karamellisierten Thymiantomaten servieren.

>>

Carb 150 mit Paprika-Patatas

1 Portion (820 g) liefert 800 kcal, 37 g Fett, 52 g Kohlenhydrate, 57 g Eiweiß.Die Energiedichte liegt bei 98 kcal/100 g.

> 350 g kleine Kartoffeln , ½ TL scharfes Paprikapulver, ½ TL edelsüßes Paprikapulver, Meersalz, Cayennepfeffer, 5 EL Olivenöl, 150 g geröstete Paprika (Glas), 350 g Putenschnitzel (in 4 Scheiben geschnitten), Salz, 15 g Tomatenmark, 50 g Pecorino-Käse (mild, in 4 dünne Scheiben geschnitten), kleine Holzspieße, 1 EL Mehl, 50 ml trockener Weißwein, 50 ml Gemüsebrühe, 600 g Cocktailtomaten, 2 Zweige Thymian, 15 g Puderzucker

> Zubereitung wie Carb100, aber: vor Schritt 1 den Backofen auf 200 °C (Ober-/Unterhitze) vorheizen. Kartoffeln gründlich waschen, ungeschält vierteln und in eine Schüssel geben. Beide Sorten Paprikapulver mit Meersalz, Cayennepfeffer und 2 EL Öl verrühren. Kartoffeln mit der Marinade mischen, in eine kleine Auflaufform geben und im Ofen (Mitte) 20–25 Minuten backen. Dabei zwischendurch wenden. Am Ende die Kartoffeln heiß zu den Involtini und Thymiantomaten servieren.

Carb 200 mit Paprika-Patatas

1 Portion (920 g) liefert 850 kcal, 38 g Fett, 63 g Kohlenhydrate, 58 g Eiweiß. Die Energiedichte liegt bei 92 kcal/100 g.

> 500 g kleine Kartoffeln, ½ TL scharfes Paprikapulver, ½ TL edelsüßes Paprikapulver, Meersalz, Cayennepfeffer, 5 EL Olivenöl, 150 g geröstete Paprika (Glas), 350 g Putenschnitzel (in 4 Scheiben geschnitten), Salz, 15 g Tomatenmark, 50 g Pecorino-Käse (mild, in 4 dünne Scheiben geschnitten), kleine Holzspieße, 1 EL Mehl, 50 ml trockener Weißwein, 50 ml Gemüsebrühe, 600 g Cocktailtomaten, 2 Zweige Thymian, 15 g Puderzucker

> Zubereitung wie Carb150.

Hähnchenbrustfilets mit Zitronensoße, Endiviensalat und Kräuterreis

Carb 100

Für 2 Personen

200 g Endiviensalat
1 Knoblauchzehe
2 (à 150 g) Hähnchenbrustfilets
20 g Mehl
8 TL Olivenöl
Salz und Pfeffer
10 g Butter
100 ml trockener Weißwein
150 ml Gemüsebrühe
1 kleine Bio-Zitrone
30 g Kapern (Glas)
1 EL gehackte glatte Petersilie
40 g Vollkornreis, ungekocht
1 EL frisch gehackte Kräuter (z. B. Petersilie, Basilikum)
2 EL Aceto balsamico (hell)
2 EL Milch (3,5 % Fett)
15 g Honig, 1 TL Dijon-Senf
1–2 EL Wasser

1 Portion (400 g) liefert 500 kcal, 29 g Fett, 35 g Kohlenhydrate, 39 g Eiweiß. Die Energiedichte liegt bei 125 kcal/100 g.

1 Den Endiviensalat putzen, in Streifen schneiden, waschen und trocken schleudern. Den Salat in eine Schüssel geben. Den Knoblauch abziehen und halbieren.

2 Die Hähnchenbrustfilets kalt abbrausen und trocken tupfen, auf beiden Seiten mit Mehl bestäuben. In einer Pfanne 3 TL Olivenöl erhitzen, den Knoblauch darin bräunen, dann herausnehmen. In derselben Pfanne die Hähnchenbrustfilets bei großer Hitze von beiden Seiten jeweils 2 Minuten kräftig anbraten, mit Salz und Pfeffer würzen. Die Butter hinzufügen und 1 Minute weiterbraten. Dann mit Wein und Brühe ablöschen, alles aufkochen und die Flüssigkeit bei kleiner Hitze 10 Minuten einkochen lassen.

3 Inzwischen die Zitrone waschen und abtrocknen, die Schale abreiben und den Saft auspressen. Die Kapern abtropfen lassen. Zitronenschale, Zitronensaft und Kapern zum Fleisch geben und weitere 10 Minuten köcheln lassen. Zum Schluss mit Salz und Pfeffer abschmecken und die Petersilie unterrühren.

4 Parallel zum Fleisch den Reis in einem Topf mit kochendem Salzwasser nach Packungsangabe garen, dann abgießen. Die gehackten Kräuter untermischen. Für das Dressing restliches Öl mit Essig, Milch, Honig, Senf und 1–2 EL Wasser verquirlen. Den Salat damit anmachen und mit Salz abschmecken. Die Filets auf zwei Tellern anrichten und mit Zitronensoße beträufeln. Mit Salat und Kräuterreis servieren.

Carb 150

1 Portion (705 g) liefert 790 kcal, 34 g Fett, 54 g Kohlenhydrate, 57 g Eiweiß. Die Energiedichte liegt bei 112 kcal/100 g.

> 300 g Endiviensalat, 1 Knoblauchzehe, 2 (à 200 g) Hähnchenbrustfilets, 20 g Mehl, 8 TL Olivenöl, Salz und Pfeffer, 20 g Butter, 100 ml trockener Weißwein, 150 ml Gemüsebrühe, 1 kleine Bio-Zitrone, 30 g Kapern (Glas), 1 EL gehackte glatte Petersilie, 90 g Vollkornreis (alternativ Langkornreis, ungekocht), 2 EL frisch gehackte Kräuter (z. B. Petersilie, Basilikum, Salbei), 2 EL Aceto balsamico (hell), 3 EL Milch (3,5 % Fett), 15 g Honig, 1 TL Dijon-Senf, 1–2 EL Wasser
> Zubereitung wie Carb100.

Carb 200

1 Portion (570 g) liefert 850 kcal, 42 g Fett, 60 g Kohlenhydrate, 57 g Eiweiß. Die Energiedichte liegt bei 149 kcal/100 g.

> 300 g Endiviensalat, 1 Knoblauchzehe, 2 (à 200 g) Hähnchenbrustfilets, 20 g Mehl, 8 TL Olivenöl, Salz und Pfeffer, 20 g Butter, 100 ml trockener Weißwein, 150 ml Gemüsebrühe, 1 kleine Bio-Zitrone, 30 g Kapern (Glas), 1 EL gehackte glatte Petersilie, 120 g Vollkornreis (alternativ Langkornreis, ungekocht), 2 EL frisch gehackte Kräuter (z. B. Petersilie, Basilikum, Salbei), 2 EL Aceto balsamico (hell), 3 EL Milch (3,5 % Fett), 15 g Honig, 1 TL Dijon-Senf, 1–2 EL Wasser
> Zubereitung wie Carb100.

Piccata milanese mit Zucchinispaghetti in Tomatensoße

Carb 100

Für 2 Personen

Salz
35 g Vollkorn-Spaghetti (ungekocht)
400 g Zucchini
6 frische Basilikumblätter
100 g rote Zwiebeln
1 Knoblauchzehe
1 TL Olivenöl, 2 EL Tomatenmark
1 kleine Dose stückige Tomaten (240 g Abtropfgewicht)
1 TL Zucker
Pfeffer
1 TL getrockneter Oregano
2 Eier (Größe S)
30 g geriebener Parmesan
2 EL gehackte glatte Petersilie
300 g Putenschnitzel (sehr dünn geschnitten)
20 g Mehl
25 g Butterschmalz

1 Portion (635 g) liefert 600 kcal, 28 g Fett, 33 g Kohlenhydrate, 56 g Eiweiß. Die Energiedichte liegt bei 94 kcal/100 g.

1 Reichlich Salzwasser in einem Topf aufkochen und die Spaghetti darin nach
Packungsangabe bissfest garen. Dann abgießen und abtropfen lassen.

2 Inzwischen die Zucchini putzen, waschen und mit einem Spiralschneider in feine Streifen wie Spaghetti schneiden. Oder die Zucchini mit einem Sparschäler wie Bandnudeln fein hobeln. Zucchini und Spaghetti vermischen. Basilikum waschen, trocken tupfen und grob hacken. Zwiebeln und Knoblauch abziehen und fein hacken.

3 In einer beschichteten Pfanne das Öl erhitzen, Zwiebeln und Knoblauch darin glasig dünsten. Das Tomatenmark dazugeben und kurz mitbraten. Tomaten und Zucker hinzufügen. Mit Salz, Pfeffer und Oregano würzen. Alles aufkochen und 10–15 Minuten köcheln lassen.

4 Inzwischen die Eier mit Parmesan und Petersilie verquirlen. Mit etwas Salz und Pfeffer nach Geschmack würzen. Die Schnitzel dünn klopfen, mit Salz und Pfeffer würzen und auf beiden Seiten mit Mehl bestäuben.

5 In einer beschichteten Pfanne das Butterschmalz erhitzen. Die Schnitzel durch das Ei ziehen und im heißen Fett von jeder Seite 3–4 Minuten braten. Die Zucchinispaghetti unter die heiße Tomatensoße rühren. Das Basilikum untermischen. Die Zucchinispaghetti mit den Schnitzeln servieren.

Carb 150

1 Portion (850 g) liefert 795 kcal, 36 g Fett, 54 g Kohlenhydrate, 62 g Eiweiß. Die Energiedichte liegt bei 93 kcal/100 g.

> Salz, 90 g Vollkorn-Spaghetti (ungekocht), 400 g Zucchini, 6 frische Basilikumblätter, 100 g rote Zwiebeln, 1 Knoblauchzehe, 1 TL Olivenöl, 2 EL Tomatenmark, 400 g stückige Tomaten (Dose), 1 TL Zucker, Pfeffer, 1 TL getrockneter Oregano, 2 Eier (Größe S), 40 g geriebener Parmesan, 2 EL gehackte glatte Petersilie, 300 g Putenschnitzel (sehr dünn geschnitten), 20 g Mehl, 35 g Butterschmalz
> Zubereitung wie Carb100.

Carb 200

1 Portion (920 g) liefert 900 kcal, 37 g Fett, 65 g Kohlenhydrate, 75 g Eiweiß. Die Energiedichte liegt bei 98 kcal/100 g.

> Salz, 110 g Vollkorn-Spaghetti (ungekocht), 400 g Zucchini, 6 frische Basilikumblätter, 100 g rote Zwiebeln, 1 Knoblauchzehe, 1 TL Olivenöl, 2 EL Tomatenmark, 400 g stückige Tomaten (Dose), 1 TL Zucker, Pfeffer, 1 TL getrockneter Oregano, 2 Eier (Größe S), 40 g geriebener Parmesan, 2 EL gehackte glatte Petersilie, 400 g Putenschnitzel (sehr dünn geschnitten), 30 g Mehl, 35 g Butterschmalz
> Zubereitung wie Carb100.

Saltimbocca mit Rosmarin-Kürbis-Kartoffeln

Carb 100

Für 2 Personen

1–2 Zweige Rosmarin
4 EL Olivenöl
Meersalz
300 g Hokkaido-Kürbis
300 g kleine Kartoffeln
Cayennepfeffer
2 (à 125 g) Kalbsschnitzel
2 dünne Scheiben (à 20 g) roher Schinken (z. B. Parma- oder Serranoschinken)
2 Salbeiblätter
kleine Holzspieße
1 EL Mehl
15 g Butter
Salz
schwarzer Pfeffer aus der Mühle
80 ml trockener Weißwein

1 Portion (500 g) liefert 600 kcal, 33 g Fett, 33 g Kohlenhydrate, 38 g Eiweiß. Die Energiedichte liegt bei 120 kcal/100 g.

1 Den Backofen auf 180 °C (Ober-/Unterhitze) vorheizen. Ein Backblech mit Backpapier auslegen. Den Rosmarin waschen und trocken tupfen, die Nadeln abzupfen, fein hacken. Das Backpapier mit der Hälfte des Olivenöls bestreichen und mit Meersalz und Rosmarin bestreuen.

2 Den Kürbis waschen, halbieren, entkernen und in ca. 2 cm dicke Spalten schneiden. Die Kartoffeln schälen und in ca. 2 cm dicke Scheiben schneiden. Beides auf das Backblech legen. Die Oberseite der Kürbisspalten und Kartoffelscheiben mit restlichem Öl bestreichen und mit Cayennepfeffer nach Geschmack würzen. Im Ofen (Mitte) 20 Minuten backen.

3 Inzwischen jedes Kalbsschnitzel mit 1 Scheibe Schinken und 1 Salbeiblatt belegen und mit einem Holzspießchen fixieren. Die untere Fleischseite mit Mehl bestäuben.

4 In einer beschichteten Pfanne die Butter zerlassen, die Schnitzel darin zuerst mit der Schinkenseite kurz bräunen, dann wenden, salzen, pfeffern und 1 Minute braten. Mit dem Wein ablöschen, alles aufkochen und bei kleiner Hitze 10–15 Minuten einkochen lassen. Saltimbocca mit Rosmarin-Kürbis-Kartoffeln anrichten.

Carb 150

1 Portion (700 g) liefert 795 kcal, 42 g Fett, 48 g Kohlenhydrate, 49 g Eiweiß. Die Energiedichte liegt bei 114 kcal/100 g.

> 1–2 Zweige Rosmarin, 5 EL Olivenöl, Meersalz, 450 g Hokkaido-Kürbis, 450 g kleine Kartoffeln, Cayennepfeffer, 300 g Kalbsschnitzel (in 4 dünne Scheiben geschnitten), 4 dünne Scheiben (à 15 g) roher Schinken (z. B. Parma- oder Serranoschinken), 4 frische Salbeiblätter, kleine Holzspieße, 1 EL Mehl, 20 g Butter, Salz, schwarzer Pfeffer aus der Mühle, 80 ml trockener Weißwein
> Zubereitung wie Carb100.

Carb 200

1 Portion (815 g) liefert 895 kcal, 45 g Fett, 58 g Kohlenhydrate, 56 g Eiweiß. Die Energiedichte liegt bei 110 kcal/100 g.

> 1–2 Zweige Rosmarin, 5 ½ EL Olivenöl, Meersalz, 500 g Hokkaido-Kürbis, 550 g kleine Kartoffeln, Cayennepfeffer, 350 g Kalbsschnitzel (in 4 dünne Scheiben geschnitten), 4 dünne Scheiben (à 15 g) roher Schinken (z. B. Parma- oder Serranoschinken), 4 frische Salbeiblätter, kleine Holzspieße 3 TL Mehl, 20 g Butter, Salz, schwarzer Pfeffer aus der Mühle, 80 ml trockener Weißwein
> Zubereitung wie Carb100.

Blumenkohlpizza mit Schinken, Pilzen und Rucola

Carb 100

Für 2 Personen

250 g Blumenkohl
Salz
1 Ei (Größe M)
100 g geriebener Pizzakäse (z. B. Mozzarella)
50 g Vollkornmehl
2 EL Olivenöl
1 (80 g) Zwiebel, 1 Knoblauchzehe
200 g stückige Tomaten (Dose)
20 g Tomatenmark
Pfeffer
1 EL getrockneter Oregano
10 g Rucola
50 g Champignons
30 g Serranoschinken in Scheiben
30 g gekochter Schinken in Scheiben
30 g geriebener Parmesan

1 Pizzablech (30 cm Ø)

1 Portion (465 g) liefert 555 kcal, 34 g Fett, 29 g Kohlenhydrate, 34 g Eiweiß. Die Energiedichte liegt bei 119 kcal/100 g.

1 Den Backofen auf 230 °C (Ober-/Unterhitze) vorheizen. Das Pizzablech mit Backpapier auslegen.

2 Den Blumenkohl putzen, waschen, in kleine Stücke teilen und mithilfe einer Küchenmaschine oder Reibe raspeln. Die Blumenkohlraspel mit ½ TL Salz würzen und in einer heißen, beschichteten Pfanne 3 Minuten andünsten. Den Blumenkohl in einem Sieb über einer Schüssel abkühlen lassen.

3 Die Blumenkohlraspel ausdrücken. Das Ei verquirlen, mit Pizzakäse, Mehl und Blumenkohlraspeln vermengen. Die Blumenkohlmasse auf dem Pizzablech mit feuchten Händen gleichmäßig verteilen, mit 1 EL Olivenöl bestreichen und im Ofen (Mitte) 15 Minuten backen, bis die Masse leicht gebräunt ist.

4 Inzwischen Zwiebel und Knoblauch abziehen und fein würfeln. In einer Pfanne 1 EL Olivenöl erhitzen, Zwiebel und Knoblauch darin glasig dünsten. Tomaten und Tomatenmark hinzufügen und unterrühren. Die Tomatensoße 5 Minuten köcheln lassen. Mit Salz, Pfeffer und Oregano würzen.

5 Den Rucola verlesen, waschen und trocken schleudern. Die Champignons putzen und in feine Scheiben schneiden. Die Pizza herausnehmen, mit Tomatensoße bestreichen, mit Champignons und Schinken belegen. Den Parmesan darüberstreuen und die Pizza im Ofen (Mitte) 10 Minuten backen. Die Pizza herausnehmen und mit Rucola bestreut servieren.

>>

Carb 150

1 Portion (545 g) liefert 705 kcal, 38 g Fett, 47 g Kohlenhydrate, 42 g Eiweiß. Die Energiedichte liegt bei 124 kcal/100 g.

> 250 g Blumenkohl, Salz, 1 Ei (Größe M), 150 g geriebener Pizzakäse (z. B. Mozzarella), 100 g Vollkornmehl, 2 EL Olivenöl, 1 (80 g) Zwiebel, 1 Knoblauchzehe, 200 g stückige Tomaten (Dose), 20 g Tomatenmark, Pfeffer, 1 EL getrockneter Oregano, 10 g Rucola, 50 g Champignons, 40 g Serranoschinken in Scheiben, 40 g gekochter Schinken in Scheiben, 30 g geriebener Parmesan

> Zubereitung wie Carb100.

Carb 200

1 Portion (580 g) liefert 805 kcal, 39 g Fett, 64 g Kohlenhydrate, 47 g Eiweiß. Die Energiedichte liegt bei 140 kcal/100 g.

> 250 g Blumenkohl, Salz, 1 Ei (Größe M), 150 g geriebener Pizzakäse (z. B. Mozzarella), 120 g Vollkornmehl, 2 EL Olivenöl, 1 (80 g) Zwiebel, 1 Knoblauchzehe, 200 g stückige Tomaten (Dose), 20 g Tomatenmark, Pfeffer, 1 EL getrockneter Oregano, 100 g Mais (Dose), 10 g Rucola, 50 g Champignons, 50 g Serranoschinken in Scheiben, 50 g gekochter Schinken in Scheiben, 30 g geriebener Parmesan

> Zubereitung wie Carb100, aber: In Schritt 4 den Mais abtropfen lassen und in Schritt 5 die Pizza mit Champignons, Schinken und Mais belegen.

Schweinekoteletts mit Zwiebel-Fenchel-Gemüse und Süßkartoffelpüree

Carb 100

Für 2 Personen

2 (à 150 g) Schweinekoteletts
Salz und Pfeffer
15 g Mehl
400 g Zwiebeln
1 große (ca. 250 g) Fenchelknolle
80 g schwarze Oliven (in Wasser eingelegt, ohne Stein)
2 EL Olivenöl
50 ml Gemüsebrühe
100 ml trockener Weißwein
1 (125 g) Süßkartoffel
10 g Butter

1 Portion (670 g) liefert 595 kcal, 29 g Fett, 33 g Kohlenhydrate, 40 g Eiweiß. Die Energiedichte liegt bei 89 kcal/100 g.

1 Die Koteletts beidseitig mit Salz und Pfeffer würzen und mit Mehl bestäuben. Die Zwiebeln abziehen und in Ringe schneiden. Den Fenchel putzen, halbieren, von dem Strunk befreien und waschen. Die Fenchelhälften in Streifen schneiden. Die Oliven abtropfen lassen.

2 In einer großen beschichteten Pfanne 1 EL Olivenöl erhitzen, das Fleisch darin von beiden Seiten 1–2 Minuten anbraten, dann herausnehmen. Restliches Olivenöl in dieselbe Pfanne geben, Zwiebeln und Fenchel darin unter Rühren 2 Minuten braten. Die Oliven dazugeben und das Gemüse salzen. Mit Brühe und Wein ablöschen und aufkochen.

3 Das Fleisch auf das Gemüse legen und zugedeckt 30 Minuten garen. Zwischendurch das Gemüse umrühren.

4 Die Süßkartoffel schälen, in mundgerechte Stücke schneiden und in wenig kochendem Salzwasser in 20 Minuten weich garen. Anschließend die Kartoffelstücke abgießen und mit einem Kartoffelstampfer zerstampfen. Die Butter unterrühren und das Püree mit Salz und Pfeffer würzen.

Carb 150

1 Portion (815 g) liefert 795 kcal, 37 g Fett, 54 g Kohlenhydrate, 50 g Eiweiß. Die Energiedichte liegt bei 98 kcal/100 g.

- 2 (à 180 g) Schweinekoteletts, Salz und Pfeffer, 15 g Mehl, 400 g Zwiebeln, 1 große (ca. 250 g) Fenchelknolle, 100 g schwarze Oliven (in Wasser eingelegt, ohne Stein), 2 EL Olivenöl, 50 ml Gemüsebrühe, 100 ml trockener Weißwein, 300 g Süßkartoffeln, 20 g Butter
- Zubereitung wie Carb100.

Carb 200

1 Portion (850 g) liefert 875 kcal, 42 g Fett, 64 g Kohlenhydrate, 51 g Eiweiß. Die Energiedichte liegt bei 103 kcal/100 g.

- 2 (à 180 g) Schweinekoteletts, Salz und Pfeffer, 15 g Mehl, 400 g Zwiebeln, 1 große (ca. 250 g) Fenchelknolle, 100 g schwarze Oliven (in Wasser eingelegt, ohne Stein), 2 EL Olivenöl, 50 ml Gemüsebrühe, 100 ml trockener Weißwein, 380 g Süßkartoffeln, 30 g Butter
- Zubereitung wie Carb100.

Quiche Lorraine mit Salat in Joghurt-Basilikum-Dressing

Carb 100

Für 4 Portionen

75 g Vollkornmehl + Vollkornmehl für die Form
100 g gemahlene blanchierte Mandeln
150 g Magerquark
30 g weiche Butter
Salz
60 g Frühlingszwiebeln
50 g Champignons
100 g Käse (z. B. Comté)
2 Eier (Größe M)
50 g Schinkenwürfel (Kühlregal)
120 ml Sahne
1 Msp. frisch geriebene Muskatnuss
weißer Pfeffer
150 g Lollo rosso
200 g Gurken
2 Spitzpaprikaschoten
8 frische Basilikumblätter
2 EL Aceto balsamico (hell)
150 g Joghurt (3,5 % Fett)
2 EL Olivenöl

1 Springform (24 cm Ø)

1 Portion (505 g) liefert 615 kcal, 43 g Fett, 26 g Kohlenhydrate, 26 g Eiweiß. Die Energiedichte liegt bei 121 kcal/100 g.

1 Den Backofen auf 200 °C (Ober-/Unterhitze) vorheizen. Die Springform mit etwas Mehl bestreuen.

2 Die Mandeln mit 75 g Vollkornmehl, Quark, Butter und Salz mit den Quirlen des Handrührgeräts verrühren. Den Teig mit feuchten Händen in die Form drücken, dabei einen kleinen Rand hochziehen. Den Teig im Ofen (Mitte) 10–15 Minuten backen.

3 Inzwischen die Frühlingszwiebeln putzen, waschen und in feine Röllchen schneiden. Die Champignons putzen und in Scheiben schneiden. Den Käse reiben. Die Eier verquirlen und mit Frühlingszwiebeln, Champignons, Käse, Schinkenwürfeln und Sahne vermischen. Mit Muskat, Salz und Pfeffer würzen.

4 Die Form aus dem Ofen nehmen. Die Eiermasse auf dem Teig verteilen und die Quiche im Ofen (Mitte) 35–40 Minuten backen.

5 Kurz vor dem Ende der Backzeit den Salat putzen, waschen und trocken schleudern. Die Gurken schälen und klein schneiden. Die Spitzpaprikaschoten halbieren, putzen, waschen und in feine Streifen schneiden. Die Basilikumblätter waschen, trocken tupfen und grob hacken.

6 Den Essig mit Joghurt und Öl verrühren und das Basilikum unterrühren. Das Dressing mit Salat, Gurken und Paprikastreifen mischen. Nach Geschmack mit Salz und Pfeffer würzen. Die Quiche Lorraine mit dem Salat anrichten.

Carb 150

1 Portion (545 g) liefert 765 kcal, 48 g Fett, 39 g Kohlenhydrate, 34 g Eiweiß. Die Energiedichte liegt bei 140 kcal/100 g.

> 180 g Vollkornmehl + Vollkornmehl für die Form, 100 g gemahlene blanchierte Mandeln, 200 g Magerquark, 50 g weiche Butter, Salz, 60 g Frühlingszwiebeln, 50 g Champignons, 100 g Käse (z. B. Comté), 3 Eier (Größe M), 50 g Schinkenwürfel (Kühlregal), 150 ml Sahne, 1 Msp. frisch geriebene Muskatnuss, weißer Pfeffer, 150 g Lollo rosso, 200 g Gurken, 2 Spitzpaprikaschoten, 8 frische Basilikumblätter, 2 EL Aceto balsamico (hell), 150 g Joghurt (3,5 % Fett), 2 EL Olivenöl

> Zubereitung wie Carb100.

Carb 200

1 Portion (595 g) liefert 885 kcal, 58 g Fett, 56 g Kohlenhydrate, 25 g Eiweiß. Die Energiedichte liegt bei 148 kcal/100 g.

> 250 g Vollkornmehl + Vollkornmehl für die Form, 4 Eier (Größe M), 150 g weiche Butter, 25 ml lauwarmes Wasser, 60 g Frühlingszwiebeln, 75 g Champignons, 100 g Käse (z. B. Comté), 100 g Schinkenwürfel (Kühlregal), 150 ml Sahne, 1 Msp. frisch geriebene Muskatnuss, Salz und weißer Pfeffer, 150 g Lollo rosso, 200 g Gurken, 2 Spitzpaprikaschoten, 8 frische Basilikumblätter, 2 EL Aceto balsamico (hell), 150 g Joghurt (3,5 % Fett), 2 EL Olivenöl

> Zubereitung wie Carb100, aber: in Schritt 2 Mehl, 1 Ei und Butter verrühren und zu einem Teig kneten, bei Bedarf 25 ml lauwarmes Wasser hinzufügen. Den Teig 30 Minuten kalt stellen. Dann den Teig etwas größer als die Form ausrollen, in die Form geben und dabei einen kleinen Rand hochziehen und backen. Dann weiter mit Schritt 3.

Orientalische Zucchini-Zimt-Pfanne mit Lammkoteletts

Carb 100

Für 2 Personen

500 g Zucchini
15 g Pinienkerne
60 ml Wasser
Salz
30 g Couscous (ungekocht)
2 EL Olivenöl
10 g Butter
20 g Honig
1 TL gemahlener Zimt
25 g Rosinen
2 (à 125 g) Lammkoteletts
Pfeffer

1 Portion (465 g) liefert 585 kcal, 41 g Fett, 32 g Kohlenhydrate, 26 g Eiweiß. Die Energiedichte liegt bei 125 kcal/100 g.

1 Die Zucchini putzen, waschen und in dünne Scheiben schneiden. Die Pinienkerne ohne Fett in einer kleinen Pfanne anrösten, dann abkühlen lassen. 60 ml Wasser in einem Topf mit etwas Salz aufkochen. Den Topf vom Herd nehmen, den Couscous einrühren und 10 Minuten quellen, dann erkalten lassen.

2 In einer beschichteten Pfanne die Hälfte des Öls erhitzen, die Zucchini darin bei großer Hitze unter Rühren 5–7 Minuten scharf anbraten. Butter, Honig und Zimt hinzufügen und die Zucchini bei kleiner Hitze so lange garen, bis sie weich sind. Die Rosinen und die Pinienkerne unterrühren. Die Zucchinipfanne leicht salzen

3 Kurz bevor die Zucchini weich sind, in einer weiteren Pfanne das restliche Öl erhitzen, die Lammkoteletts darin von beiden Seiten jeweils 2–3 Minuten scharf anbraten. Die Pfanne vom Herd nehmen, die Koteletts nach Geschmack salzen, pfeffern und zugedeckt 2 Minuten ruhen lassen. Den Couscous mit einer Gabel auflockern und mit den Lammkoteletts und den Zucchini servieren.

Carb 150

1 Portion (565 g) liefert 780 kcal, 51 g Fett, 52 g Kohlenhydrate, 32 g Eiweiß. Die Energiedichte liegt bei 138 kcal/100 g.

> 500 g Zucchini, 15 g Pinienkerne, Salz, 180 ml Wasser, 90 g Couscous (ungekocht), 3 EL Olivenöl, 15 g Butter, 20 g Honig, 1 TL gemahlener Zimt, 25 g Rosinen, 2 (à 140 g) Lammkoteletts, Pfeffer
> Zubereitung wie Carb100.

Carb 200

1 Portion (625 g) liefert 890 kcal, 54 g Fett, 65 g Kohlenhydrate, 37 g Eiweiß. Die Energiedichte liegt bei 142 kcal/100 g.

> 600 g Zucchini, 15 g Pinienkerne, Salz, 240 ml Wasser, 120 g Couscous (ungekocht), 3 EL Olivenöl, 15 g Butter, 20 g Honig, 1 TL gemahlener Zimt, 25 g Rosinen, 2 (à 150 g) Lammkoteletts, Pfeffer
> Zubereitung wie Carb100.

Paprika-Hackfleisch-Pfanne mit Feta

Carb 100

Für 2 Personen

je 1 (ca. 150 g) rote, gelbe und grüne Paprikaschote
1 kleine rote Zwiebel
200 g Strauchtomaten
6–8 Stiele glatte Petersilie
150 g kleine Kartoffeln
70 g Feta
2 EL Olivenöl
250 g Rinderhackfleisch
Salz und Cayennepfeffer
80 g Tomatenmark
100 ml Wasser
1 TL getrockneter Oregano

1 Portion (640 g) liefert 600 kcal, 35 g Fett, 32 g Kohlenhydrate, 38 g Eiweiß. Die Energiedichte liegt bei 94 kcal/100 g.

1 Die Paprikaschoten halbieren, putzen, waschen und längs in dünne Streifen schneiden. Die Zwiebel abziehen und fein hacken. Die Tomaten waschen, vierteln und die Stielansätze entfernen. Die Petersilie waschen und trocken tupfen, die Blätter fein hacken. Die Kartoffeln schälen und in Stifte schneiden. Den Feta mit einer Gabel zerbröckeln.

2 In einer beschichteten Pfanne die Hälfte des Olivenöls erhitzen. Paprikastreifen, Kartoffelstifte und Zwiebel darin 7–8 Minuten anbraten, dann herausnehmen.

3 Restliches Olivenöl in derselben Pfanne erhitzen, das Hackfleisch darin bei großer Hitze krümelig braten. Paprikastreifen und Kartoffeln hinzufügen. Mit Salz und Cayennepfeffer nach Geschmack würzen.

4 Das Tomatenmark dazugeben und unterrühren, mit 100 ml Wasser ablöschen und alles 5 Minuten einkochen lassen. Oregano und Tomaten unterrühren. Die Hackfleischpfanne bei kleiner Hitze 8–10 Minuten köcheln lassen. Die Paprika-Hackfleisch-Pfanne auf zwei Tellern anrichten, mit Feta und Petersilie bestreuen.

Carb 150

1 Portion (750 g) liefert 790 kcal, 48 g Fett, 43 g Kohlenhydrate, 44 g Eiweiß. Die Energiedichte liegt bei 105 kcal/100 g.

> je 1 (ca. 150 g) rote, gelbe und grüne Paprikaschote, 1 kleine rote Zwiebel, 200 g Strauchtomaten, 6–8 Stiele glatte Petersilie, 300 g Kartoffeln, 70 g Feta, 4 EL Olivenöl, 300 g Rinderhackfleisch, Salz und Cayennepfeffer, 80 g Tomatenmark, 100 ml Wasser, 1 TL getrockneter Oregano

> Zubereitung wie Carb100.

Carb 200

1 Portion (840 g) liefert 895 kcal, 53 g Fett, 56 g Kohlenhydrate, 46 g Eiweiß. Die Energiedichte liegt bei 107 kcal/100 g.

> je 1 (ca. 150 g) rote, gelbe und grüne Paprikaschote, 1 kleine rote Zwiebel, 200 g Strauchtomaten, 6–8 Stiele glatte Petersilie, 450 g Kartoffeln, 70 g Feta, 5 EL Olivenöl, 300 g Rinderhackfleisch, Salz und Cayennepfeffer, 80 g Tomatenmark, 100 ml Wasser, 1 TL getrockneter Oregano

> Zubereitung wie Carb100.

Tagliata mit Rucolasalat und Balsamico-Pilzen

Carb 100

Für 2 Personen

400 g kleine Champignons
80 g Frühlingszwiebeln
1 Knoblauchzehe
40 g halbgetrocknete Tomaten (Glas)
3 EL Olivenöl
15 g Pinienkerne
15 g Butter
6 EL Aceto balsamico (dunkel)
30 g Honig
Salz und bunter grober Pfeffer
1 EL gehackte glatte Petersilie
300 g Rinderfilet (am Stück)
70 g Rucola
Meersalz

1 Portion (530 g) liefert 590 kcal, 36 g Fett, 25 g Kohlenhydrate, 43 g Eiweiß. Die Energiedichte liegt bei 111 kcal/100 g.

1 Den Backofen auf 125 °C (Umluft) vorheizen. Die Pilze putzen, abreiben und je nach Größe halbieren oder vierteln. Die Frühlingszwiebeln putzen, waschen und in Ringe schneiden. Den Knoblauch abziehen und fein hacken. Die halbgetrockneten Tomaten in Streifen schneiden.

2 In einer beschichteten Pfanne 1 EL Öl erhitzen. Frühlingszwiebeln, Knoblauch und halbgetrocknete Tomaten darin kurz andünsten, dann Pilze und Pinienkerne hinzufügen und 3 Minuten mitdünsten. 15 g Butter hinzufügen und zerlassen. Die Pilze mit 4 EL Essig ablöschen, 20 g Honig dazugeben und alles 15–20 Minuten einkochen lassen. Mit Salz und Pfeffer nach Geschmack würzen und die Petersilie unterrühren.

3 Inzwischen in einer beschichteten Pfanne 1 EL Olivenöl erhitzen, das Fleisch darin von allen Seiten 1 Minute scharf anbraten, dann in Alufolie wickeln und im Ofen (Mitte) 15 Minuten garen, bis es innen zartrosa ist.

4 Den Rucola verlesen, waschen und trocken schleudern. Für das Dressing restlichen Essig mit Salz, übrigem Öl und dem Rest Honig verrühren. Das Dressing mit dem Rucola mischen. Das Fleisch mit Meersalz und Pfeffer würzen und mit einem scharfen Messer in ca. 1 cm breite Scheiben schneiden. Salat, Champignons und Rinderfiletscheiben auf zwei Tellern anrichten.

>>

Carb 150 mit Tagliatelle

1 Portion (600 g) liefert 800 kcal, 43 g Fett, 54 g Kohlenhydrate, 53 g Eiweiß. Die Energiedichte liegt bei 133 kcal/100 g.

> 400 g kleine Champignons, 80 g Frühlingszwiebeln, 1 Knoblauchzehe, 60 g halbgetrocknete Tomaten (Glas), 4 EL Olivenöl, 15 g Pinienkerne, 15 g Butter, 6 EL Aceto balsamico (dunkel), 30 g Honig, Salz und bunter grober Pfeffer, 1 EL gehackte glatte Petersilie, 80 g Tagliatelle (ungekocht), 350 g Rinderfilet (am Stück), 70 g Rucola, Meersalz

> Zubereitung wie Carb100, aber: zwischen Schritt 2 und 3 Salzwasser in einem Topf aufkochen und die Nudeln darin nach Packungsangabe bissfest garen, dann abgießen. Aus den Nudeln mit einer Gabel zwei Nester drehen. Im letzten Schritt die Nudeln mit Fleisch, Salat und Pilzen anrichten.

Carb 200 mit Tagliatelle in Salbeibutter

1 Portion (700 g) liefert 900 kcal, 48 g Fett, 61 g Kohlenhydrate, 57 g Eiweiß. Die Energiedichte liegt bei 129 kcal/100 g.

> 500 g kleine Champignons, 80 g Frühlingszwiebeln, 1 Knoblauchzehe, 60 g halbgetrocknete Tomaten (Glas), 4 EL Olivenöl, 15 g Pinienkerne, 25 g Butter, 6 EL Aceto balsamico (dunkel), 30 g Honig, Salz und bunter grober Pfeffer, 1 EL gehackte glatte Petersilie, 100 g Tagliatelle (ungekocht), 3 frische Salbeiblätter, 370 g Rinderfilet (am Stück), 70 g Rucola, Meersalz

> Zubereitung wie Carb100, aber: zwischen Schritt 2 und 3 Salzwasser in einem Topf aufkochen und die Nudeln darin nach Packungsangabe bissfest garen, dann abgießen. Salbei waschen und in feine Streifen schneiden. 10 g Butter in einer beschichteten Pfanne zerlassen. Salbei darin kurz andünsten. Aus den Nudeln mit einer Gabel zwei Nester drehen, Salbeibutter darüberträufeln. Im letzten Schritt die Nudeln mit Fleisch, Salat und Pilzen anrichten.

Rindersteaks mit Kräuterkruste und Bohnen-Möhren-Gemüse

Carb 100

Für 2 Personen

30 g kalte Butter und 1 TL zum Braten
4 Zweige Rosmarin
8 Zweige Thymian
40 g Semmelbrösel
2 TL körniger Senf
Salz und Pfeffer
2 (à 125 g) Rindersteaks
1 EL Olivenöl
300 g Möhren
300 g grüne Bohnen (frisch oder tiefgekühlt)
20 g Mandelblättchen
1 TL Butter
2 TL Harissa (siehe Seite 208)

1 ofenfeste Form

1 Portion (480 g) liefert 535 kcal, 31 g Fett, 29 g Kohlenhydrate, 37 g Eiweiß. Die Energiedichte liegt bei 111 kcal/100 g.

1 Den Backofen auf 200 °C (Ober-/Unterhitze) vorheizen. Die kalte Butter mit einer Reibe reiben. Rosmarin und Thymian waschen und trocken tupfen, die Blätter bzw. Nadeln abzupfen und fein hacken. Butter mit Kräutern, Semmelbröseln und Senf vermengen und mit Salz und Pfeffer nach Geschmack würzen.

2 Die Steaks kalt abbrausen und trocken tupfen. In einer Pfanne das Olivenöl erhitzen, die Steaks darin von beiden Seiten 1–2 Minuten kräftig anbraten. Mit Salz und Pfeffer würzen. Die Steaks in eine ofenfeste Form legen. Die Oberseite gleichmäßig mit der Kräuter-Butter-Masse bestreichen und leicht andrücken. Die Steaks im Ofen (Mitte) 25–30 Minuten backen.

3 Inzwischen die Möhren putzen, schälen und in Scheiben schneiden. Frische Bohnen waschen und putzen. In einem Topf reichlich Salzwasser aufkochen, Möhren und Bohnen darin 8–10 Minuten garen. Die Mandeln in einer kleinen Pfanne ohne Fett anrösten, dann herausnehmen.

4 In einer Pfanne 1 TL Butter erhitzen, Möhren und Bohnen darin 2–3 Minuten anbraten. Die Mandeln unterheben und das Gemüse mit Salz und Pfeffer würzen. Die Steaks auf dem Bohnen-Möhren-Gemüse anrichten und mit Harissa servieren.

Carb 150

1 Portion (565 g) liefert 750 kcal, 45 g Fett, 43 g Kohlenhydrate, 46 g Eiweiß. Die Energiedichte liegt bei 129 kcal/100 g.

> 40 g kalte Butter und 1 TL zum Braten, 4 Zweige Rosmarin, 8 Zweige Thymian, 80 g Semmelbrösel, 2 TL körniger Senf, Salz und Pfeffer, 2 (à 150 g) Rindersteaks, 2 EL Olivenöl, 300 g Möhren, 300 g grüne Bohnen (frisch oder tiefgekühlt), 30 g Mandelblättchen, 2 TL Harissa (siehe Seite 208)
> Zubereitung wie Carb100.

Carb 200

1 Portion (665 g) liefert 850 kcal, 46 g Fett, 60 g Kohlenhydrate, 49 g Eiweiß. Die Energiedichte liegt bei 130 kcal/100 g.

> 40 g kalte Butter und 1 TL zum Braten, 4 Zweige Rosmarin, 8 Zweige Thymian, 80 g Semmelbrösel, 2 TL körniger Senf, Salz und Pfeffer, 2 (à 150 g) Rindersteaks, 2 EL Olivenöl, 350 g Möhren, 350 g grüne Bohnen (frisch oder tiefgekühlt), 150 g Mais (Dose), 30 g Mandelblättchen, 2 TL Harissa (siehe Seite 208)
> Zubereitung wie Carb100, aber: In Schritt 3 den Mais abtropfen lassen. In Schritt 4 die Butter erhitzen, Bohnen, Möhren und Mais darin 2–3 Minuten anbraten. Dann weiter bis Ende.

Eier

Bis heute haben Eier vielerorts noch immer einen schlechten Ruf. Dabei gibt es kaum ein gesünderes und natürlicheres Lebensmittel! Eier sind prall gefüllt mit wertvollen Nährstoffen. Kein anderes natürliches Lebensmittel kann dem kleinen Ei »das Wasser reichen«. Ein Ei hat gerade einmal 100 Kalorien, 7 g hochwertiges Eiweiß, 7 g gesundes Fett (unter anderem Omega-3-Fettsäuren) sowie zahlreiche Vitamine und Mineralstoffe. Der Winzling ist eine wahre Nährstoffbombe, und das mit so wenigen Kalorien! Deshalb gehören auch Eier zu einer gesunden Ernährung. Unsere südlichen Nachbarn verwenden sie für Omeletts, Tortillas, Frittatas und Auberginen im Eimantel oder bereiten Eier mit Salat und Gemüse zu.

Andalusische Eier

Carb 100

Für 2 Personen

120 g Zwiebeln
1 Knoblauchzehe
200 g rote Paprikaschoten
300 g Tomaten
2 EL Olivenöl
½ TL edelsüßes Paprikapulver
Salz und Pfeffer
4 Eier (Größe M)
2 Scheiben (à 15 g) Serranoschinken
2 Scheiben (à 15 g) Chorizowurst
20 g Erbsen (Dose oder tiefgekühlt)
1 EL gehackte glatte Petersilie
2 Scheiben (à 30 g) Olivenbaguette

2 Auflaufformen (16 cm Ø)

1 Portion (510 g) liefert 505 kcal, 30 g Fett, 28 g Kohlenhydrate, 30 g Eiweiß. Die Energiedichte liegt bei 99 kcal/100 g.

1 Den Backofen auf 200 °C (Umluft) vorheizen. Die Zwiebeln abziehen und fein würfeln. Den Knoblauch abziehen und zerdrücken. Die Paprikaschoten halbieren, putzen, waschen und klein hacken. Die Tomaten waschen, von den Stielansätzen befreien und klein würfeln.

2 In einer Pfanne 1 EL Olivenöl erhitzen, Zwiebeln und Paprikaschoten darin anbraten, bis sie weich sind. Knoblauch und Tomaten hinzufügen, mit Paprikapulver Salz und Pfeffer würzen. Das Gemüse bei mittlerer Hitze 5 Minuten braten.

3 Das Gemüse gleichmäßig auf zwei Auflaufformen verteilen. Jeweils 2 Eier aufschlagen und auf das Gemüse geben. Je 1 Scheibe Serranoschinken und 1 Scheibe Chorizowurst sowie die Erbsen darauf verteilen.

4 Die Auflaufformen in den Ofen (Mitte) geben und die Eier 15 Minuten backen, bis das Eiweiß gestockt und das Eigelb noch weich ist, dann Formen herausnehmen. Das restliche Olivenöl über die Eier träufeln und mit Petersilie bestreuen. Die andalusischen Eier mit Olivenbaguette servieren.

Carb 150

1 Portion (615 g) liefert 740 kcal, 44 g Fett, 45 g Kohlenhydrate, 40 g Eiweiß. Die Energiedichte liegt bei 120 kcal/100 g.

- 120 g Zwiebeln, 1 Knoblauchzehe, 200 g rote Paprikaschoten, 300 g Tomaten, 3 EL Olivenöl, ½ TL edelsüßes Paprikapulver, Salz und Pfeffer, 6 Eier (Größe M), 2 Scheiben (à 15 g) Serranoschinken, 2 Scheiben (à 15 g) Chorizowurst, 40 g Erbsen (Dose oder tiefgekühlt), 1 EL gehackte glatte Petersilie, 4 Scheiben (à 30 g) Olivenbaguette
- Zubereitung wie Carb100.

Carb 200

1 Portion (645 g) liefert 815 kcal, 45 g Fett, 59 g Kohlenhydrate, 43 g Eiweiß. Die Energiedichte liegt bei 127 kcal/100 g.

- 120 g Zwiebeln, 1 Knoblauchzehe, 200 g rote Paprikaschoten, 300 g Tomaten, 3 EL Olivenöl, ½ TL edelsüßes Paprikapulver, Salz und Pfeffer, 6 Eier (Größe M), 2 Scheiben (à 15 g) Serranoschinken, 2 Scheiben (à 15 g) Chorizowurst, 40 g Erbsen (Dose oder tiefgekühlt), 1 EL gehackte glatte Petersilie, 6 Scheiben (à 30 g) Olivenbaguette
- Zubereitung wie Carb100.

Spargel-Penne-Frittata mit Estragon

Carb 100

Für 2 Personen

Salz
70 g Vollkorn-Penne (ungekocht)
400 g grüner Spargel
6 Eier (Größe S)
100 ml Milch (3,5 % Fett)
1 EL gehackter Estragon
30 g geriebener Parmesan
Pfeffer
2 EL Olivenöl

1 ofenfeste Pfanne

1 Portion (520 g) liefert 600 kcal, 36 g Fett, 33 g Kohlenhydrate, 36 g Eiweiß. Die Energiedichte liegt bei 115 kcal/100 g.

1 Den Backofen auf 180 °C (Umluft) vorheizen. In einem Topf reichlich Salzwasser aufkochen und die Penne darin nach Packungsangabe bissfest garen, dann abgießen und abtropfen lassen.

2 Den Spargel waschen und die holzigen Enden abschneiden, den Spargel in der Mitte durchbrechen. Die Eier mit Milch, Estragon und Parmesan verquirlen. Mit Salz und Pfeffer nach Geschmack würzen.

3 In einer ofenfesten Pfanne das Olivenöl erhitzen, den Spargel darin 5 Minuten anbraten. Die Penne dazugeben und kurz mitbraten. Mit Salz und Pfeffer würzen. Spargelstücke und Penne gleichmäßig in der Pfanne verteilen. Die Eiermasse dazugießen und 5 Minuten stocken lassen.

4 Die Pfanne in den Ofen (Mitte) stellen und die Frittata 3–5 Minuten backen, bis die Oberfläche fest und leicht gebräunt ist.

Carb 150

1 Portion (640 g) liefert 795 kcal, 45 g Fett, 53 g Kohlenhydrate, 45 g Eiweiß. Die Energiedichte liegt bei 124 kcal/100 g.

> Salz, 120 g Vollkorn-Penne (ungekocht), 500 g grüner Spargel, 6 Eier (Größe M), 125 ml Milch (3,5 % Fett), 1 EL gehackter Estragon, 50 g geriebener Parmesan, Pfeffer, 2 ½ EL Olivenöl
> Zubereitung wie Carb100.

Carb 200

1 Portion (670 g) liefert 890 kcal, 49 g Fett, 64 g Kohlenhydrate, 49 g Eiweiß. Die Energiedichte liegt bei 133 kcal/100 g.

> Salz, 150 g Vollkorn-Penne (ungekocht), 500 g grüner Spargel, 7 Eier (Größe S), 125 ml Milch (3,5 % Fett), 1 EL gehackter Estragon, 50 g geriebener Parmesan, Pfeffer, 3 EL Olivenöl
> Zubereitung wie Carb100.

Herzhafte Eiermuffins

Carb 100

Für 2 Personen

60 g Cocktailtomaten
75 g gelbe Paprikaschoten
2 Frühlingszwiebeln
50 g italienische Wurst (z. B. Mortadella, Salami)
20 g Feta, 20 g Manchego-Käse
6 Eier (Größe M)
30 ml Milch (3,5 % Fett)
60 g Vollkornmehl
1 EL getrocknete italienische Kräuter
Salz und Pfeffer
1 EL Olivenöl

6er-Muffin-Backform
Öl zum Einfetten

1 Portion (375 g) liefert 510 kcal, 41 g Fett, 27 g Kohlenhydrate, 36 g Eiweiß. Die Energiedichte liegt bei 136 kcal/100 g.

1 Den Backofen auf 180 °C (Ober-/Unterhitze) vorheizen. Die Mulden der Muffin-Backform mit Öl einfetten.

2 Die Tomaten waschen, vierteln und die Stielansätze entfernen. Die Paprikaschoten putzen, waschen und klein würfeln. Die Frühlingszwiebeln putzen, waschen und in feine Röllchen schneiden. Die Wurst, den Feta und Manchego-Käse klein schneiden.

3 Die Eier mit Milch verquirlen und das Mehl unterrühren. Mit Kräutern, Salz und Pfeffer würzen. Olivenöl, Tomaten, Paprikawürfel, Frühlingszwiebeln, Wurst und Käse unterheben.

4 Die Eiermasse in die Mulden der Form gießen und die Muffins im Ofen (Mitte) 20 Minuten backen. Die Muffins herausnehmen und warm servieren.

Carb 150

1 Portion (450 g) liefert 700 kcal, 41 g Fett, 43 g Kohlenhydrate, 40 g Eiweiß. Die Energiedichte liegt bei 155 kcal/100 g.

> 80 g Cocktailtomaten, 75 g gelbe Paprikaschoten, 3 Frühlingszwiebeln, 50 g italienische Wurst (z. B. Mortadella, Salami), 20 g Feta, 20 g Manchego-Käse, 6 Eier (Größe S), 40 ml Milch (3,5 % Fett), 120 g Vollkornmehl, 1 EL getrocknete italienische Kräuter, 1 EL Olivenöl, Salz und Pfeffer, 8er-Muffin-Backform, Öl zum Einfetten
> Zubereitung wie Carb100.

Carb 200

1 Portion (505 g) liefert 800 kcal, 47 g Fett, 56 g Kohlenhydrate, 49 g Eiweiß. Die Energiedichte liegt bei 158 kcal/100 g.

> 100 g Cocktailtomaten, 75 g gelbe Paprikaschoten, 3 Frühlingszwiebeln, 50 g italienische Wurst (z. B. Mortadella, Salami), 20 g Feta, 20 g Manchego-Käse, 8 Eier (Größe S), 40 ml Milch (3,5 % Fett), 150 g Vollkornmehl, 1 EL getrocknete italienische Kräuter, 1 EL Olivenöl, Salz und Pfeffer, 10er-Muffin-Backform, Öl zum Einfetten
> Zubereitung wie Carb100.

Pochierte Eier mit Blattspinat und Kartoffelpüree

Carb 100

Für 2 Personen

Salz
300 g mehligkochende Kartoffeln
1 Knoblauchzehe
40 g Feta
40 g grüne und schwarze Oliven (in Wasser eingelegt, ohne Stein)
1 kg junger Blattspinat (frisch oder 300 g tiefgekühlt)
1 (100 g) Zwiebel
50 ml Milch (3,5 % Fett)
10 g Butter
weißer Pfeffer
1 EL Olivenöl
20 g geriebener Parmesan
½ TL Chiliflocken
frisch geriebene Muskatnuss
4 frische Eier (Größe M)
2 EL heller Essig (zum Pochieren)

1 Portion (555 g) liefert 575 kcal, 37 g Fett, 28 g Kohlenhydrate, 31 g Eiweiß. Die Energiedichte liegt bei 104 kcal/100 g.

1 Salzwasser in einem Topf aufkochen. Die Kartoffeln schälen, in Stücke schneiden und darin in 20 Minuten weich garen. Inzwischen den Knoblauch abziehen. Den Feta mit einer Gabel zerbröckeln. Die Oliven abtropfen lassen.

2 Den Spinat verlesen, waschen und in einem Topf mit kochendem Salzwasser 2–3 Minuten blanchieren. Den Spinat abgießen, kalt abbrausen und abtropfen lassen, dann ausdrücken und grob hacken. Die Zwiebel abziehen und fein hacken. Die Oliven klein hacken.

3 Milch und Butter erwärmen. Die Kartoffeln abgießen und dazugeben. Den Knoblauch dazupressen und die Kartoffeln zerstampfen. Feta und Oliven unterheben. Das Püree mit Salz und Pfeffer würzen und warm halten. In der Pfanne das Olivenöl erhitzen, die Zwiebel darin glasig dünsten. Den Spinat hinzufügen und 2 Minuten mitdünsten. Mit Parmesan bestreuen und mit Chiliflocken, Muskat, Salz und Pfeffer würzen.

4 Die Eier in vier Schälchen aufschlagen, sodass die Eigelbe ganz bleiben. In einem hohen Topf 2–3 Liter Wasser erhitzen, nicht aufkochen, dann den Essig hinzufügen. Das Wasser mit einem Löffel oder Schneebesen kreisend bewegen, sodass ein Sog entsteht. 1 Ei in den Sog gleiten lassen, 3–4 Minuten darin ziehen lassen, mit einer Schaumkelle herausnehmen. Die restlichen Eier genauso pochieren. Spinat und Kartoffelpüree anrichten. Je 2 pochierte Eier auf den Spinat setzen und mittig anschneiden, sodass das Eigelb ausläuft.

Carb 150

1 Portion (690 g) liefert 725 kcal, 45 g Fett, 43 g Kohlenhydrate, 35 g Eiweiß. Die Energiedichte liegt bei 105 kcal/100 g.

> Salz, 500 g mehligkochende Kartoffeln, 1 Knoblauchzehe, 50 g Feta, 60 g grüne und schwarze Oliven (in Wasser eingelegt, ohne Stein), 1 kg junger Blattspinat (frisch oder 300 g tiefgekühlt), 1 (100 g) Zwiebel, 75 ml Milch (3,5 % Fett), 20 g Butter, weißer Pfeffer, 1 EL Olivenöl, 20 g geriebener Parmesan, ½ TL Chiliflocken, frisch geriebene Muskatnuss, 4 frische Eier (Größe M), 2 EL heller Essig (zum Pochieren)

> Zubereitung wie Carb100.

Carb 200

1 Portion (645 g) liefert 815 kcal, 45 g Fett, 59 g Kohlenhydrate, 43 g Eiweiß. Die Energiedichte liegt bei 127 kcal/100 g.

> Salz, 700 g mehligkochende Kartoffeln, 1 Knoblauchzehe, 50 g Feta, 60 g grüne und schwarze Oliven (in Wasser eingelegt, ohne Stein), 1 kg junger Blattspinat (frisch oder 300 g tiefgekühlt), 1 (100 g) Zwiebel, 100 ml Milch (3,5 % Fett), 20 g Butter, weißer Pfeffer, 1 EL Olivenöl, 20 g geriebener Parmesan, ½ TL Chiliflocken, frisch geriebne Muskatnuss, 6 frische Eier (Größe M), 2 EL heller Essig

> Zubereitung wie Carb100.

Eier im Fegefeuer mit Scamorza gratiniert

Carb 100

Für 2 Personen

1 (100 g) Zwiebel
1 Knoblauchzehe
8 frische Basilikumblätter
2 Stiele glatte Petersilie
2 EL Olivenöl
500 g geschälte Tomaten (Dose)
50 g Erbsen (tiefgekühlt)
Salz und Pfeffer
4 Eier (Größe M)
4 Scheiben (à 25 g) Scamorza-Käse (alternativ Mozzarella)
2 Scheiben (à 50 g) Sauerteigbrot

1 Portion (560 g) liefert 585 kcal, 36 g Fett, 32 g Kohlenhydrate, 33 g Eiweiß. Die Energiedichte liegt bei 104 kcal/100 g.

1 Die Zwiebel abziehen, halbieren und in feine Streifen schneiden. Den Knoblauch abziehen und mit dem Messer zerdrücken. Basilikum und Petersilie waschen und trocken tupfen, die Blätter abzupfen und grob hacken.

2 In einer Pfanne das Olivenöl erhitzen, Zwiebel und Knoblauch darin bei kleiner Hitze langsam bräunen. Den Knoblauch herausnehmen. Die Tomaten hinzufügen und mit einer Gabel zerdrücken. Die unaufgetauten Erbsen unterrühren. Die Tomatensoße mit Salz und Pfeffer nach Geschmack würzen, aufkochen und 2–3 Minuten köcheln lassen.

3 Mit einem Löffel die Tomatensoße an vier Stellen so wegschieben, dass Löcher entstehen. Die Eier einzeln in die Löcher gleiten lassen und jeweils mit einer Scheibe Käse bedecken. Die Eier zugedeckt garen, bis das Eiweiß jeweils fest und weiß und der Käse zerlaufen ist. Die Eier mit Basilikum und Petersilie bestreuen und mit dem Brot genießen.

Carb 150

1 Portion (655 g) liefert 750 kcal, 41 g Fett, 52 g Kohlenhydrate, 43 g Eiweiß. Die Energiedichte liegt bei 114 kcal/100 g.

> 1 (100 g) Zwiebel, 1 Knoblauchzehe, 8 frische Basilikumblätter, 2 Stiele glatte Petersilie, 2 EL Olivenöl, 500 g geschälte Tomaten (Dose), 125 g Erbsen (tiefgekühlt), Salz und Pfeffer, 4 Eier (Größe L), 4 Scheiben (à 25 g) Scamorza-Käse (alternativ Mozzarella), 4 Scheiben (à 45 g) Sauerteigbrot

> Zubereitung wie Carb100.

Carb 200

1 Portion (735 g) liefert 880 kcal, 47 g Fett, 63 g Kohlenhydrate, 51 g Eiweiß. Die Energiedichte liegt bei 120 kcal/100 g.

> 1 (100 g) Zwiebel, 1 Knoblauchzehe, 8 frische Basilikumblätter, 2 Stiele glatte Petersilie, 2 EL Olivenöl, 500 g geschälte Tomaten (Dose), 125 g Erbsen (tiefgekühlt), Salz und Pfeffer, 6 Eier (Größe S), 6 Scheiben (à 25 g) Scamorza-Käse (alternativ Mozzarella), 6 Scheiben (à 45 g) Sauerteigbrot

> Zubereitung wie Carb100.

Tortilla im »Pizza-Style«

Carb 100

Für 2 Personen

150 g Cocktailtomaten
100 g Thunfisch (im eigenen Saft, Dose)
75 g Mozzarella
½ rote Zwiebel
30 g Oliven (in Wasser eingelegt, ohne Stein)
4 Eier (Größe S)
30 ml Milch (3,5 % Fett)
Salz und Pfeffer
300 g festkochende Kartoffeln
1½ ELOlivenöl
20 g geriebener Parmesan

1 ofenfeste Pfanne (28 cm Ø)

1 Portion (510 g) liefert 600 kcal, 35 g Fett, 28 g Kohlenhydrate, 43 g Eiweiß. Die Energiedichte liegt bei 118 kcal/100 g.

1 Den Backofen auf 180 °C (Umluft) vorheizen. Die Tomaten waschen, halbieren und von den Stielansätzen befreien. Den Thunfisch abtropfen lassen und mit einer Gabel zerpflücken. Den Mozzarella klein würfeln. Die Zwiebel abziehen und in feine Streifen schneiden. Die Oliven abtropfen lassen und in Scheiben schneiden.

2 Die Eier mit Milch, Salz und Pfeffer nach Geschmack verquirlen. Die Kartoffeln schälen und in kleine Würfel schneiden. In einer ofenfesten Pfanne das Olivenöl erhitzen. Die Kartoffeln dazugeben, mit Salz und Pfeffer würzen und 8–10 Minuten anbraten.

3 Die Kartoffelwürfel gleichmäßig in der Pfanne verteilen. Die Eiermasse über die Kartoffeln gießen und stocken lassen. Bevor die Oberfläche der Tortilla gerinnt, Tomaten, Zwiebel, Mozzarella, Oliven und Thunfisch darauflegen und mit Parmesan bestreuen. Die Tortilla im Ofen (Mitte) 8–10 Minuten backen.

Carb 150

1 Portion (660 g) liefert 785 kcal, 45 g Fett, 43 g Kohlenhydrate, 51 g Eiweiß. Die Energiedichte liegt bei 119 kcal/100 g.

> 150 g Cocktailtomaten, 100 g Thunfisch (im eigenen Saft, Dose), 75 g Mozzarella, ½ rote Zwiebel, 30 g Oliven (in Wasser eingelegt, ohne Stein), 6 Eier (Größe S), 30 ml Milch (3,5 % Fett), Salz und Pfeffer, 500 g festkochende Kartoffeln, 2 ½ EL Olivenöl, 20 g geriebener Parmesan
> Zubereitung wie Carb100.

Carb 200

1 Portion (780 g) liefert 900 kcal, 48 g Fett, 58 g Kohlenhydrate, 56 g Eiweiß. Die Energiedichte liegt bei 115 kcal/100 g.

> 150 g Cocktailtomaten, 100 g Thunfisch (im eigenen Saft, Dose), 75 g Mozzarella, ½ rote Zwiebel, 30 g Oliven (in Wasser eingelegt, ohne Stein), 7 Eier (Größe S), 30 ml Milch (3,5 % Fett), Salz und Pfeffer, 700 g festkochende Kartoffeln, 2 ½ EL Olivenöl, 20 g geriebener Parmesan
> Zubereitung wie Carb100.

Vegetarisch

Gemüse, Pilze und Salate sind die Basis der Flexi-Carb-Ernährung. Für eine lange Sättigung kombiniert man sie mit eiweißreichen Lebensmitteln. Das muss aber nicht immer Fleisch sein. Gerichte ohne Fleisch, Fisch und Meeresfrüchte sind geschmacklich sehr abwechslungsreich, denn in der mediterranen Küche geht man großzügig mit Fett um, vor allem mit einem guten Olivenöl. Und die vielen frischen, sehr aromatischen Kräuter und verschiedenen Gewürze machen die vegetarischen Mahlzeiten so spannend und lecker. Probieren Sie es selbst aus!

Mediterranes Ofengemüse mit Feta

Carb 100

Für 2 Personen

2 (à 150 g) Spitzpaprikaschoten
½ Aubergine
1 kleiner (150 g) Zucchino
150 g Kartoffeln, 2 Strauchtomaten
1 kleine rote Zwiebel
40 g schwarze Oliven (in Wasser eingelegt, ohne Stein)
30 g getrocknete Tomaten (in Öl eingelegt)
1 Knoblauchzehe
½ scharfe grüne Chilischote
1 EL Tomatenmark
4 ½ EL Olivenöl
1 TL getrockneter Thymian
1 TL getrockneter Rosmarin
Salz, schwarzer Pfeffer aus der Mühle
150 g Feta

1 Auflaufform (32 x 20 cm)

1 Portion (660 g) liefert 600 kcal, 42 g Fett, 34 g Kohlenhydrate, 22 g Eiweiß. Die Energiedichte liegt bei 91 kcal/100 g.

1 Den Backofen auf 180 °C (Umluft) vorheizen. Die Paprikaschoten halbieren, putzen, waschen und in Streifen schneiden. Aubergine und Zucchino putzen, waschen und in gleich große Stifte schneiden. Die Kartoffeln schälen und ebenfalls in Stifte schneiden. Die Tomaten waschen, vierteln und die Stielansätze entfernen. Die Zwiebel abziehen und vierteln. Oliven und getrocknete Tomaten abtropfen lassen. Getrocknete Tomaten klein schneiden. Alles in eine große Schüssel geben.

2 Für die Marinade den Knoblauch abziehen und klein hacken. Die Chilischote längs aufschneiden, putzen, waschen und fein hacken. Das Tomatenmark mit Olivenöl, Knoblauch, Chili, Thymian und Rosmarin verrühren.

3 Gemüse mit der Marinade vermischen. Die Mischung mit Salz und Pfeffer nach Geschmack würzen, in eine Auflaufform geben und im Ofen (Mitte) 30 Minuten backen. Dabei das Gemüse alle 10 Minuten wenden.

4 Inzwischen den Feta abtropfen lassen und halbieren. Die Fetahälften auf das Gemüse legen und alles im Ofen (Mitte) weitere 10 Minuten backen.

Carb 150

1 Portion (855 g) liefert 800 kcal, 54 g Fett, 48 g Kohlenhydrate, 29 g Eiweiß. Die Energiedichte liegt bei 94 kcal/100 g.

> 2 (à 150 g) Spitzpaprikaschoten, 1 (ca. 350 g) Aubergine, 1 kleiner (150 g) Zucchino, 300 g Kartoffeln, 2 Strauchtomaten, 1 rote Zwiebel, 40 g schwarze Oliven (in Wasser eingelegt, ohne Stein), 30 g getrocknete Tomaten (in Öl eingelegt), 1 Knoblauchzehe, ½ scharfe grüne Chilischote, 1 EL Tomatenmark, 6 EL Olivenöl, 1 TL getrockneter Thymian, 1 TL getrockneter Rosmarin, Salz, schwarzer Pfeffer aus der Mühle, 200 g Feta

> Zubereitung wie Carb100.

Carb 200

1 Portion (950 g) liefert 870 kcal, 55 g Fett, 63 g Kohlenhydrate, 31 g Eiweiß. Die Energiedichte liegt bei 92 kcal/100 g.

> 2 (à 150 g) Spitzpaprikaschoten, 1 (ca. 350 g) Aubergine, 1 kleiner (150 g) Zucchino, 500 g Kartoffeln, 2 Strauchtomaten, 1 rote Zwiebel, 40 g schwarze Oliven (in Wasser eingelegt, ohne Stein), 30 g getrocknete Tomaten (in Öl eingelegt), 1 Knoblauchzehe, ½ scharfe grüne Chilischote, 1 EL Tomatenmark, 6 EL Olivenöl, 1 TL getrockneter Thymian, 1 TL getrockneter Rosmarin, Salz, schwarzer Pfeffer aus der Mühle, 200 g Feta

> Zubereitung wie Carb100.

Vegetarisch

Zucchinispaghetti mit Tomaten und Mozzarella

Carb 100

Für 2 Personen

2 (ca. 500 g) Zucchini
40 g Vollkorn-Spaghetti (ungekocht)
Salz
300 g Cocktailtomaten
40 g getrocknete Tomaten (in Öl eingelegt)
125 g Mini-Mozzarella
50 g schwarze Oliven (in Wasser eingelegt, ohne Stein)
6–8 frische Basilikumblätter
25 g Pinienkerne
2 ½ EL Olivenöl
3 EL Aceto balsamico (dunkel)
Pfeffer
20 g gehobelter Parmesan

1 Portion (600 g) liefert 600 kcal, 40 g Fett, 32 g Kohlenhydrate, 27 g Eiweiß. Die Energiedichte liegt bei 100 kcal/100 g.

1 Die Zucchini waschen, putzen und mit einem Spiralschneider in feine Streifen wie Spaghetti drehen. Oder die Zucchini mit einem Sparschäler wie Bandnudeln fein hobeln.

2 Die Spaghetti in einem Topf mit kochendem Salzwasser nach Packungsangabe bissfest garen, dann abgießen, abtropfen lassen und unter die Zucchinispaghetti mischen.

3 Die Tomaten waschen, halbieren und die Stielansätze entfernen. Getrocknete Tomaten, Mozzarella und Oliven abtropfen lassen. Getrocknete Tomaten fein hacken. Die Mozzarellakugeln halbieren und die Oliven in Scheiben schneiden. Die Basilikumblätter waschen, trocken tupfen und hacken. Die Pinienkerne in einer Pfanne ohne Fett rösten, dann herausnehmen.

4 Zucchinispaghetti, frische und getrocknete Tomaten, Mozzarella, Oliven, Basilikum und Pinienkerne in eine Schüssel geben. Olivenöl und Essig verrühren und mit der Zucchini-Spaghetti-Mischung vermengen. Mit Salz und Pfeffer nach Geschmack würzen. Die Zucchinispaghetti auf zwei Tellern anrichten, mit Parmesan bestreuen und servieren.

Carb 150

1 Portion (650 g) liefert 790 kcal, 50 g Fett, 54 g Kohlenhydrate, 32 g Eiweiß. Die Energiedichte liegt bei 121 kcal/100 g.

> 2 (ca. 500 g) Zucchini, 100 g Vollkorn-Spaghetti (ungekocht), Salz, 300 g Cocktailtomaten, 40 g getrocknete Tomaten (in Öl eingelegt), 125 g Mini-Mozzarella, 50 g schwarze Oliven (in Wasser eingelegt, ohne Stein), 6–8 frische Basilikumblätter, 25 g Pinienkerne, 4 EL Olivenöl, 3 EL Aceto balsamico (dunkel), Pfeffer, 30 g gehobelter Parmesan
> Zubereitung wie Carb100.

Carb 200

1 Portion (700 g) liefert 900 kcal, 56 g Fett, 63 g Kohlenhydrate, 63 g Eiweiß. Die Energiedichte liegt bei 129 kcal/100 g.

> 2 (ca. 500 g) Zucchini, 125 g Vollkorn-Spaghetti (ungekocht), Salz, 300 g Cocktailtomaten, 40 g getrocknete Tomaten (in Öl eingelegt), 150 g Mini-Mozzarella, 80 g schwarze Oliven (in Wasser eingelegt, ohne Stein), 6–8 frische Basilikumblätter, 30 g Pinienkerne, 4 EL Olivenöl, 3 EL Aceto balsamico (dunkel), Pfeffer, 30 g gehobelter Parmesan
> Zubereitung wie Carb100.

Gemüsepuffer mit Kräuter-Joghurt-Dip

Carb 100

Für 16 Stück

100 g Brokkoliröschen
50 g rote Paprikaschote
100 g Möhren
Salz
1 Ei (Größe M)
100 g Magerquark
60 g zarte Haferflocken
40 g gemahlene blanchierte Mandeln
2 EL getrocknete Kräuter (z. B. Basilikum, Oregano)
3 ½ EL Olivenöl
schwarzer Pfeffer
2 EL gehacktes Basilikum
180 g Joghurt (3,5 % Fett)

1 Portion (400 g) liefert 595 kcal, 45 g Fett, 30 g Kohlenhydrate, 24 g Eiweiß. Die Energiedichte liegt bei 148 kcal/100 g.

1 Den Backofen auf 100 °C (Umluft) vorheizen. Brokkoli und Paprikaschote putzen und waschen. Möhren putzen und schälen. Das Gemüse raspeln, in ein Sieb geben, mit Salz bestreuen und 10 Minuten ziehen lassen. Anschließend das Gemüse ausdrücken.

2 Das Ei verquirlen. Das Ei mit Magerquark, Haferflocken und Mandeln vermischen. Mit getrockneten Kräutern, Salz und Pfeffer nach Geschmack würzen. Das geraspelte Gemüse hinzufügen und alles vermengen.

3 Aus der Masse nacheinander 16 Puffer backen. Dafür in einer beschichteten Pfanne etwas Olivenöl erhitzen, pro Puffer 1 EL Gemüsemasse in die Pfanne geben und mit dem Löffelrücken glatt streichen. Die Gemüsepuffer von beiden Seiten in 2 Minuten goldgelb braten, dann herausnehmen und im heißen Ofen warm halten.

4 Das Basilikum mit Joghurt und ½ EL Olivenöl verrühren, mit Salz und Pfeffer abschmecken. Den Dip zu den Puffern reichen.

TIPP: Die Puffer schmecken auch gut zu Räucherlachs oder Zaziki (siehe Seite 208).

Carb 150

1 Portion (470 g) liefert 690 kcal, 52 g Fett, 41 g Kohlenhydrate, 24 g Eiweiß. Die Energiedichte liegt bei 148 kcal/100 g.

> 125 g Brokkoliröschen, 60 g rote Paprikaschote, 125 g Möhren, Salz, 1 Ei (Größe M), 60 g Ricotta, 100 g zarte Haferflocken, 50 g gemahlene blanchierte Mandeln, 2 EL getrocknete Kräuter (z. B. Basilikum, Oregano), schwarzer Pfeffer, 4 EL Olivenöl, 2 EL gehacktes Basilikum, 200 g Joghurt (3,5 % Fett)
> Zubereitung wie Carb100, aber: in Schritt 2 das Ei verquirlen. Das Ei mit Ricotta, Haferflocken und Mandeln vermischen. Mit getrockneten Kräutern, Salz und Pfeffer würzen. Das geraspelte Gemüse hinzufügen und vermengen. Dann weiter mit Schritt 3.

Carb 200

1 Portion (520 g) liefert 805 kcal, 55 g Fett, 57 g Kohlenhydrate, 29 g Eiweiß. Die Energiedichte liegt bei 155 kcal/100 g.

> 125 g Brokkoliröschen, 60 g rote Paprikaschoten, 125 g Möhren, Salz, 1 Ei (Größe M), 75 g Ricotta, 150 g zarte Haferflocken, 50 g gemahlene blanchierte Mandeln, 2 EL getrocknete Kräuter (z. B. Basilikum, Oregano), schwarzer Pfeffer, 4 EL Olivenöl, 2 EL gehacktes Basilikum, 250 g Joghurt (3,5 % Fett)
> Zubereitung wie Carb150.

Vegetarisch

Spinat-Ricotta-Gnocchi in Pilzschmand

Carb 100

Für 2 Personen

15 g getrocknete Steinpilze
50 ml heißes Wasser
300 g frischer Blattspinat
150 g Ricotta
1 Ei (Größe S)
50 g + 10 g geriebener Parmesan
80 g Mehl + Mehl zum Arbeiten
Salz
schwarzer Pfeffer aus der Mühle
frisch geriebene Muskatnuss
300 g braune Champignons
10 frische Salbeiblätter
15 g Butter
80 g Schmand

1 mittelgroße Auflaufform

1 Portion (500 g) liefert 600 kcal, 37 g Fett, 35 g Kohlenhydrate, 33 g Eiweiß. Die Energiedichte liegt bei 120 kcal/100 g.

1 Die Steinpilze in 50 ml heißem Wasser einweichen. Den Spinat verlesen, waschen und abtropfen lassen. In einer beschichteten Pfanne den Spinat ohne Fett zusammenfallen lassen. Den Spinat in einem Sieb abkühlen lassen, dann ausdrücken, fein hacken und in eine Schüssel geben.

2 Spinat mit Ricotta verrühren. Ei, 50 g Parmesan und 80 g Mehl hinzufügen und alles vermengen. Die Masse mit Salz, Pfeffer und Muskat würzen.

3 Einen Teller mit etwas Mehl bestäuben. Aus der Ricotta-Spinat-Masse mit einem Löffel kleine Bällchen formen. Den Löffel dabei in heißes Wasser tauchen, damit sich die Masse besser ablöst. Den Backofen auf 180 °C (Umluft) vorheizen.

4 Die Champignons putzen und vierteln. Den Salbei waschen, trocken tupfen und in Streifen schneiden. In einer beschichteten Pfanne die Butter zerlassen, den Salbei darin kurz schwenken, dann die Champignons dazugeben und 2–3 Minuten anbraten. Die Steinpilze abgießen und mit 2 EL Einweichwasser zu den Champignons geben. Den Schmand unterrühren. Die Pilze mit Salz, Pfeffer und Muskat nach Geschmack würzen und bei kleiner Hitze 8–10 Minuten köcheln lassen.

5 Inzwischen in einem Topf reichlich Salzwasser aufkochen, dann die Temperatur etwas herunterdrehen, sodass das Wasser leicht siedet. Die Gnocchi mit einer Schaumkelle ins Wasser geben und so lange garen, bis sie an der Oberfläche schwimmen. Die Gnocchi mit einer Kelle herausnehmen, abtropfen lassen und in die Auflaufform setzen.

6 Die Pilzsoße über die Gnocchi gießen und mit dem restlichen Parmesan bestreuen. Die Gnocchi im Ofen (Mitte) 8–10 Minuten überbacken.

>>

Carb 150

1 Portion (575 g) liefert 800 kcal, 48 g Fett, 50 g Kohlenhydrate, 42 g Eiweiß. Die Energiedichte liegt bei 139 kcal/100 g.

> 15 g getrocknete Steinpilze, 50 ml heißes Wasser, 300 g frischer Blattspinat, 200 g Ricotta, 1 Ei (Größe M), 80 g + 10 g geriebener Parmesan, 120 g Mehl + Mehl zum Arbeiten, Salz, schwarzer Pfeffer aus der Mühle, frisch geriebene Muskatnuss, 400 g braune Champignons, 10 frische Salbeiblätter, 20 g Butter, 100 g Schmand

> Zubereitung wie Carb100.

Carb 200

1 Portion (650 g) liefert 900 kcal, 52 g Fett, 62 g Kohlenhydrate, 47 g Eiweiß. Die Energiedichte liegt bei 138 kcal/100 g.

> 15 g getrocknete Steinpilze, 50 ml heißes Wasser, 500 g frischer Blattspinat, 250 g Ricotta, 1 Ei (Größe L), 80 g + 10 g geriebener Parmesan, 150 g Mehl + Mehl zum Arbeiten, Salz, schwarzer Pfeffer aus der Mühle, frisch geriebene Muskatnuss, 400 g braune Champignons, 10 frische Salbeiblätter, 20 g Butter, 100 g Schmand

> Zubereitung wie Carb100

Auberginen-Mozzarella-Frikadellen

Carb 100

Für 2 Personen

70 g Mozzarella
8–10 frische Minzeblätter
600 g Auberginen
Salz
1 Ei (Größe S)
50 g geriebener Parmesan
70 g Semmelbrösel
Pfeffer
15 g gemahlene Mandeln
30 g Butterschmalz

1 Portion (400 g) liefert 590 kcal, 39 g Fett, 34 g Kohlenhydrate, 27 g Eiweiß. Die Energiedichte liegt bei 148 kcal/100 g.

1 Den Mozzarella abtropfen lassen und in sehr kleine Würfel schneiden. Die Minze waschen, trocken tupfen und fein hacken.

2 Die Auberginen putzen, mit einem Sparschäler dünn schälen und in 2–3 cm dicke Würfel schneiden. Salzwasser in einem Topf aufkochen und die Auberginenwürfel darin in 4 Minuten weich kochen, dann in ein Sieb abgießen und abkühlen lassen. Die kalten Auberginenwürfel ausdrücken, in eine Schüssel geben und mit einer Gabel zerdrücken.

3 Ei, Parmesan, Mozzarella und Minze zu den Auberginen geben und untermischen. 40 g Semmelbrösel hinzufügen und alles verkneten. Mit Salz und Pfeffer nach Geschmack würzen.

4 Die Mandeln mit den restlichen Semmelbröseln vermischen. Aus der Auberginenmasse 20 Bällchen formen und in der Semmelbrösel-Mandel-Mischung wenden. In einer beschichteten Pfanne das Butterschmalz erhitzen, die Auberginenbällchen darin bei kleiner Hitze in 4–5 Minuten rundherum goldgelb braten.

Carb 150

1 Portion (510 g) liefert 680 kcal, 46 g Fett, 39 g Kohlenhydrate, 29 g Eiweiß. Die Energiedichte liegt bei 133 kcal/100 g.

> 70 g Mozzarella, 8–10 frische Minzeblätter, 700 g Auberginen, Salz, 1 Ei (Größe L), 60 g geriebener Parmesan, 120 g Semmelbrösel, Pfeffer, 20 g gemahlene Mandeln, 40 g Butterschmalz

> Zubereitung wie Carb100, aber: in Schritt 3 90 g Semmelbrösel mit den Auberginen vermengen.

Carb 200 Senf-Honig-Dip

1 Portion (600 g) liefert 900 kcal, 56 g Fett, 64 g Kohlenhydrate, 36 g Eiweiß. Die Energiedichte liegt bei 150 kcal/100 g.

> 70 g Mozzarella, 8–10 frische Minzeblätter, 700 g Auberginen, Salz, 1 Ei (Größe L), 60 g geriebener Parmesan, 120 g Semmelbrösel, Pfeffer, 20 g gemahlene Mandeln, 40 g Butterschmalz, 50 g Schmand, 100 g Joghurt (3,5 % Fett), 1 TL Dijon-Senf, 20 g Honig, 1 Msp. Chilipulver

> Zubereitung wie Carb150, aber: in Schritt 4 vor dem Braten für den Dip Schmand mit Joghurt, Senf, Honig, Chilipulver und Salz verrühren. Auberginen-frikadellen wie in Schritt 4 braten und mit dem Senf-Honig-Dip servieren.

Spinat-Kichererbsen-Pfanne mit Datteln

Carb 100

Für 2 Personen

20 g Mandelblättchen
400 g frischer Spinat
200 g Möhren
1 Knoblauchzehe
½ rote Zwiebel
40 g getrocknete Datteln
220 g Kichererbsen (Dose)
3 EL Olivenöl
Salz und Cayennepfeffer
50 g gehobelter Parmesan

1 Portion (505 g) liefert 545 kcal, 33 g Fett, 35 g Kohlenhydrate, 25 g Eiweiß. Die Energiedichte liegt bei 108 kcal/100 g.

1 Die Mandeln in einer Pfanne ohne Fett rösten. Den Spinat verlesen, waschen und abtropfen lassen. Die Möhren putzen, schälen und in ca. 1 cm dicke Scheiben schneiden. Den Knoblauch abziehen und vierteln. Die Zwiebel abziehen und klein hacken. Die Datteln klein schneiden. Die Kichererbsen abtropfen lassen.

2 In einer beschichteten Pfanne den Spinat ohne Fett zusammenfallen lassen. Den Spinat in einem Sieb abkühlen lassen, dann ausdrücken.

3 In einer Pfanne das Olivenöl erhitzen, Knoblauch und Zwiebel darin glasig dünsten. Die Möhren hinzufügen und 6–8 Minuten mitdünsten. Dann Spinat, Kichererbsen, Datteln und Mandeln dazugeben und alles verrühren. Mit Salz und Cayennepfeffer würzen. Das Gemüse auf zwei Tellern anrichten und mit gehobeltem Parmesan bestreuen.

Carb 150

1 Portion (700 g) liefert 780 kcal, 47 g Fett, 53 g Kohlenhydrate, 36 g Eiweiß. Die Energiedichte liegt bei 111 kcal/100 g.

> 40 g Mandelblättchen, 500 g frischer Spinat, 300 g Möhren, 1 Knoblauchzehe, ½ rote Zwiebel, 50 g getrocknete Datteln, 400 g Kichererbsen (Dose), 4 EL Olivenöl, Salz und Cayennepfeffer, 50 g gehobelter Parmesan
> Zubereitung wie Carb100.

Carb 200 mit Ditaloni

1 Portion (740 g) liefert 860 kcal, 51 g Fett, 65 g Kohlenhydrate, 35 g Eiweiß. Die Energiedichte liegt bei 116 kcal/100 g.

> Salz, 50 g Ditaloni (italienische Nudeln), 40 g Mandelblättchen, 500 g frischer Spinat, 300 g Möhren, 1 Knoblauchzehe, ½ rote Zwiebel, 50 g getrocknete Datteln, 300 g Kichererbsen (Dose), 5 EL Olivenöl, Cayennepfeffer, 50 g gehobelter Parmesan
> Zubereitung wie Carb100, aber: vor Schritt 1 Salzwasser in einem Topf aufkochen und die Nudeln darin nach Packungsangabe bissfest garen. Dann abgießen und weiter mit Schritt 1. Die Nudeln in Schritt 3 mit den anderen Zutaten in die Pfanne geben.

Ratatouille mit Feta und Hirsetalern

Carb 100

Für 2 Personen

120 g Gemüsezwiebeln
2 Knoblauchzehen
1 (ca. 300 g) Aubergine
1 gelbe Paprikaschote
200 g Zucchini
2 Strauchtomaten
2 Zweige Thymian
4 Zweige Rosmarin
5 EL Olivenöl
Salz und schwarzer Pfeffer
100 ml passierte Tomaten
75 g Feta
40 g Hirse (ungekocht)
100 ml Gemüsebrühe
½ Frühlingszwiebel
1 EL gehackte glatte Petersilie
50 g Magerquark
2 EL Semmelbrösel

1 Auflaufform (30 x 20 cm)

1 Portion (665 g) liefert 565 kcal, 37 g Fett, 35 g Kohlenhydrate, 21 g Eiweiß. Die Energiedichte liegt bei 85 kcal/100 g.

1 Den Backofen auf 180 °C (Ober-/Unterhitze) vorheizen. Die Zwiebeln abziehen, vierteln und quer in fingerdicke Streifen schneiden. Den Knoblauch abziehen und in dünne Scheiben schneiden. Die Aubergine putzen, waschen und in mundgerechte Stücke schneiden. Die Paprikaschote halbieren, putzen, waschen und in große Stücke schneiden. Die Zucchini putzen, waschen, längs halbieren und quer in ca. 1 cm dicke Scheiben schneiden.

2 Die Stielansätze der Tomaten entfernen. Die Tomaten kurz überbrühen, häuten und vierteln. Thymian und Rosmarin waschen und trocken tupfen, die Blätter bzw. Nadeln abzupfen und klein hacken.

3 In einer großen beschichteten Pfanne 2 EL Olivenöl erhitzen. Zwiebeln und Knoblauch darin bei mittlerer Hitze glasig dünsten. Auberginen, Paprikastücke und Zucchini hinzufügen und 5 Minuten mitdünsten. Das Gemüse mit Thymian, Rosmarin, Salz und Pfeffer nach Geschmack würzen. Die passierten Tomaten unterrühren. Das Gemüse in eine Auflaufform geben. Den Feta zerbröseln und auf dem Gemüse verteilen. Das Gemüse mit 2 EL Olivenöl beträufeln und im Ofen (Mitte) 45 Minuten garen.

4 Für die Taler Hirse und Brühe in einen Topf geben, aufkochen und die Hirse bei mittlerer Hitze 5 Minuten garen, dabei gelegentlich umrühren. Den Topf vom Herd nehmen und die Hirse noch 10 Minuten quellen, dann abkühlen lassen.

5 Die Frühlingszwiebel putzen, waschen und hacken. Mit Petersilie, Quark und Semmelbröseln vermengen. Mit Salz und Pfeffer würzen. Aus der Masse 4–6 Taler formen. In einer beschichteten Pfanne das übrige Olivenöl erhitzen, die Taler darin bei mittlerer Hitze von jeder Seite in 2 Minuten goldgelb braten. Die Hirsetaler mit der Ratatouille anrichten.

Carb 150

1 Portion (715 g) liefert 730 kcal, 47 g Fett, 47 g Kohlenhydrate, 29 g Eiweiß. Die Energiedichte liegt bei 102 kcal/100 g.

> 120 g Gemüsezwiebeln, 2 Knoblauchzehen, 1 (ca. 300 g) Aubergine, 1 gelbe Paprikaschote, 200 g Zucchini, 10 schwarze Oliven (in Wasser eingelegt, ohne Stein), 2 Strauchtomaten, 2 Zweige Thymian, 4 Zweige Rosmarin, 5 EL Olivenöl, Salz und schwarzer Pfeffer, 200 ml passierte Tomaten, 150 g Feta, 60 g Hirse (ungekocht), 150 ml Gemüsebrühe, ½ Frühlingszwiebel, 1 EL gehackte glatte Petersilie, 75 g Magerquark, 2 EL Semmelbrösel

> Zubereitung wie Carb100, aber: in Schritt 2 die Oliven abtropfen lassen und in Schritt 3 in die Form geben. In Schritt 5 aus der Masse 8–10 Taler formen.

Carb 200

1 Portion (835 g) liefert 845 kcal, 54 g Fett, 61 g Kohlenhydrate, 37 g Eiweiß. Die Energiedichte liegt bei 101 kcal/100 g.

> 120 g Gemüsezwiebeln, 2 Knoblauchzehen, 1 (ca. 300 g) Aubergine, 1 gelbe Paprikaschote, 200 g Zucchini, 10 schwarze Oliven (in Wasser eingelegt, ohne Stein), 2 Strauchtomaten, 2 Zweige Thymian, 4 Zweige Rosmarin, 5 EL Olivenöl, Salz und schwarzer Pfeffer, 200 ml passierte Tomaten, 200 g Feta, 100 g Hirse (ungekocht), 250 ml Gemüsebrühe, ½ Frühlingszwiebel, 1 EL gehackte glatte Petersilie, 100 g Magerquark, 2 EL Semmelbrösel

> Zubereitung wie Carb150, aber: in Schritt 5 aus der Masse 12–14 Taler formen.

Scharfe Linsen-Feta-Bällchen mit Joghurtdip

Carb 100

Für 2 Personen

80 g rote Linsen
240 ml Wasser
25 g Bulgur
Salz und Cayennepfeffer
1 Frühlingszwiebel
1 kleine Knoblauchzehe
150 g weiche Salatblätter (z. B. Kopfsalat)
100 g Feta
3 EL Olivenöl
20 g Tomatenmark
20 g Paprikamark
½ TL scharfes Paprikapulver
½ TL edelsüßes Paprikapulver
2 EL gehackte glatte Petersilie
150 g Joghurt (3,5 % Fett)

1 Portion (390 g) liefert 505 kcal, 32 g Fett, 35 g Kohlenhydrate, 23 g Eiweiß. Die Energiedichte liegt bei 129 kcal/100 g.

1 Die Linsen in einen kleinen Topf geben und mit 240 ml Wasser nach Packungsangaben aufkochen und bei kleiner Hitze unter Rühren 5 Minuten köcheln lassen. Den Bulgur einrühren und beides in weiteren 5 Minuten fertig garen. Die Mischung mit Salz und Cayennepfeffer nach Geschmack würzen und abkühlen lassen.

2 Inzwischen die Frühlingszwiebel putzen, waschen und in sehr feine Ringe schneiden. Den Knoblauch abziehen. Die Salatblätter waschen und trocken tupfen. Den Feta mit einer Gabel zerbröckeln.

3 In einer Pfanne die Hälfte des Olivenöls erhitzen. Den Knoblauch dazupressen, die Frühlingszwiebel hinzufügen und beides glasig dünsten. Das Tomaten- und Paprikamark unterrühren und kurz mitbraten. Diese Mischung mit Feta, beiden Sorten Paprikapulver und Petersilie zu den Linsen geben und alles verkneten. Aus dem Linsenteig 10 Bällchen formen und jeweils in ein Salatblatt wickeln.

4 Für den Dip den Joghurt mit dem restlichen Olivenöl, Salz und Cayennepfeffer verrühren. Die Linsenbällchen im Salatblatt mit dem Joghurtdip genießen.

Carb 150

1 Portion (510 g) liefert 720 kcal, 41 g Fett, 54 g Kohlenhydrate, 33 g Eiweiß. Die Energiedichte liegt bei 141 kcal/100 g.

> 120 g rote Linsen, 340 ml Wasser, 40 g Bulgur, Salz und Cayennepfeffer, 1 Frühlingszwiebel, 1 kleine Knoblauchzehe, 150 g weiche Salatblätter (z. B. Kopfsalat), 125 g Feta, 3 ½ EL Olivenöl, 20 g Tomatenmark, 20 g Paprikamark, ½ TL scharfes Paprikapulver, ½ TL süßes Paprikapulver, 2 EL gehackte glatte Petersilie, ½ Zitrone, 200 g Joghurt (3,5 % Fett)

> Zubereitung wie Carb100, aber: in Schritt 1 Linsen und Bulgur in 340 ml Wasser garen. In Schritt 3 den Saft der Zitrone auspressen und die Linsenbällchen damit beträufeln.

Carb 200

1 Portion (550 g) liefert 815 kcal, 46 g Fett, 62 g Kohlenhydrate, 37 g Eiweiß. Die Energiedichte liegt bei 148 kcal/100 g.

> 130 g rote Linsen, 350 ml Wasser, 60 g Bulgur, Salz und Cayennepfeffer, 2 Frühlingszwiebeln, 1 kleine Knoblauchzehe, 160 g weiche Salatblätter (z. B. Kopfsalat), 150 g Feta, 3 ½ EL Olivenöl, 20 g Tomatenmark, 20 g Paprikamark, ½ TL scharfes Paprikapulver, ½ TL süßes Paprikapulver, 2 EL gehackte glatte Petersilie, ½ Zitrone, 250 g Joghurt (3,5 % Fett)

> Zubereitung wie Carb100, aber: in Schritt 1 Linsen und Bulgur in 350 ml Wasser garen. In Schritt 3 den Saft der Zitrone auspressen und die Linsenbällchen damit beträufeln.

Spinat-Blumenkohl-Risotto

Carb 100

Für 2 Personen

400 g Blumenkohlröschen
300 g Babyspinat
Salz
schwarzer Pfeffer aus der Mühle
frisch geriebene Muskatnuss
40 g Frühlingszwiebeln
60 g Parmesan
1½ EL Olivenöl
70 g Risotto-Reis (ungekocht)
ca. 250 ml Gemüsebrühe
30 g Butter
30 g Schmelzkäse (Vollfett- oder Rahmstufe)

1 Portion (550 g) liefert 600 kcal, 40 g Fett, 34 g Kohlenhydrate, 27 g Eiweiß. Die Energiedichte liegt bei 109 kcal/100 g.

1 Den Blumenkohl putzen, waschen, trocken tupfen und mit einer Küchenmaschine oder mit einer Reibe in Reiskorngröße raspeln. Den Blumenkohl möglichst nicht zu klein raspeln.

2 Den Spinat verlesen, waschen und abtropfen lassen. In einer beschichteten Pfanne den Spinat ohne Fett zusammenfallen lassen. Den Spinat in einem Sieb abkühlen lassen, dann ausdrücken und grob hacken. Den Spinat mit Salz, Pfeffer und Muskat nach Geschmack würzen.

3 Die Frühlingszwiebeln putzen, waschen und fein hacken. Den Parmesan fein reiben. In einem kleinen Topf das Olivenöl erhitzen, Frühlingszwiebeln und Reis darin unter Rühren glasig dünsten. 3 EL Brühe dazugeben und bei kleiner Hitze köcheln lassen, dabei zwischendurch umrühren. Sobald die Flüssigkeit aufgesogen ist, etwas Brühe dazugeben, köcheln lassen und gelegentlich umrühren. So fortfahren, bis die Brühe aufgebraucht und der Reis weich ist.

4 In einer großen beschichteten Pfanne die Butter erhitzen. Die Blumenkohlraspel dazugeben, mit Salz und Pfeffer würzen und unter Rühren 3 Minuten anbraten. Dann Reis und Spinat untermischen und 3 Minuten mitgaren. Den Schmelzkäse und drei Viertel von dem Parmesan unterrühren und alles weitere 2 Minuten garen. Der Blumenkohl sollte bissfest sein. Risotto auf zwei tiefen Tellern anrichten und mit dem restlichen Parmesan bestreuen.

Carb 150

1 Portion (650 g) liefert 780 kcal, 49 g Fett, 54 g Kohlenhydrate, 29 g Eiweiß. Die Energiedichte liegt bei 120 kcal/100 g.

> 400 g Blumenkohlröschen, 300 g Babyspinat, Salz, schwarzer Pfeffer aus der Mühle, frisch geriebene Muskatnuss, 40 g Frühlingszwiebeln, 80 g Parmesan, 2 EL Olivenöl, 120 g Risotto-Reis (ungekocht), ca. 350 ml Gemüsebrühe, 40 g Butter, 30 g Schmelzkäse (Vollfett- oder Rahmstufe)

> Zubereitung wie Carb100.

Carb 200

1 Portion (750 g) liefert 895 kcal, 57 g Fett, 62 g Kohlenhydrate, 34 g Eiweiß. Die Energiedichte liegt bei 119 kcal/100 g.

> 400 g Blumenkohlröschen, 400 g Babyspinat, Salz, schwarzer Pfeffer aus der Mühle, frisch geriebene Muskatnuss, 60 g Frühlingszwiebeln, 100 g Parmesan, 2 ½ EL Olivenöl, 140 g Risotto-Reis (ungekocht), ca. 400 ml Gemüsebrühe, 40 g Butter, 30 g Schmelzkäse (Vollfett- oder Rahmstufe)

> Zubereitung wie Carb100.

Snacks für die Stufe Carb200

Das Snacken zwischendurch birgt immer die Gefahr, über den Tag mehr zu essen als nötig. Vor allem dann, wenn die Zwischenmahlzeiten eine hohe glykämische Last haben. Dann wird der Appetit erst richtig angeregt und der Insulinspiegel ist tagsüber permanent erhöht. Das vergrößert wiederum das Risiko, Fett im Bauchraum und in der Leber einzulagern, was den direkten Weg zu Diabetes bedeutet. Neue Studien belegen: Das Essen »gegen den kleinen Hunger zwischendurch« macht fett. Deswegen verzichten wir bei Flexi-Carb in der Stufe Carb100 und Carb150 auf Snacks. Wenn der Appetit Sie dennoch überkommt, sollten Sie Stärke- und Zuckerreiches wie Brot, Kekse oder Fruchtjoghurts meiden. Greifen Sie lieber zu eiweiß- und ballaststoffreichen Nahrungsmitteln, die Ihren Blutzucker nicht belasten.

Snacks

Unsere Gerichte haben einen hohen Sättigungswert. Testen Sie es selbst aus.

Frühstücken Sie zum Beispiel Kräuterrührei mit Ziegenfrischkäse und Tomaten (siehe Seite 89), essen Sie zum Mittag Thunfisch-Bohnen-Salat in Tomaten-Vinaigrette (siehe Seite 116) und gönnen Sie sich abends eine Paprika-Hackfleisch-Pfanne mit Feta (siehe Seite 165). Sie werden spüren, wie lange Sie die einzelnen Gerichte satt machen. Und wer lange satt ist, braucht auch keine Zwischenmahlzeit.

Carb200-Typen dürfen einmal am Tag snacken
Wer der Carb200-Stufe angehört, ist ziemlich aktiv und verbrennt einiges an Kalorien. Ein kleiner Snack ist dann genau das Richtige für den Hunger zwischendurch. Hier finden Sie Vorschläge für 200-kcal-Snacks mit maximal 10 g Kohlenhydraten. Einmal am Tag dürfen Sie zu einem dieser Snacks greifen. Die Rezepte sind jeweils für eine Person.

Tipps für gesunde Snacks

> 1 Handvoll Nüsse oder Kerne
> 1 hart gekochtes Ei
> 1 Joghurt mit zuckerarmen Früchten
> Quarkdip mit Gemüsesticks
> 1 Scheibe Schinken oder Käse, wahlweise mit etwas Gemüse oder zuckerarmen Früchten

Zucchini-Schinken-Röllchen mit Frischkäsecreme

1 kleiner (150 g) Zucchino
60 g Prosciutto cotto (italienischer Kochschinken) in dünnen Scheiben
100 g Frischkäse (0,2 % Fett absolut)
1 TL Balsamicocreme

1 Portion (315 g) liefert 190 kcal, 3 g Fett, 10 g Kohlenhydrate, 27 g Eiweiß. Dieser Snack hat eine Energiedichte von 60 kcal/100 g.

1 Den Zucchino waschen und mit einem breiten Sparschäler längs in dünne Scheiben hobeln.

2 Den Schinken in zucchinibreite Streifen schneiden.

3 Den Frischkäse mit der Balsamicocreme verrühren.

4 Jede Zucchinischeibe mit Frischkäsecreme bestreichen, mit 1 Scheibe Schinken belegen und dann einrollen und mit einem Holzspießchen fixieren.

Gurke mit Oliven-Tomaten-Tapenade

½ Gurke
15 g getrocknete Tomaten (in Öl eingelegt)
50 g schwarze Oliven (im eigenen Saft, ohne Stein)
1 dünne Frühlingszwiebel
4 frische Basilikumblätter
1 EL Olivenöl
Salz und Pfeffer

1 Portion (300 g) liefert 200 kcal, 18 g Fett, 8 g Kohlenhydrate, 3 g Eiweiß. Dieser Snack hat eine Energiedichte von 67 kcal/100 g.

1 Die Gurke waschen, trocken tupfen und in 2–3 cm dicke Scheiben schneiden.

2 Getrocknete Tomaten und Oliven abtropfen lassen. Die Frühlingszwiebel putzen, waschen und in Ringe schneiden. Die Basilikumblätter waschen und trocken tupfen. Tomaten, Oliven, Frühlingszwiebel, Basilikum und Öl im Blitzhacker pürieren. Nach Geschmack mit Salz und Pfeffer würzen.

3 Die Gurkenscheiben mit der Oliven-Tomaten-Tapenade bestreichen.

Chicorée-Schiffchen mit Thunfischcreme und Granatapfelkernen

90 g Thunfisch (im eigenen Saft, Dose)
90 g Frischkäse (0,2 % Fett absolut)
Salz und Pfeffer
1 TL gehackte glatte Petersilie
50 g Chicoréeblätter
20 g Granatapfelkerne

1 Portion (250 g) liefert 200 kcal, 2 g Fett, 8 g Kohlenhydrate, 36 g Eiweiß. Dieser Snack hat eine Energiedichte von 80 kcal/100 g.

1 Den Thunfisch abtropfen lassen und mit dem Frischkäse pürieren. Nach Geschmack mit Salz und Pfeffer würzen. Die Petersilie unterrühren.

2 Die Chicoréeblätter waschen, trocken tupfen, mit der Thunfischcreme füllen und mit den Granatapfelkernen bestreuen.

Gefüllte Aprikosen mit Thymian-Ziegenfrischkäse

100 g kleine frische Aprikosen
½ Zweig Thymian
50 g Ziegenfrischkäse (45 % Fett i. Tr.)
½ TL Olivenöl

1 Portion (150 g) liefert 200 kcal, 14 g Fett, 10 g Kohlenhydrate, 9 g Eiweiß. Dieser Snack hat eine Energiedichte von 134 kcal/100 g.

1 Aprikosen waschen und entsteinen.

2 Thymian waschen und trocken schütteln, die Blättchen abzupfen. Mit Ziegenfrischkäse und Olivenöl verrühren und die Aprikosenhälften damit füllen.

Vanillequark mit Erdbeeren

100 g Erdbeeren (frisch oder tiefgekühlt)
125 g Quark (20 % Fett i. Tr.)
2 EL Wasser mit Kohlensäure
gemahlene Vanille

1 Portion (250 g) liefert 190 kcal, 9 g Fett, 10 g Kohlenhydrate, 15 g Eiweiß. Dieser Snack hat eine Energiedichte von 76 kcal/100 g.

1 Die Erdbeeren waschen, putzen und klein schneiden.

2 Den Quark mit 1–2 EL Wasser mit Kohlensäure und nach Geschmack mit gemahlener Vanille cremig rühren. Die Erdbeeren über den Quark streuen.

Tomaten-Mozzarella-Spießchen

100 g Cocktailtomaten
60 g Mini-Mozzarellakugeln
4 frische Basilikumblätter
1 TL Balsamicocreme
8 kleine Holzspieße

1 Portion (170 g) liefert 190 kcal, 12 g Fett, 9 g Kohlenhydrate, 12 g Eiweiß. Dieser Snack hat eine Energiedichte von 118 kcal/100 g.

1 Die Tomaten waschen. Den Mozzarella abtropfen lassen. Die Basilikumblätter waschen und halbieren.

2 Jeweils 1 Mozzarellakugel, Basilikumblättchen und Tomate aufspießen und mit etwas Balsamicocreme beträufeln.

Mediterraner Kräuterquark mit Crudités

170 g Quark (20 % Fett i. Tr.)
2 EL Wasser mit Kohlensäure
10 g frische Kräuter (z. B. Salbei, Thymian, Basilikum, Petersilie)
Salz und Cayennepfeffer
50 g Staudensellerie
50 g Gurke
50 g Radieschen

1 Portion (330 g) liefert 200 kcal, 8 g Fett, 10 g Kohlenhydrate, 20 g Eiweiß. Dieser Snack hat eine Energiedichte von 61 kcal/100 g.

1 Quark und Wasser mit Kohlensäure cremig rühren.

2 Die Kräuter waschen und trocken schütteln, die Blättchen abzupfen, sehr fein hacken und unter den Quark rühren. Nach Geschmack mit Salz und Cayennepfeffer würzen.

3 Staudensellerie und Gurke waschen und in Stifte schneiden. Die Radieschen putzen und waschen. Das Gemüse zum Quark reichen.

Feta-Melonen-Oliven-Türmchen

40 g Feta
50 g schwarze Oliven (im eigenen Saft, ohne Stein)
100 g Wassermelone
4–6 frische Minzeblätter
8 kleine Holzspieße

1 Portion (190 g) liefert 200 kcal, 15 g Fett, 9 g Kohlenhydrate, 8 g Eiweiß. Dieser Snack hat eine Energiedichte von 105 kcal/100 g.

1 Den Feta abtropfen lassen und in kleine Würfel schneiden. Die Oliven abtropfen lassen. Die Wassermelone schälen und ebenfalls klein würfeln.

2 Jeweils 1 Stück Feta, Melone, 1 Minzeblättchen und 1 Olive auf einen Spieß stecken.

Blitz-Snacks mit maximal 200 kcal und 10 g Kohlenhydraten

- 20 g Zartbitterschokolade + 15 g Mandeln oder Walnüsse oder Haselnüsse
- 1 Ei (Größe L) + 100 g rote und 100 g grüne Paprikaschoten
- 80 g gekochter Schinken + 200 g Möhren
- 45 g Käse (45 % Fett i. Tr.) + 60 g Weintrauben
- 70 g Oliven + 150 g Cocktailtomaten + 100 g Gewürzgurken + 30 g Serranoschinken

Dips & Pesto

Die Dips, Pestos und Würzsoßen sind blitzschnell zubereitet und bereichern viele Flexi-Carb-Gerichte mit weiteren interessanten Geschmacksnoten. Alle Dips und Soßen sollten Sie zügig aufbrauchen, da die Haltbarkeit durch die Frische der Zutaten sehr begrenzt ist.

Harissa

Für 10 Portionen

2 (à 80 g) rote Spitzpaprikaschoten
4 (50 g) scharfe rote Peperoni
1 Knoblauchzehe
5 EL Olivenöl
½ TL Salz
½ TL gemahlener Koriander
½ TL gemahlener Kreuzkümmel

1 Portion (25 g) liefert 50 kcal, 5 g Fett, 1 g Kohlenhydrate, 0,3 g Eiweiß.

1 Den Backofen auf 220 °C (Ober-/Unterhitze) vorheizen. Die Spitzpaprikaschoten und Peperoni längs aufschneiden, putzen, waschen und mit der Hautseite nach oben auf ein Backblech legen. Im Ofen (Mitte) 10 Minuten backen, bis die Haut Blasen wirft. Das Blech aus dem Ofen nehmen.

2 Die Paprika und Peperoni mit einem feuchten Tuch bedecken und 10 Minuten abkühlen lassen. Anschließend die Spitzpaprikaschoten und Peperoni häuten. Den Knoblauch abziehen und grob hacken.

3 Paprikaschoten und Peperoni mit Knoblauch, Olivenöl, Salz, Koriander und Kreuzkümmel mit einem Stabmixer pürieren.

Tipp: Harissa schmeckt sehr gut zu kräftigen Fleischgerichten.

Zaziki

Für 8 Portionen

½ Gurke
Salz
½ Knoblauchzehe
400 g griechischer Joghurt (10 % Fett)
½ TL weißer Pfeffer
4–5 glatte Petersilienblätter

1 Portion (75 g) liefert 60 kcal, 5 g Fett, 2 g Kohlenhydrate, 2 g Eiweiß.

1 Die Gurke schälen, halbieren und die Kerne mit einem Löffel entfernen. Die Gurkenhälften grob raspeln. Die Gurkenraspel in ein Sieb geben, salzen und 15 Minuten ziehen lassen. Anschließend die Gurkenraspel ausdrücken.

2 Den Knoblauch abziehen und in eine kleine Schüssel pressen. Mit Joghurt und Gurkenraspeln verrühren. Zaziki mit Salz und Pfeffer würzen. Die Petersilienblätter waschen, trocken tupfen, in feine Streifen schneiden und unterheben.

Tipp: Zaziki schmeckt besonders gut zu Gemüse- und Fleischgerichten

Minze-Honig-Pesto

Für 6 Portionen

½ Bund Basilikum
3–4 EL frische Minzeblätter
40 g Walnusshälften
2 EL Honig
6–8 EL Olivenöl

1 Portion (25 g) liefert 160 kcal, 16 g Fett, 3 g Kohlenhydrate, 1 g Eiweiß.

1 Das Basilikum und die Minze waschen und trocken tupfen, die Basilikumblätter abzupfen. Die Walnusshälften in einer kleinen Pfanne ohne Fett anrösten, dann abkühlen lassen. Alle Zutaten mit einem Stabmixer pürieren.

Tipp: Das Minze-Honig-Pesto schmeckt besonders gut zu Fleisch- und Fischgerichten.

Rotes Pesto

Für 10 Portionen

25 g Pecorino-Käse (oder Parmesan)
2 EL Pinienkerne
1 Knoblauchzehe
½ rote Chilischote
100 g getrocknete Tomaten (in Öl eingelegt)
10 schwarze Oliven (in Wasser eingelegt, ohne Stein)
½ Bund Thymian
50 ml Olivenöl
Salz

1 Portion (20 g) liefert 80 kcal, 8 g Fett, 2 g Kohlenhydrate, 2 g Eiweiß.

1 Den Käse fein reiben. Die Pinienkerne in einer kleinen Pfanne ohne Fett anrösten, dann abkühlen lassen. Den Knoblauch abziehen. Die Chilischote längs aufschneiden, putzen, waschen und klein schneiden.

2 Die getrockneten Tomaten und Oliven abtropfen lassen, dann klein schneiden. Den Thymian waschen und trocken tupfen, die Blättchen abzupfen. Alle Zutaten mit einem Stabmixer pürieren. Das Pesto nach Geschmack mit Salz abschmecken.

Tipp: Rotes Pesto schmeckt besonders gut zu Nudelgerichten.

Kräuter-Aioli

Für 15 Portionen

2 frische Bio-Eier
2 TL milder Senf
½ TL Salz
1 Prise weißer Pfeffer
1 EL Zitronensaft
300 ml Olivenöl
2–4 Knoblauchzehen
frische Kräuter (z. B. 2 Zweige Thymian, Rosmarin oder Pfefferminze)

1 Portion (30 g) liefert 180 kcal, 21 g Fett, 3 g Kohlenhydrate, 1 g Eiweiß.

1 Alle Zutaten sollten Zimmertemperatur haben. Die Eier trennen. Die Eiweiße anderweitig verwenden. Die Eigelbe mit Senf, Salz, Pfeffer und Zitronensaft mit einem Schneebesen verrühren.

2 Das Öl unter ständigem Rühren erst tröpfchenweise, dann in einem dünnen Strahl untermixen, bis eine cremige Mayonnaise entsteht.

3 Den Knoblauch abziehen und dazupressen. Die Kräuter waschen und trocken tupfen, die Blätter bzw. Nadeln abzupfen und fein hacken. Die Kräuter unter die Mayonnaise rühren. Die Aioli kalt stellen.

Tipp: Die Kräuter-Aioli schmeckt besonders gut zu Kartoffel-, Fleisch- und Fischgerichten.

Desserts

Das Beste kommt bekanntlich immer zum Schluss. In diesem Fall das Dessert. Eine kleine Sünde darf ab und zu auch mal sein. Unsere Süßspeisen sind nicht zuckersüß, aber eine Versuchung sind sie allemal – auch außerhalb der Reihe.
Die Desserts gibt es nur in einer Carb-Stufe, da sie nicht als Hauptmahlzeiten vorgesehen sind und nicht in die »Flexi-Carb-Berechnung« einfließen.

Zimt-Panna-Cotta mit Beeren

Carb 100

Für 2 Personen

½ Bio-Zitrone
2 Blatt weiße Gelatine
150 ml Sahne
150 ml Milch (3,5 % Fett)
½ TL gemahlener Zimt
15 g Vanillezucker
150 g Beeren (z. B. Blaubeeren oder Erdbeeren, tiefgekühlt oder frisch)
½ TL gemahlene Vanille
1 schwach gehäufter EL Puderzucker

2 Förmchen (à 150 ml Inhalt)

1 Portion (235 g) liefert 340 kcal, 26 g Fett, 20 g Kohlenhydrate, 5 g Eiweiß.

1 Die Zitronenhälfte waschen und abtrocknen, die Schale abreiben. Die Gelatine in kaltem Wasser 7–10 Minuten einweichen.

2 Die Sahne mit Milch, Zimt, Zitronenschale und Vanillezucker in einen Topf geben und aufkochen, dann alles bei kleiner Hitze 10 Minuten köcheln lassen, dabei gelegentlich umrühren.

3 Die gekochte Sahne duch ein Sieb abgießen und in einem Gefäß auffangen. Die Gelatine ausdrücken und in einem kleinen Topf mit 2 EL von der heißen Sahne verrühren, dann die restliche Sahne unter die Gelatine rühren. Die Sahne in die Förmchen gießen und mindestens 3 Stunden kalt stellen.

4 Die TK-Beeren auftauen lassen. Frische Beeren vorsichtig waschen, verlesen und trocken tupfen. Kurz vor dem Servieren die Beeren pürieren und mit der Vanille verrühren. Die Zimt-Panna-Cotta mit Beerenpüree anrichten und mit Puderzucker bestäubt servieren.

Süße Cannelloni

Carb 100

Für 2 Personen

2 Eier (Größe M)
1 Prise Salz
60 g Frischkäse (70 % Fett. i. Tr.)
25 g Mehl
30 g Honig
1 Msp. Backpulver
20 g Butter
50 ml kalte Sahne (30 % Fett)
1 Msp. Puderzucker

1 Portion (165 g) liefert 410 kcal, 30 g Fett, 23 g Kohlenhydrate, 13 g Eiweiß.

1 Die Eier trennen. Die Eiweiße mit Salz steif schlagen. Die Eigelbe mit Frischkäse, Mehl, Honig und Backpulver verrühren. Den Eischnee vorsichtig unterheben und alles zu einer homogenen Masse verrühren.

2 Aus dem Teig nacheinander 4 Pfannkuchen backen. Dafür in einer kleinen Pfanne (15 cm Ø) pro Pfannkuchen etwas Butter erhitzen, ein Viertel von dem Teig dazugeben und bei mittlerer Hitze 2–3 Minuten backen, dann wenden und 1 weitere Minute backen. Die Pfannkuchen herausnehmen und abkühlen lassen.

3 Die Sahne mit einem Handrührgerät steif schlagen. Das untere Drittel der Pfannkuchen damit bestreichen, dabei rechts und links einen ca. 1 cm breiten Rand frei lassen. Die Pfannkuchen vorsichtig einrollen. Die Cannelloni mit Puderzucker bestreuen und sofort servieren.

Griechisches Melonen-Joghurt-Dessert

Carb 100

Für 2 Personen

300 g Cantaloupe-Melone
10 g Butter
5 g Honig
20 g Pistazienkerne
300 g griechischer Joghurt (10 % Fett)

1 Portion (320 g) liefert 340 kcal, 25 g Fett, 20 g Kohlenhydrate, 7 g Eiweiß.

1 Die Melone schälen, halbieren, mit einem Löffel entkernen und in lange dünne Spalte schneiden.

2 Die Butter in einem kleinen Topf erhitzen und den Honig unterrühren. Die Pistazienkerne hinzufügen und darin kurz anrösten.

3 Den Joghurt mit der Hälfte der Butter-Pistazien-Mischung verrühren und mit den Melonenspalten anrichten. Die restliche Butter-Pistazien-Mischung auf den Melonenspalten verteilen.

Crema di Caffè

Carb 100

Für 2 Personen

100 g Mascarpone
1 EL Milch (3,5 % Fett)
25 g Vanillezucker
1 TL lösliches Kaffeepulver
60 ml kalte Sahne (30 % Fett)
10 g dunkles Kakaopulver
Kaffeebohnen (zum Garnieren)

1 Portion (100 g) liefert 345 kcal, 28 g Fett, 20 g Kohlenhydrate, 5 g Eiweiß.

1 Den Mascarpone mit Milch, Vanillezucker und Kaffeepulver in einer Schüssel mit einem Schneebesen cremig verrühren, bis das Kaffeepulver aufgelöst ist.

2 Die Sahne steif schlagen und unter die Creme heben. Die Creme anrichten, mit Kakaopulver bestreuen und mit Kaffeebohnen garnieren.

Flexi-Carb-Wochenplan

Im Folgenden haben wir Ihnen mit Rezepten aus diesem Buch einen abwechslungsreichen Wochenplan zusammengestellt. So könnte Ihr Start in die moderne mediterrane Ernährung nach dem Flexi-Carb-Prinzip aussehen. Kochen Sie die Rezepte in Ihrer Carb-Stufe nach. Suchen Sie sich für die Carb200-Stufe dazu täglich einen Snack von Seite 201 aus.

	Frühstück	*Mittagessen*	*Abendessen*
Tag 1	Süße Bananen-Eiweiß-Brote (Seite 86)	Scharfer Bohneneintopf mit Chorizo (Seite 97)	Auberginensalat mit Granatapfel und Feta (Seite 107)
Tag 2	Ricotta-Vanille-Creme mit roten Früchten (Seite 85)	Garnelen-Bohnen-Pfanne all arrabiata (Seite 132)	Zucchinispaghetti mit Tomaten und Mozzarella (Seite 185)
Tag 3	Kräuterrührei mit Ziegenfrischkäse und Tomaten (Seite 89)	Orangen-Rote-Bete-Salat mit Gorgonzola und Walnüssen (Seite 115)	Hähnchenbrustfilets mit Zitronensoße, Endiviensalat und Kräuterreis (Seite 153)
Tag 4	Vollkornbrote mit Avocado-Tomaten-Mus und Bresaolaröllchen (Seite 92)	Spargel-Penne-Frittata mit Estragon (Seite 174)	Wassermelonen-Gurken-Salat mit Ziegenkäse (Seite 111)
Tag 5	Nussiger Minze-Melonen-Shake (Seite 93)	Gebratene Avocado und Feigen auf Rucola mit Bresaola (Seite 119)	Tomaten-Ricotta-Suppe (Seite 96)
Tag 6	Gurkenscheiben mit Thunfischcreme (Seite 91)	Paprika-Hackfleisch-Pfanne mit Feta (Seite 165)	Mediterranes Ofengemüse mit Feta (Seite 183)
Tag 7	Mediterran belegte Eiweißbrote (Seite 87)	Spinat-Kichererbsen-Pfanne mit Datteln (Seite 193)	Lachs mit Senf-Kräuter-Kruste und Möhrentagliatelle (Seite 145)

Flexi-Carb-Einkaufsliste

Damit die Umsetzung im Alltag für Sie einfacher ist, haben wir eine Einkaufsliste passend zum Wochenplan zusammengestellt. Manche Zutaten sind mengenmäßig für alle drei Carb-Stufen identisch. Abweichungen für die jeweilige Carb-Stufe sind farblich markiert:

Carb100 = ▭ Carb150 = ▭ Carb200 = ▭

Den größten Teil der Lebensmittel können Sie bei Ihrem Großeinkauf besorgen. Die gelb markierten Zutaten sollten Sie jedoch am Tag der Zubereitung einkaufen.

Gemüse

Gemüse	Carb100	Carb150	Carb200
Rote Zwiebeln	3 Stück	3 Stück	3 Stück
Knoblauch	1 Knolle	1 Knolle	1 Knolle
Rote Chilischoten (scharf)	4 Stück	4 Stück	4 Stück
Paprikaschoten	2 rote, 1 grüne, 1 gelbe	2 rote, 1 grüne, 1 gelbe	2 rote, 1 grüne, 1 gelbe
Spitzpaprikaschoten	2 Stück	2 Stück	2 Stück
Staudensellerie	1 Staude	1 Staude	1 Staude
Auberginen	3 Stück	3 Stück	3 Stück
Frühlingszwiebeln	6 Stück	7 Stück	7 Stück
Frische Stangenbohnen	400 g	400 g	400 g
Zucchini	3 Stück (à 250 g)	3 Stück (à 250 g)	3 Stück (à 250 g)
Cocktailtomaten	700 g	700 g	700 g
Strauchtomaten	700 g	700 g	700 g
Rote Bete (gekocht, vakuumverpackt)	300 g	400 g	500 g
Grüner Spargel (gelb markiert)	400 g	500 g	500 g
Gurken	3 Stück	3 Stück	3 Stück
Frischer Spinat (gelb markiert)	500 g	500 g	500 g
Möhren	700 g	700 g	700 g

Salat

Salat	Carb100	Carb150	Carb200
Chicorée	300 g	300 g	300 g
Endiviensalat (gelb markiert)	200 g	300 g	300 g
Lollo bianco (gelb markiert)	1 Kopf	1 Kopf	1 Kopf
Rucola (gelb markiert)	1 Packung	1 Packung	1 Packung

Obst

Granatapfel	1 Stück (groß)		
Orangen	2 (à 150 g)	2 (à 200 g)	2 (à 250 g)
Bio-Zitronen	3 Stück		
Wassermelone	500 g	600 g	600 g
Galiamelone	400 g	500 g	500 g
Avocado	2 Stück	3 Stück	3 Stück
Feigen	250 g	300 g	300 g
Banane	1	1	3
Birnen	2	2	2
Beerenfrüchte (frisch oder TK)	200 g	300 g	500 g

Milchprodukte, Käse

Feta (Schafskäse)	3 Packungen		
Manchego	1 Packung (50–100 g)		
Mini-Mozzarella	2 Packungen		
Gorgonzola	70 g	100 g	125 g
Ziegenkäserolle	125 g	200 g	200 g
Ziegenfrischkäse (45 % Fett i. Tr.)	1 Becher		
Milch (3,5 % Fett)	1 Karton/Flasche		
Ricotta	1 Becher		
Joghurt (3,5 % Fett)	100 g	400 g	500 g
Sahne	1 Becher		
Magerquark	1 Becher (500 g)		
Hüttenkäse	1 Becher (200 g)		
Frischkäse (70 % Fett i. Tr.)	1 Becher (200 g)		

Eier

Eier	2 x 6 Eier (S) 2 Eier (M)	1 x 6 Eier (S) 1 x 9 Eier (M)	1 x 6 Eier (S) 1 x 13 Eier (M)

Fleisch

Chorizowurst am Stück	200 g		
Hähnchenbrustfilets	2 (à 150 g)	2 (à 200 g)	2 (à 200 g)
Bresaola	180 g	200 g	200 g
Rinderhackfleisch	250 g	300 g	300 g

Fisch

Garnelen (TK)	400 g	400 g	500 g
Lachsfilets	2 (à 120 g)	2 (à 150 g)	2 (à 150 g)
Thunfisch (Dose, im eigenen Saft)	1 Dose (195 g, Abtropfgewicht 150 g)		

Aus der Dose/im Karton/aus dem Glas

Dicke weiße Bohnen	1 kleine Dose	1 große Dose	1 große Dose
Passierte Tomaten	1 Karton		
Geschälte Tomaten	2 große Dosen		
Geröstete Paprika	1 Glas		
Getrocknete Tomaten in Öl	1 Glas		
Schwarze Oliven	1 Glas/Dose		
1 Glas Kapern	1 Glas		
Kichererbsen	1 kleine Dose	1 große Dose	1 große Dose
Mais	1 kleine Dose	1 kleine Dose	1 kleine Dose

Gewürze, Kräuter

Glatte Petersilie	2 Bund
Basilikum	1 Topf
Frischer Salbei	ein paar Blätter
Frischer Estragon	ein paar Stiele
Frische Minze	1 Topf
Thymian	ein paar Zweige
Bohnenkraut	1 Zweig
Lorbeerblatt	1 Stück
Getrocknete Kräuter (Thymian, Oregano, Rosmarin)	1 Glas/Tütchen
Cayennepfeffer	1 Tütchen
Salz	1 Packung
Schwarzer und roter Pfeffer aus der Mühle	1 Tütchen
Knoblauchgranulat	1 Tütchen
Gemahlener Zimt	1 Tütchen
Vanillezucker	2–3 Päckchen
Gemahlene Vanille	1 Gläschen

Fette

Olivenöl (nativ extra)	1 Flasche
Butter	250 g

Nüsse, Samen, Kerne

Pinienkerne	1 Packung
Walnüsse	1 Packung
Mandelblättchen	1 Packung
Pistazien	1 Packung
Sesamsamen	1 Packung
Mandelmus	1 Glas

Getreide & Kartoffeln

Vollkornreis	1 Packung		
Vollkornpenne	1 Packung		
Vollkornfarfalle	1 Packung		
Vollkornspaghetti	1 Packung		
Muschel-Suppennudeln	1 Packung		
Ditaloni	1 Packung		
Tagliatelle	1 Packung		
Mehl	1 Packung		
Vollkornmehl	1 Packung		
Vollkornbaguette	1 Stück		
Vollkorntoast	1 kleine Packung		
Vollkornbrot	500 g		
Brötchen	1 Stück		
Semmelbrösel	1 Packung		
Kleine Kartoffeln	300 g	600 g	950 g

Sonstiges

Tomatenmark	1 Tube		
Aceto balsamico (dunkel und hell)	je 1 Flasche		
Honig	1 Glas		
Datteln, getrocknet	1 Packung		
Aprikosen, getrocknet	1 Packung		
Trockener Weißwein	1 kleine Flasche		
Gemüsebrühe	1 Glas		
Dijon-Senf	1 Glas		
Grünes Pesto	1 Glas		
Fruchtsaft (z. B. Orangen- oder Apfelsaft)	Keine Säfte	Keine Säfte	1 Liter

Rezeptübersicht

Entdecken Sie die Grundlagen des Flexi-Carb-Programms

Nicolai Worm
Flexi-Carb
Mediterran genießen.
Lebensstil beachten –
Kohlenhydrate anpassen.
Schlank und gesund bleiben
224 Seiten
17 x 24 cm
19,99 € (D), 20,60 € (A)
ISBN: 978-3-86883-631-8

Offizielle Ernährungsempfehlungen behaupten, es gebe nur eine Ernährung, die für alle Menschen gesund sei. Doch ebenso, wie es keine Hose gibt, die allen sitzt, muss auch die Ernährung individuell an den Lebensstil angepasst werden. Grundsätzlich gilt: Je mehr wir sitzen, desto weniger Kohlenhydrate benötigt unser Körper. Essen wir zu viele davon, macht sich das in Übergewicht und vielerlei Krankheiten bemerkbar. Millionen Deutsche leiden bereits an Fettleber und Insulinresistenz, ohne es zu wissen!

Gemäß neuester Studien ist eine moderne mediterrane Ernährung mit niedriger, an unser Bewegungslevel angepasster Kohlenhydratzufuhr optimal, um gesund und schlank zu bleiben oder es wieder zu werden. Mit Flexi-Carb überführt der renommierte Ernährungswissenschaftler Nicolai Worm den aktuellen Forschungsstand in ein Programm, das völlig neue Standards auf dem Gebiet der Ernährung setzt. Die Flexi-Carb-Ernährungspyramide hilft dabei, die Empfehlungen umzusetzen. Der Genuss kommt nicht zu kurz und wer sich bewegt, darf auch bei den Kohlenhydraten zugreifen.